Autoren und Verlag danken für die freundliche Unterstützung
der Sparda-Bank Hessen eG und der Wilhelm Büchner Hochschule

Sparda-Bank
www.sparda-hessen.de

Wilhelm Büchner
Hochschule
Private Fernhochschule Darmstadt

Heiner Boehncke · Peter Brunner · Hans Sarkowicz

Die Büchners oder der Wunsch, die Welt zu verändern

SOCIETÄTSVERLAG

Satz, Gestaltung, Schutzumschlag: Jutta Schneider Grafik Design, Frankfurt
Druck und Verarbeitung: KESSLER Druck + Medien GmbH & Co KG
Printed in Germany 2008
ISBN 978-3-7973-1045-3

Inhalt

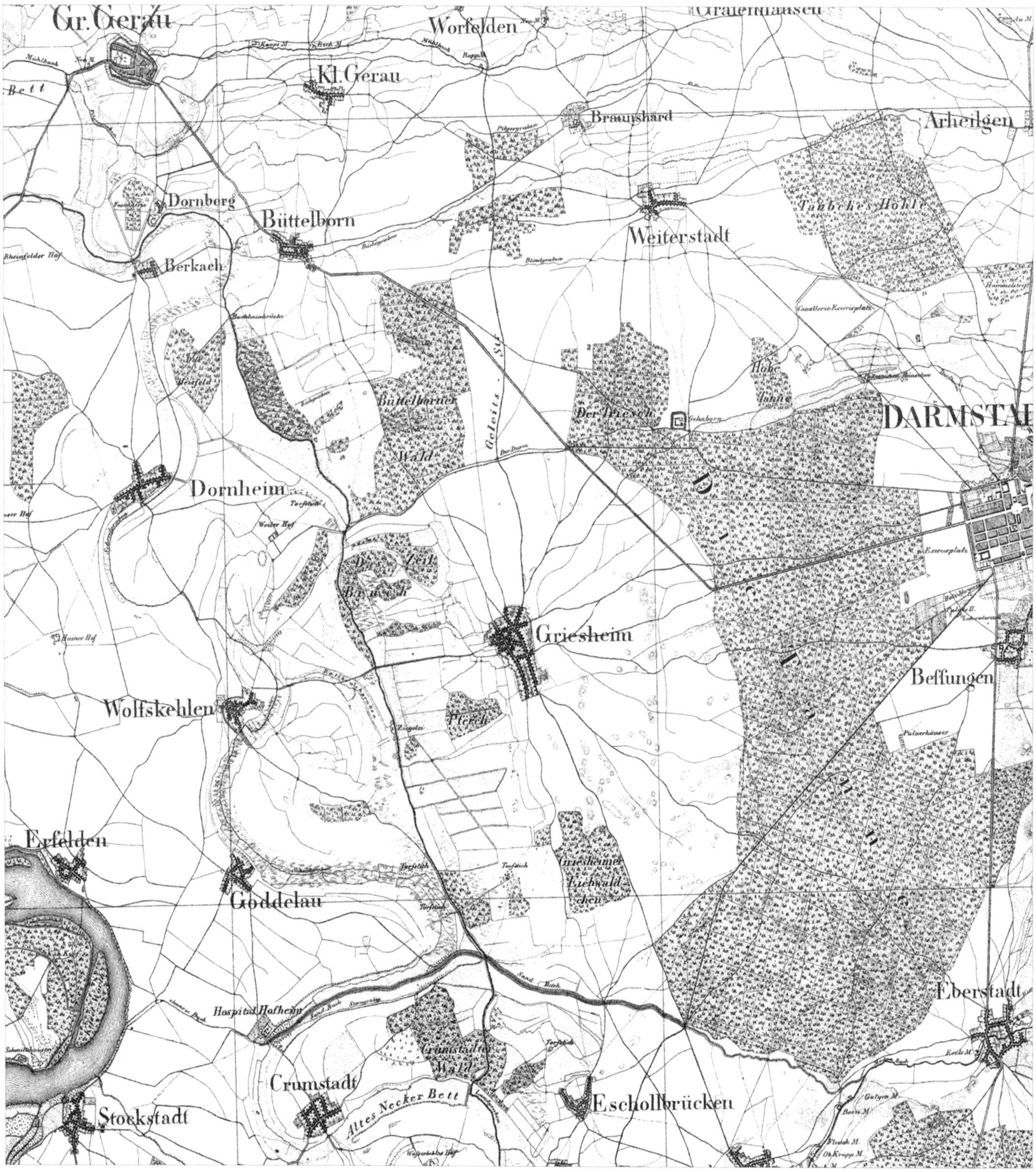

Generalkarte 1:50 000. 1823 – 1850, Ausschnitt aus Blatt 11.

Vorwort

Zu Zeiten eines florierenden Literaturtourismus kann man sich fragen, ob bei all den Dichterhäusern, Denkmälern und manchmal merkwürdigen, schrecklich »Events« genannten Inszenierungen rund um die Hauptfiguren der Literaturgeschichte das Wichtigste nicht aus dem Blick gerät: die Texte. Es existiert ein leuchtendes Beispiel, das uns zeigt, wie beides zu verbinden ist. Im Büchner-Haus in Goddelau, das Martin Walser ein »Heiligtum« nennt, wird Georg Büchners kurzes Leben so präsentiert, dass davon ein scharfes Licht auf sein Werk fällt. Wir hatten das große Glück, mit den Mitteln des Hessischen Rundfunks zur Wiederherstellung des Büchner-Hauses beitragen zu können. Das war uns ein Lehrstück; denn bei der Rekonstruktion des Hauses konnten wir erleben, wie genau und kenntnisreich jedes einzelne »Requisit«, jedes Fragment der Erinnerung daraufhin überprüft wurde, ob es Leben und Werk des Dichters gleichermaßen erhellt.

Und wir lernten die Büchners kennen. Wir erfuhren, dass Georgs Weltwissen, seine Fähigkeit, sich weiteste historische, politische und literarische Räume zu erschließen, unlösbar mit der engen, kommunikativen Bindung an die Familie verknüpft war.

Vom Büchner-Haus aus haben wir die Familie erkundet. Und dann folgte als zweites Erkenntnis-Geschenk noch ein Haus. Die Pfungstädter Villa von Wilhelm Büchner, der mit seinem Ultramarinblau zu Wohlstand und Einfluss gelangte. Wieder konnten wir Zeuge einer Rekonstruktion werden. Als beteiligte Beobachter bekamen wir nun von dieser beeindruckenden Villa aus, andere, aber auch sehr wertvolle Einblicke in das Leben der Familie Büchner. Und selbstverständlich mussten die erhaltenen Fragmente und die Traditionen der Darmstädter Familiengeschichte studiert werden.

Von diesen drei Orten aus haben wir versucht, Georg und seine Familie, Georg in seiner Familie zu verstehen und darzustellen.

Da lässt sich unser Dank gut sortieren. Stellvertretend für alle guten Hausverwalter in Goddelau danken wir Rotraud Pöllmann, die bei allem Einsatz für das Georg-Büchner-Haus immer noch ein paar neue Einsichten für uns übrig hat. Von Pfungstadt aus führte uns glücklich der Weg zu Manfred Büchner, dem Ur-Ur-Enkel Wilhelm Büchners. Er öffnete uns in wunderbarer Großzügigkeit die Schatztruhe seiner Erinnerungsstücke aus der Familientradition. Ohne ihn wäre dieses Buch kein derart opulentes Bilderbuch geworden. Und ohne den zähen Einsatz des Bürgermeisters von Pfungstadt, Horst Baier, gäbe es die Wilhelm Büchner-Villa nicht: Herzlichen Dank.

Stephanie Goethals vom Pfungstädter Stadtarchiv sei ebenso bedankt wie die freundlichen Leute vom Hessischen Staatsarchiv und von der Universitäts- und Landesbibliothek in Darmstadt, wo bedeutende Büchner-Schätze gut gepflegt werden. Agnes Schmidt von der Luise-Büchner-Bibliothek in Darmstadt wünschen wir, dass es gut weitergeht mit ihrer einzigartigen Sammlung rund um Luise Büchner.

In Frankfurt am Main half uns sehr das Freie Deutsche Hochstift in Gestalt seines Bibliothekschefs Joachim Seng. Alle guten Geister, die uns in Marburg, Zürich, Valenciennes, Caen, Gouda und Straßburg halfen, freuen sich hoffentlich über das Resultat ihrer Hilfe, über dieses Buch, dem weitere Darstellungen, Studien und Forschungen zur Familie Büchner folgen mögen. Schließlich wissen wir sehr gut, wie sehr uns immer wieder Burghard Dedner geholfen hat. Er ist Leiter der Büchner-Forschungsstelle in Marburg.

Für die finanzielle Unterstützung unserer Arbeiten für dieses Buch bedanken wir uns sehr herzlich bei Brigitta Vochazer, Geschäftsführerin der Wilhelm Büchner Hochschule, und bei Peter Hoffmann, Abteilungsdirektor Marketing bei der Sparda Bank Hessen.

Wir widmen das Buch unseren Kindern Anna, Jakob, Julika, Sophie, Jonas, Luise und Jakob.

Eltern in schwerer Zeit Ernst und Caroline Büchner

Die Mutter Caroline Luise Reuß (1791 – 1858) und der Vater Ernst Karl Büchner (1786 – 1861).

In seinen Lebenserinnerungen »Das ›tolle‹ Jahr« schildert Alexander Büchner die verschlafene »Haupt- und Residenzstadt Pensionopolis«, die unschwer als Darmstadt zu identifizieren ist. Sein satirischer Rückblick auf die Zeit zwischen 1815 und 1848 erinnert nicht von ungefähr an die Reiche Popo und Pipi aus dem Lustspiel »Leonce und Lena«, das sein ältester Bruder Georg genau in dieser Zeit geschrieben hatte.

In Pensionopolis, so Alexander in seinem 1900 erschienenen Buch, sei »die Philosophie der Verzweiflung« unbekannt gewesen. »Im Gegenteil erachteten es seine Bewohner für eine süße Pflicht, wohlgenährt, gutgekleidet und mit zufriedenen Gesichtern durch dieses Leben zu wallen. Um das, was in der Zeiten Hintergrunde schnarchte, bekümmerte sich Niemand.«[1]

Über allem thronte, »wie ein Gott in der Wolke, Serenissimus mit seinem Hofstaat und Hofadel (...) Das war so ein guter Mann, der kein Unrecht thun noch leiden konnte. Kam aber doch zuweilen ein Missgriff vor, so waren nur schlechte Ratgeber daran schuld«[2]. Unter dem Fürsten standen die Minister, dann kamen die Beamten. »Was hatten die in Pensionopolis für gute Tage! Kein neidischer Blick drang in die Sphäre ihres Wirkungskreises. Wenn sie nach drei Jahren Dienst- und dreißig Jahren Pensionszeit an Überfettung starben, so waren sie die Opfer ihres schwierigen Berufs geworden, wurden ehrenvoll eingescharrt und auf dem Heimweg vom Kirchhof bitter beweint, bis die Hinterbliebenen an einen Pastetenkram kamen, in welchem sie den übrigen Schmerz mit einem Stück Torte hinunterschluckten. Die Söhne hatten mittlerweile Minister studiert oder von Kindesbeinen die Hofkarriere vorbereitet. Andere, von Geburt weniger begünstigt, sonnten sich Jahre lang im Strahl der Ungunst ihrer hohen Vorgesetzten; schließlich musste doch die Reihe an sie kommen.«[3]

Das »Publikum« von Pensionopolis, so Alexander Büchner, war »autoritätsgläubig aus Instinkt, Temperament und innerem Bedürfnis und quälte sich mit keinem Nachdenken über Dinge, von denen es ja doch nichts verstand. Die da droben mussten das besser wissen. Der Staatsbürger träumte zwar zuweilen, es müsse anders werden; aber was träumt man nicht alles? und wenn er seine Träume deuten wollte, so fuhr ihm seine Leonore um's Morgenrot dermaßen über's Maul, dass er schnell in seinen Schlafrock schlüpfte und nur noch an den Morgenkaffee und die lange Pfeife dachte (…) Dagegen litt man auch nicht unter den vertrackten Gleichheitsbegriffen vor dem Gesetz, die Einem heute das Leben und das Bier so sauer machen. Der Pensionopolitaner zog den Hut vor jeder Haube, die innerhalb der Fenster des fürstlichen Palais sichtbar wurde. Dieselbe konnte ja einer Hofdame angehören. Er zog den Hut vor jedem Polizeidiener. Dann zeigte ihn der Mann nicht an, wenn um 9 Uhr Morgens noch nicht vor seiner Thür gekehrt worden war. Um diese Gemütlichkeit nicht zu stören, wurde Alles vermieden, was die Leute auf böse Gedanken bringen konnte«.[4]

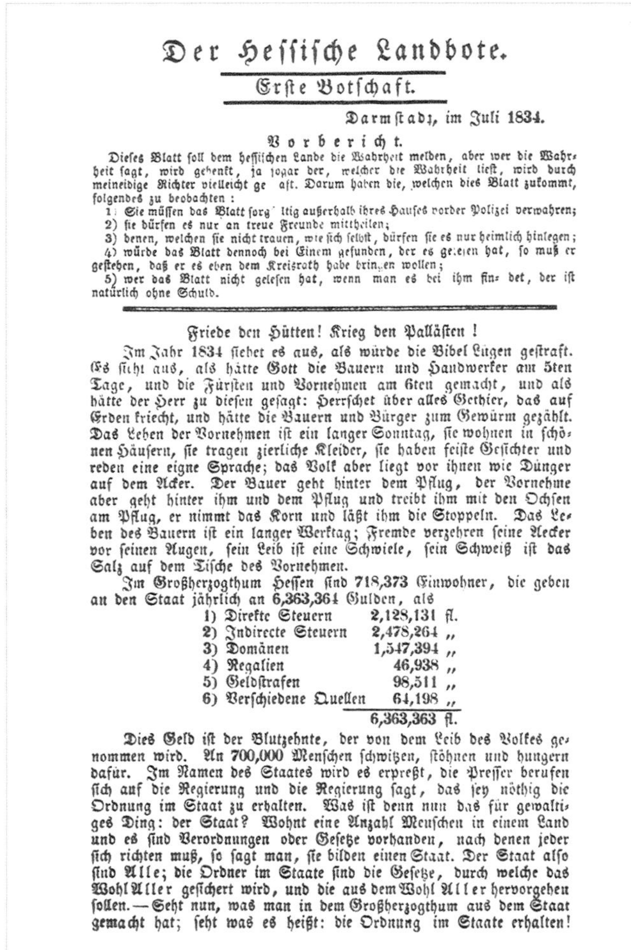

Der Hessische Landbote.

Erste Botschaft.

Darmstadt, im Juli 1834.

Vorbericht.

Dieses Blatt soll dem hessischen Lande die Wahrheit melden, aber wer die Wahrheit sagt, wird gehenkt, ja sogar der, welcher die Wahrheit liest, wird durch meineidige Richter vielleicht ge[illegible]aft. Darum haben die, welchen dies Blatt zukommt, folgendes zu beobachten:

1) Sie müssen das Blatt sorg[illegible]ltig außerhalb ihres Hauses vor der Polizei verwahren;
2) sie dürfen es nur an treue Freunde mittheilen;
3) denen, welchen sie nicht trauen, wie sich selbst, dürfen sie es nur heimlich hinlegen;
4) würde das Blatt dennoch bei Einem gefunden, der es gelesen hat, so muß er gestehen, daß er es eben dem Kreisrath habe bringen wollen;
5) wer das Blatt nicht gelesen hat, wenn man es bei ihm findet, der ist natürlich ohne Schuld.

Friede den Hütten! Krieg den Pallästen!

Im Jahr 1834 siehet es aus, als würde die Bibel Lügen gestraft. Es sieht aus, als hätte Gott die Bauern und Handwerker am 5ten Tage, und die Fürsten und Vornehmen am 6ten gemacht, und als hätte der Herr zu diesen gesagt: Herrschet über alles Gethier, das auf Erden kriecht, und hätte die Bauern und Bürger zum Gewürm gezählt. Das Leben der Vornehmen ist ein langer Sonntag, sie wohnen in schönen Häusern, sie tragen zierliche Kleider, sie haben feiste Gesichter und reden eine eigne Sprache; das Volk aber liegt vor ihnen wie Dünger auf dem Acker. Der Bauer geht hinter dem Pflug, der Vornehme aber geht hinter ihm und dem Pflug und treibt ihm mit den Ochsen am Pflug, er nimmt das Korn und läßt ihm die Stoppeln. Das Leben des Bauern ist ein langer Werktag; Fremde verzehren seine Aecker vor seinen Augen, sein Leib ist eine Schwiele, sein Schweiß ist das Salz auf dem Tische des Vornehmen.

Im Großherzogthum Hessen sind 718,373 Einwohner, die geben an den Staat jährlich an 6,363,364 Gulden, als

1) Direkte Steuern	2,128,131	fl.
2) Indirecte Steuern	2,478,264	„
3) Domänen	1,547,394	„
4) Regalien	46,938	„
5) Geldstrafen	98,511	„
6) Verschiedene Quellen	64,198	„
	6,363,363	fl.

Dies Geld ist der Blutzehnte, der von dem Leib des Volkes genommen wird. An 700,000 Menschen schwitzen, stöhnen und hungern dafür. Im Namen des Staates wird es erpreßt, die Presser berufen sich auf die Regierung und die Regierung sagt, das sey nöthig die Ordnung im Staat zu erhalten. Was ist denn nun das für gewaltiges Ding: der Staat? Wohnt eine Anzahl Menschen in einem Land und es sind Verordnungen oder Gesetze vorhanden, nach denen jeder sich richten muß, so sagt man, sie bilden einen Staat. Der Staat also sind Alle; die Ordner im Staate sind die Gesetze, durch welche das Wohl Aller gesichert wird, und die aus dem Wohl Aller hervorgehen sollen. — Seht nun, was man in dem Großherzogthum aus dem Staat gemacht hat; seht was es heißt: die Ordnung im Staate erhalten!

»Der Hessischen Landbote«,
Seite 1 der Ausgabe vom Juli 1834.

Auch wenn Alexander Büchner seine Heimatstadt mit sarkastischem Witz karikierte und keinen Wert auf dokumentarische Korrektheit legte, so hat er doch die resignative und repressive Stimmung treffend eingefangen, die im Vormärz in der großherzoglichen Residenz geherrscht haben muss. Darmstadt hatte damals etwas über 20 000 Einwohner. Im ganzen Großherzogtum lebte rund eine dreiviertel Million Menschen. Das gesellschaftliche und politische Leben war ganz auf die Residenz konzentriert. Wer Karriere machen wollte, der musste in die Hauptstadt, auch wenn ihm das Klima dort nicht behagte. Auf dem bettelarmen Land gab es nur geringerwertige Positi-

Darmstadt hatte damals etwas über 20 000 Einwohner. Im ganzen Großherzogtum lebte rund eine dreiviertel Million Menschen. Das gesellschaftliche und politische Leben war ganz auf die Residenz konzentriert.

Das Darmstädter Schloss. Originalfoto von 1866.

onen und wenig zu verdienen. Auch Ernst Büchner, der Vater von Georg und seinen Geschwistern, strebte deshalb nach Darmstadt. Er stammte aus Reinheim. Dort war er am 3. August 1786 als Sohn des Amts- und Stadtchirurgen geboren worden. Die vielköpfige Familie lebte, wie sein Urenkel Anton Büchner vermerkt, eng und gedrückt.[5] Ein Studium an der Landesuniversität schien in unerreichbarer Ferne. So wurden die drei ältesten Söhne, unter ihnen Ernst, nach Holland geschickt, wo zwei Brüder des Vaters »sich einen geachteten Namen und angesehene Stellungen erworben hatten«[6]. Ernst trat in den niederländischen, später niederländisch-französischen Sanitätsdienst ein, erhielt eine Ausbildung zum Regimentschirurgen und zog fünf Jahre lang mit den napoleonischen Truppen durch Europa. Aus dieser Zeit resultierte eine stille Verehrung des französischen Kaisers und der französischen Kultur, die auch für die Kinder von Bedeutung wurde. Es war, so Alexander Büchner, ein »an sich gewöhnliche(s) und unbedeutende(s) Ereignis«, das den Vater in jungen Jahren für Napoleon eingenommen hatte. Ernst Büchner muss es oft erzählt haben, weil es sich in das Gedächtnis seines Sohnes so einbrannte, dass er es noch 1900 in teilweise wörtlicher Rede wiedergeben konnte. Es war in Versailles, als der Kaiser seine Truppen vorbeiparadieren ließ. »Bei dieser Gelegenheit bemerkte er unseren Vater. Er redete ihn mit einigen Worten an, wie es seine Gewohnheit bei den Truppen war. ›Tu montes bien à cheval; quel age as-tu?‹ (›Du machst eine gute Figur auf dem Pferd, wie alt bist du?‹, die Autoren) und fort war er.« Alexander geht sogar so weit zu behaupten, sein körperlich kleiner Vater habe sich eingebildet, »eine gewisse Ähnlichkeit mit seinem Helden zu besitzen«[7]. Später soll er einmal auf einem großherzoglichen Ball in der Maske Napoleons aufgetreten sein, was für nicht wenig Aufsehen sorgte. Frankreich als Land der Freiheit, des Fortschritts und des Exils hatte in der Familie immer einen hohen Stellenwert.

Nach der Entlassung aus dem Militärdienst soll Ernst Büchner in Paris studiert haben. Das

Napoleon Bonaparte. Zeitgenössischer kolorierter Stahlstich.

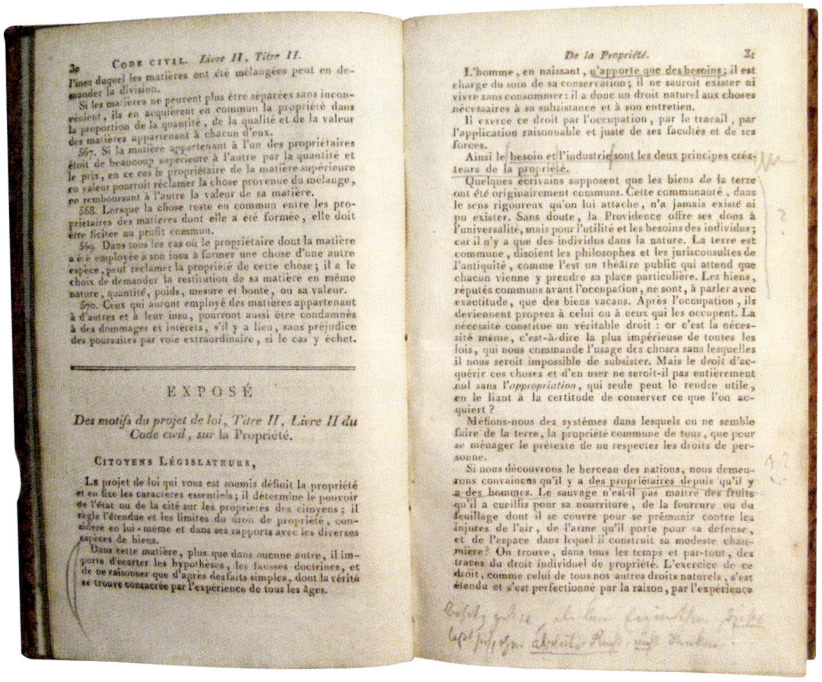

30 CODE CIVIL. *Livre II*, *Titre II*.

l'insu duquel les matières ont été mélangées peut en demander la division.

Si les matières ne peuvent plus être séparées sans inconvénient, ils en acquièrent en commun la propriété dans la proportion de la quantité, de la qualité et de la valeur des matières appartenant à chacun d'eux.

567. Si la matière appartenant à l'un des propriétaires étoit de beaucoup supérieure à l'autre par la quantité et le prix, en ce cas le propriétaire de la matière supérieure en valeur pourroit réclamer la chose provenue du mélange, en remboursant à l'autre la valeur de sa matière.

568. Lorsque la chose reste en commun entre les propriétaires des matières dont elle a été formée, elle doit être licitée au profit commun.

569. Dans tous les cas où le propriétaire dont la matière a été employée à son insu à former une chose d'une autre espèce, peut réclamer la propriété de cette chose; il a le choix de demander la restitution de sa matière en même nature, quantité, poids, mesure et bonté, ou sa valeur.

570. Ceux qui auront employé des matières appartenant à d'autres et à leur insu, pourront aussi être condamnés à des dommages et intérêts, s'il y a lieu, sans préjudice des poursuites par voie extraordinaire, si le cas y échet.

EXPOSÉ

Des motifs du projet de loi, Titre II, Livre II du Code civil, sur la Propriété.

CITOYENS LÉGISLATEURS,

LE projet de loi qui vous est soumis définit la propriété et en fixe les caractères essentiels; il détermine le pouvoir de l'état ou de la cité sur les propriétés des citoyens; il règle l'étendue et les limites du droit de propriété, considéré en lui-même et dans ses rapports avec les diverses espèces de biens.

Dans cette matière, plus que dans aucune autre, il importe d'écarter les hypothèses, les fausses doctrines, et de ne raisonner que d'après des faits simples, dont la vérité se trouve consacrée par l'expérience de tous les âges.

De la Propriété. 31

L'homme, en naissant, n'apporte que des besoins; il est chargé du soin de sa conservation; il ne sauroit exister ni vivre sans consommer: il a donc un droit naturel aux choses nécessaires à sa subsistance et à son entretien.

Il exerce ce droit par l'occupation, par le travail, par l'application raisonnable et juste de ses facultés et de ses forces.

Ainsi le besoin et l'industrie sont les deux principes créateurs de la propriété.

Quelques écrivains supposent que les biens de la terre ont été originairement communs. Cette communauté, dans le sens rigoureux qu'on lui attache, n'a jamais existé ni pu exister. Sans doute, la Providence offre ses dons à l'universalité, mais pour l'utilité et les besoins des individus; car il n'y a que des individus dans la nature. La terre est commune, disoient les philosophes et les jurisconsultes de l'antiquité, comme l'est un théâtre public qui attend que chacun vienne y prendre sa place particulière. Les biens, réputés communs avant l'occupation, ne sont, à parler avec exactitude, que des biens vacans. Après l'occupation, ils deviennent propres à celui ou à ceux qui les occupent. La nécessité constitue un véritable droit: or c'est la nécessité même, c'est-à-dire la plus impérieuse de toutes les lois, qui nous commande l'usage des choses sans lesquelles il nous seroit impossible de subsister. Mais le droit d'acquérir ces choses et d'en user ne seroit-il pas entièrement nul sans l'*appropriation*, qui seule peut le rendre utile, en le liant à la certitude de conserver ce que l'on acquiert?

Méfions-nous des systèmes dans lesquels on ne semble faire de la terre, la propriété commune de tous, que pour se ménager le prétexte de ne respecter les droits de personne.

Si nous découvrons le berceau des nations, nous demeurons convaincus qu'il y a des propriétaires depuis qu'il y a des hommes. Le sauvage n'est-il pas maître des fruits qu'il a cueillis pour sa nourriture, de la fourrure ou du feuillage dont il se couvre pour se prémunir contre les injures de l'air, de l'arme qu'il porte pour sa défense, et de l'espace dans lequel il construit sa modeste chaumière? On trouve, dans tous les temps et par-tout, des traces du droit individuel de propriété. L'exercice de ce droit, comme celui de tous nos autres droits naturels, s'est étendu et s'est perfectionné par la raison, par l'expérience

»Code Civil«, aus Familienbesitz, Bd. X, Paris 1810, S. 30/31 mit hs. Anmerkungen zu »Besitz« und »Eigentum«.

ist aber nicht belegt. Nach einem weiteren Aufenthalt im niederländischen (zivilen) Sanitätsdienst kehrte er, im Gegensatz zu seinen beiden Brüdern, die in Holland blieben, nach Hessen zurück. 1811, mit 25 Jahren, ließ er sich an der Gießener Universität in Innerer Medizin prüfen. Aber seine Berufserfahrung genügte nicht, um vollständig promovieren zu können. So erhielt er nur das Doktordiplom für Chirurgie und Geburtshilfe. (Erst 1815 konnte er seine Promotion auch auf die innere Heilkunde erweitern. Damit stand ihm die gesamte medizinische Laufbahn offen.)

Mit seiner zunächst nur wundärztlichen Ausbildung suchte er eine angemessene Stelle und fand sie in Hofheim-Goddelau am dortigen Spital. Am 13. Januar 1812 wurde er zum Amtschirurgen von Dornberg und Hospitalschirurgen von Hofheim ernannt. In dem Hospital wurden damals »rund 200 Kranke verwahrt, von denen zwei Drittel Geisteskranke, die übrigen sonstige Pflegefälle waren. Von einer systematischen, psychiatrisch-ärztlichen Betreuung konnte kaum die Rede sein«. Als Chirurg war Ernst Büchner »lediglich für äußere Erkrankungen der Hospitaliten verantwortlich«[8]. In Hofheim lernte er die Tochter des Hospitalmeisters Johann Georg Reuß kennen und lieben. Caroline Luise Reuß hatte am 19. August 1791 in Pirmasens

Der Eingangsbau zum Hofheimer Hospital, in dem die Familie Reuß lebte.

das Licht der Welt erblickt, wo ihr Vater als Hof- und Regierungsrat in der Verwaltung der zu Hessen gehörenden Grafschaft Hanau-Lichtenberg tätig war. Nachdem die französischen Revolutionstruppen Pirmasens besetzt hatten, musste die Familie fliehen und kam fast mittellos in Darmstadt an. Für Reuß wurde die Stelle in Hofheim gefunden, um ihn zu versorgen. Am 28. Oktober 1812 heiratete Ernst Büchner die Tochter seines Vorgesetzten. Das Paar zog nach Goddelau, wo Georg und Mathilde geboren wurden. In Stockstadt, wo die Familie danach kurz wohnte, kam Wilhelm auf die Welt. Als Hof- und Regierungsrat gehörte Johann Georg Reuß zum Beamtenadel im Großherzogtum. Er verfügte über wertvolle Kontakte, und die familiären Bande reichten bis nach Straßburg. Davon sollte Georg später als Student profitieren. Als der Hospitalmeister 1815 starb, fielen die Bindungen an Hofheim weg, und Ernst Büchner konnte sich nach Darmstadt auf den freien Posten des Stadt- und Amtschirurgen bewerben, den er wohl im November 1816 antrat. Schon kurz darauf wurde er Medizinalassessor und außerordentliches Mitglied des Medizinalkollegs, also der obersten Gesundheitsbehörde des Großherzogtums. Dann ging es kontinuierlich auf der Karriereleiter weiter, ganz so wie es später sein Sohn Alexander für Pensionopolis beschreiben sollte. Ernst Büchner wurde Stadtphysikus, Medizinalrat und schließlich 1854 Vorsitzender der Obermedizinaldirektion, die die Aufgaben des Medizinalkollegs übernommen hatte. Als anerkannter und geachteter Arzt veröffentlichte er in mehreren Fachzeitschriften. In seinen Aufsätzen (die leider nie gesammelt publiziert wurden) gab er zumeist seine Gutachten über Menschen wieder, die aus verschiedenen Gründen auffällig geworden waren. Er kritisierte dabei auch die Justiz, die seiner Meinung nach zu formalistisch urteilte, ohne alle

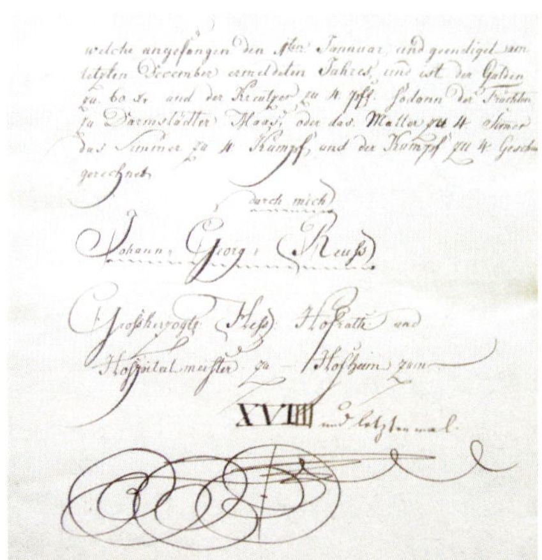

welche angefangen den 1ten Januar, und geendiget am letzten December ermeldeten Jahres, und ist der Gulden zu 60 xr und der Kreutzer zu 4 pf. sodann die Früchten zu Darmstädter Maaß, oder das Malter zu 4 Simmer das Simmer zu 4 Kumpf, und der Kumpf zu 4 Gescheid gerechnet.

durch mich

Johann Georg Reuß

Großherzogl. Hess. Hofrath und Hospitalmeister zu Hofheim zum XVIII und letztenmal.

Eintrag von J.G. Reuß im Hofheimer Rechnungsbuch von 1815. Ergänzungen von fremder Hand.

Aspekte eines Falles zu berücksichtigen. Die Aufsätze dokumentieren einen liberalen Geist, der nicht nur im Medizinalkolleg mehr als einmal angeeckt sein dürfte. Aber Ernst Büchner war kein Mann des offenen Protestes. Er führte ein bürgerliches Leben, das zumindest nach außen hin den hauptstädtischen Konventionen entsprach. In Darmstadt kamen die Kinder Luise, Ludwig und Alexander zur Welt. Der kleine Karl starb schon nach wenigen Wochen. Den Tod seines Bruders erlebte der fünfjährige Georg schon bewusst mit. Vielleicht hat er sich daran erinnert, als er seine Novelle »Lenz« schrieb. Zum bürgerlichen Leben in Darmstadt gehörte das eigene geräumige Haus. Ernst Büchner erwarb es 1825 in der Grafenstraße und nahm dafür, wie aus den erhaltenen Unterlagen im Darmstädter Staatsarchiv hervorgeht[9], eine Hypothek auf. Als Arzt verdiente er nur einen Bruchteil von dem, was höhere Verwaltungsbeamte oder Richter aus der Staatskasse erhielten. Trotzdem konnte er es sich leisten, drei Söhne zum Studium zu schicken. Ernst Büchner galt als sparsam, aber in die Bildung seiner Kinder investierte er. Dabei hatte er offenbar sehr genaue Vorstellungen, welche Berufe die Einzelnen ergreifen sollten. Da konnten Konflikte nicht ausbleiben. So hielt Georg seine schriftstellerischen Arbeiten lange vor seinem Vater verborgen. Selbst das Drama »Danton's Tod«, das er in den Wochen vor seiner Flucht im elterlichen Haus verfasste, blieb Ernst Büchner unbekannt. Als das Honorar von Karl Gutzkow für den Abdruck eintraf, war er irritiert und schrieb an den Absender:

»Geehrtester Herr!
In Abwesenheit meines Sohnes Georg, welcher, in Folge einer besonderen Ursache nach Friedberg verreist ist, ermangele ich nicht Sie zu benachrichtigen, dass heute ein Schreiben von Ihnen nebst 10 St. Fr. d'or, für denselben bei uns angekommen ist. Völlig unbekannt mit dem Motiv hierzu, muß ich mich darauf beschränken dieß von meinem Sohn selbst, den ich längstens innerhalb einiger Tage zurück erwarte, zu erfahren.

Hochachtend Ihr ergebenster
Dr Büchner«.[10]

Ernst Büchner war kein Mann des offenen Protestes. Er führte ein bürgerliches Leben, das zumindest nach außen hin den hauptstädtischen Konventionen entsprach.

Das Stammhaus der Familie Büchner in Neustadt/Odw. Aquarell von Fritz Büchner.

Die Kirche im Hofheimer Hospital, in der Ernst Büchner und Caroline Reuß am 28. 10. 1812 heirateten.

In der Familie hatte Georg in dieser gefährlichen Zeit einen wichtigen Vertrauten. Das war sein Bruder Wilhelm, der sowohl von dem Drama wusste (er hatte das Manuskript selbst zur Post gebracht) als auch von den revolutionären Bestrebungen. Vater Ernst, der als Arzt und in seinen verschiedenen anderen Ämtern sehr beschäftigt war, hat davon nur das mitbekommen, was Georg ihm selbst erzählte oder schrieb. Ob die Mutter etwas ahnte oder sogar genauere Kenntnis hatte, ist nicht überliefert. Georg verheimlichte seinen Eltern nicht, wo er politisch stand. Die Briefe, die er nach Hause schickte, sind von erstaunlicher Offenheit und deuten darauf hin, dass im Haus Büchner ein freier Ton herrschte. Sonst hätte es Georg kaum gewagt, so deutliche Worte zu finden. Am 6. April 1833, kurz nach dem Frankfurter Wachensturm, schrieb er an seine Eltern:

»Wenn in unserer Zeit etwas helfen soll, so ist es *Gewalt*. Wir wissen, was wir von unseren Fürsten zu erwarten haben. Alles, was sie bewilligten, wurde ihnen durch die Nothwendigkeit abgezwungen. Und selbst das Bewilligte wurde uns hingeworfen, wie eine erbettelte Gnade und ein elendes Kinderspielzeug, um dem ewigen Maulaffen *Volk* seine zu eng geschnürte Wickelschnur vergessen zu machen (…)

Man wirft den jungen Leuten den Gebrauch der Gewalt vor. Sind wir denn aber nicht in einem ewigen Gewaltzustand? Weil wir im Kerker geboren und großgezogen sind, merken wir nicht mehr, dass wir im Loch stecken mit angeschmiedeten Händen und Füßen und einem Knebel im Munde. Was nennt Ihr den *gesetzlichen Zustand*?

Ein *Gesetz*, das die große Masse der Staatsbürger zum frohnenden Vieh macht, um die unnatürlichen Bedürfnisse einer unbedeutenden und verdorbenen Minderzahl zu befriedigen? Und dieß Gesetz, unterstützt durch eine rohe Militärgewalt und durch dumme Pfiffigkeit seiner Agenten, dieß Gesetz ist eine *ewige, rohe Gewalt*, angethan dem Recht und der gesunden Vernunft, und ich werde mit *Mund* und *Hand* dagegen kämpfen, wo ich kann.«

Er machte seinen Eltern aber auch deutlich, dass er »an dem, was geschehen, keinen Teil genommen und an dem, was vielleicht geschieht, *keinen Teil* nehmen werde«, da er »in den Deutschen« kein »zum Kampf für sein Recht bereites Volk«[11] sah.

Dieser Brief nimmt wichtige Aussagen des »Hessischen Landboten«

schon vorweg. Nur in der Mobilisierung der Bevölkerung sah Georg Büchner zu diesem Zeitpunkt die Chance für einen revolutionären Umsturz. Noch mehrfach betonte er in seinen späteren Briefen, dass er »immer« seinen »Grundsätzen gemäß handeln« werde. Er habe »in *neuerer* Zeit gelernt, dass nur das nothwendige Bedürfniß der großen Masse Umänderungen herbeyführen kann, dass alles Bewegen und Schreien der *Einzelnen* vergebliches Thorenwerk ist«[12]. Das sollte die Eltern auch beruhigen, deren Gegenbriefe nicht überliefert sind. Georg antwortete in seinen erhaltenen Briefen ganz offensichtlich auf Fragen, Bedenken und Vorhaltungen seiner Eltern. Er versuchte sie zu beruhigen, ohne seine politischen Überzeugungen zu verleugnen. Wir lesen also über einen längeren Zeitraum Teile eines offen geführten Dialogs. Der knapp zwanzigjährige Student diskutiert mit seinen Eltern sehr ernsthaft über die politische Situation im Großherzogtum, er berichtet über Verhaftungen, von denen er erfahren hat, und bittet seine Eltern, Auskünfte einzuholen. Für ihn sind seine Eltern wichtige Gesprächspartner, die er von seiner Haltung zu überzeugen sucht. Es ist ihm nicht egal, was sie denken, er möchte sie auf seine Seite ziehen.

Wenn Ernst Büchner, wie es gelegentlich behauptet wird, ein bis in die Haarspitzen obrigkeitstreuer Staatsdiener gewesen wäre, hätte er diesen Dialog schon früh beendet, spätestens mit dem Brief von Ende März 1834. Er sei in »tiefe Schwermuth« gefallen, berichtete Georg seinen Eltern. »Dabey engten mich die politischen Verhältnisse ein, ich schämte mich, ein Knecht mit Knechten zu seyn, einem vermoderten Fürstengeschlecht und einem kriechenden Staatsdiener-Aristocratismus zu Gefallen«[13].

Wir wissen nicht, was Ernst und Caroline Büchner in dieser Zeit gedacht haben. Schriftliche Zeugnisse von ihnen sind nicht überliefert. Ahnten sie, wie weit ihr Sohn in die revolutionären Aktionen verstrickt war? Hatten sie Angst um Georg, als er davon berichtete, dass seine Wohnung in Gießen durchsucht worden sei und man ihn »auf dem Universitätsgericht *bloß gefragt*«[14] habe. Über seine wirklichen Aktivitäten und seine Autorenschaft beim »Hessischen Landboten« ließ er seine Eltern im Dunkeln. Dass auch die Darmstädter Justiz ein Auge auf Georg geworfen hatte, dürfte den Eltern nicht verbor-

Dass die Darmstädter Justiz ein Auge auf Georg geworfen hatte, dürfte den Eltern nicht verborgen geblieben sein. Vielleicht hat der Vater seinen ganzen Einfluss in die Waagschale geworfen und damit weitere Verhöre und sogar eine Festnahme verhindert.

Der Marktplatz in Darmstadt. Historische Fotografie (ca. 1880). Das zweite Haus von rechts in der Reihe ist vermutlich »Marktplatz 4«, das Haus, in dem die Büchners bis 1825 lebten. Wahrscheinlich wurden Luise und Ludwig dort geboren.

gen geblieben sein. Vielleicht hat der Vater seinen ganzen Einfluss in die Waagschale geworfen und damit weitere Verhöre und sogar eine Festnahme verhindert. Damit wurde Georg erst die Flucht ermöglicht. Als der erste Brief aus dem Elsass eintraf, dürften die Eltern geahnt haben, dass ihr Sohn zu den Hauptpersonen der angeblichen Verschwörung gehörte. Bis dahin hatte der Vater, wie der Brief an Gutzkow zeigt, an eine kurze Reise seines Sohnes nach Friedberg geglaubt. Aber auch jetzt noch, im vorläufigen und unsicheren französischen Exil, versuchte Georg seine Eltern davon zu überzeugen, dass er »von dem Resultat einer Untersuchung (...) nichts zu befürchten«[15] habe.

Ob die Eltern diesen Beteuerungen noch glaubten, wissen wir nicht. Aber sie hielten den Briefkontakt aufrecht, auch nachdem mit Datum vom 13. Juni 1835 ein Steckbrief ihres Sohnes veröffentlicht worden war. Was es bedeutete, in aller Öffentlichkeit und über die Landesgrenzen hinweg gesucht zu werden, hat später Luise Büchner in ihrer Geschichtsvorlesung über den Vormärz beschrieben. Für sie war der Steckbrief eine besonders »entehrende«[16] Form der Strafverfolgung, und ihr Vater dürfte kaum anders empfunden haben. Sein Sohn wurde von dem gefürchteten Hofgerichtsrat Georgi wie ein Verbrecher gejagt. Das war für einen höheren Staatsbeamten kein leichtes Schicksal, auch wenn er es mit anderen Honoratioren teilte, deren Söhne ebenfalls gesucht wurden oder im Gefängnis saßen. Ernst Büchner hatte neben Georg noch fünf weitere Kinder, die ebenfalls darauf pochen konnten, eine ihnen angemessene Ausbildung zu erhalten. Obwohl seine Stellung nie ernsthaft in Gefahr gewesen zu sein scheint, dürfte er sich doch Sorgen um die Zukunft seiner Familie gemacht haben. Über Veränderungen im gesellschaftlichen Umgang mit der Darmstädter Oberschicht lässt sich nur spekulieren. Vielleicht haben sich Ernst und Caroline Büchner mehr und mehr zurückgezogen. Für diese Vermutung spricht ein Bericht von Eduard Reuß, dem Neffen von Carolines Vater. 1845 hatte der Straßburger Theologe verschiedene Verwandte in Darmstadt besucht und dabei eine lustige Zeit verlebt:

»Es bedarf keiner Erinnerung dass ein Gastmahl das andre jagte, mehr als mir lieb war, da ich um so weniger mit meinen gelehrten Freunden verkehren konnte (...) Ich musste der Reihe nach bei allen zur Suppe sein und überall fand ich große Familientafel, auch wohl hin und wieder fremde Gäste. Nur die Büchner hatten mit den übrigen keine Gemeinschaft, da diese zum Hof und zur Beamtenwelt, jene zur Opposition gehörten.«[17]

Wenn man dieser Schilderung folgt, dann lebten die Büchners, zehn Jahre nach der Flucht Georgs aus Darmstadt, weitgehend isoliert. Ob sie sich freiwillig dafür entschieden hatten, sei dahingestellt. Offenbar warfen die Ereignisse von 1835 noch immer lange Schatten auf die Familie. Das muss man berücksichtigen, wenn von Ernst Büchner und seinem Verhältnis zu Georg die Rede ist.

Obwohl ihr Sohn wegen »landesverräterischen Handlungen« verfolgt worden war, hatten sich die Eltern von ihm nicht (öffentlich) distanziert. Die Familie hielt zu dem Geflüchteten, auch wenn ihr das keine Sympathien eintrug. Georg schrieb weiter an seine Eltern, berichtete von seiner schriftstellerischen Arbeit und von seinen Ängsten, nach Darmstadt ausgeliefert zu werden. Wer ihm antwortete, ist unklar. Es könnte die Mutter gewesen sein. Denn in seinem letzten erhaltenen Brief schrieb Ernst Büchner an seinen Sohn:

Die Büchners lebten,
zehn Jahre nach der Flucht
Georgs aus Darmstadt,
weitgehend isoliert.
Ob sie sich freiwillig dafür
entschieden hatten, sei
dahingestellt.

»Meine Besorgnis um Dein künftiges Wohl war bisher noch zu groß und mein Gemüth war noch zu tief erschüttert, durch die Unannehmlichkeiten alle, welche Du uns durch Dein unvorsichtiges Verhalten bereitet und gar trübe Stunden verursacht hast, als dass ich mich hätte entschließen können, in herzliche Relation mit Dir zu treten.«[18] Offenbar hatte der Vater den brieflichen Kontakt abgebrochen, um seinem Sohn zu demonstrieren, wie wenig er mit politischer Agitation, Flucht und der Schriftstellerei einverstanden war.

Caroline Büchner dagegen, der die Liebe zu ihren Kindern über alles ging, schien mit den Vorhaltungen sparsamer umzugehen. Aus ihrem Brief vom 30. Oktober 1836 sprudelt die Freude darüber, dass es Georg gelungen war, heil nach Zürich in sein neues und sicheres Exil zu gelangen. »Die Sache hat mir vielen heimlichen Kummer gemacht«, gesteht sie, »nun Gott lob auch dies ging glücklich vorüber«. Und geschickt bringt sie den Vater ins Spiel. Sie könne Georg gar nicht sagen, »wie sehr er sich freute«. Und er ermahne »dringend ja über vergleichende Anatomie Vorlesungen zu halten, er glaubt sicher, dass Du darin am ersten einen festen Fuß fassen und Dich am ehrenvollsten emphorhelfen kannst«[19]. Damit war die Versöhnung eingeleitet, die der Brief von Ernst Büchner am 18. Dezember besiegelte. Zwar schickte der Vater kein Geld mehr, wie in den Monaten zuvor, aber dafür die gewünschten Bücher. Georg hatte promoviert – mit einer Arbeit, die der Vater ausdrücklich lobte. Eine Universitätslaufbahn schien ihm offenzustehen. Ernst Büchner registrierte das zufrieden und gab seinem Sohn als ›gütiger und um das Glück seiner Kinder besorgter Vater‹ gleich ein ganzes Bündel von guten Ratschlägen mit auf den Weg. So schrieb er unter anderem:

»Sey nur recht v(orsichtig) in Deinem Benehmen und Deinen Äußerungen gegen u über jederman. Bedenke stets dass man Freunde nöthig hat u dass der geringste Feind schaden kann.«[20] Fast auf den Tag genau zwei Monate später starb Georg am »Nervenfieber«.

Was der Verlust für die Familie bedeutete, darüber haben die Geschwister später geschrieben. Ohne das tragische Ende sollte sich die Geschichte für Ernst und Caroline Büchner gut zehn Jahre später wiederholen, als sich ihre Söhne Ludwig und Alexander der 1848er-Revolution anschlossen. In den Memoiren von Alexander Büchner liest sich das wie ein großes Abenteuer, das niemand so recht ernst nahm, ein revolutionärer Spaß eben, an den man sich später gern bei einer Flasche Wein erinnerte. Die Wirklichkeit sah anders aus. Den fidelen Brüdern hätte der leichtfertige Umgang mit Waffen und Umsturzplänen mehr als einmal die Freiheit kosten können. Obwohl kein Zweifel an ihrer Beteiligung bestand, entschloss sich Ernst Büchner, dieses Mal nicht ruhig abzuwarten, sondern zum Frontalangriff gegen alle zu blasen, die Geschichten und Gerüchte über seine Söhne verbreiteten. In der »Darmstädter Zeitung« veröffentlichte er am 28. oder 29. Mai 1848 eine »Einstweilige Erklärung«. Seine beiden Söhne Ludwig und Alexander hatten zuvor in demselben Blatt (wohl auf Bitten des Vaters) ebenfalls heftig bestritten, Bauern in der Provinz Oberhessen »aufzureizen«. Offenbar gab es für Ernst Büchner einen konkreten Anlass, den er auch in seiner Anzeige benannte: »Demjenigen sogenannten Ehrenmann, der im Laufe dieses Monats die infame Frechheit hatte, auf dem Exerzierplatze vor dem Rheinthor einem anderen daselbst reitenden Herrn die lügenhafte Mittheilung zu machen, dass meine Söhne *Louis* und *Alexander* sich der *Aufwiegelei* und *Aufreizung* gegen die bestehende Ordnung schuldig gemacht, erkläre ich hiermit, dass ich ihn so lange für einen ehrlosen Lügner halte, bis er mir die Wahrheit seiner Aussage vor Gericht bewiesen haben wird. Zugleich erkläre ich dem mir vielleicht nicht unbekannten Lügner, dass, wenn er nicht sogleich Ordre parirt, zwar nicht nach Spandau marschirt, ich ihn aber so lange verfolgen werde, bis er mir und meinen Söhnen die erforderliche Satisfaction gegeben haben wird. Er möge dabei bedenken, dass auch ich längst vor ihm die Waffen der Ehre getragen und dass der Weg zur Kränkung meiner und meiner Kinder Ehre nöthigenfalls nur über meine Leiche führen dürfte.«[21]

Aus diesen Zeilen spricht Verzweiflung und Bitterkeit, aber auch unfreiwilliger Humor. Ob sich Ernst Büchner selbst zu diesem Schritt entschlossen hatte, um nicht wieder ins öffentliche Gerede zu kommen, oder ihn seine Vorgesetzten dazu gedrängt hatten, ist, wie so vieles im Leben der Eltern, nicht mehr zu rekonstruieren. Mehr Witz als in dieser Anzeige für die »Darmstädter Zeitung« scheint Ernst Büchner wenig später bewiesen zu haben. Sein Sohn Alexander be-

»Sey nur recht v(orsichtig) in Deinem Benehmen und Deinen Äußerungen gegen u über jederman. Bedenke stets dass man Freunde nöthig hat u dass der geringste Feind schaden kann.« Fast auf den Tag genau zwei Monate später starb Georg am »Nervenfieber«.

Vereinfachter Stammbaum der Familie Büchner seit 1575. Fotografie eines Aquarells von Schlegel, einem Malerfreund von Wilhelms Enkel Fritz Büchner. Ca. 1915. Rechts oben wurden die zweite Ehe von Wilhelms Sohn Ernst mit Marie von Ferber und dessen dritter Sohn Anton nicht berücksichtigt.

Ernst Karl Büchners und Caroline Luise Reuß' Nachfahren

Ernst Karl Büchner, * 3. 8. 1786 in Reinheim, (Sohn von Johann Jakob Karl (Jacob Carl) Büchner und Wilhelmine Magdalene Vorwerck) † 19. 5. 1861 in Darmstadt. Dr. med., Großherzgl. Hess. Obermedizinalrat in Darmstadt, vorher Rgts.-Chirurg in holländ. Diensten und Arzt in Goddelau. Hospitalarzt in Hofheim-Goddelau, Stadtphysikus u. Hospitalarzt in Darmstadt, Mitglied d. Medizinalkollegs.
Heirat 28. 10. 1812 in Hofheim-Goddelau, Caroline Luise Reuß, * 19. 8. 1791 in Pirmasens, (Tochter von Johann Georg Reuß und Luise Philippine Hermanni) † 3. 3. 1858 in Darmstadt.

Kinder:
1 Karl Georg Büchner, * 17. 10. 1813 in Goddelau, † 19. 2. 1837 in Zürich.
2 Mathilde Büchner, * 20. 4. 1815 in Goddelau, † 30. 8. 1888 in Darmstadt.
3 Wilhelm Ludwig Büchner * 2. 8. 1816.
4 Karl Büchner, * 1818, † 17. 9. 1818 in Darmstadt.
5 Luise Büchner, * 12. 6. 1821 in Darmstadt, † 28. 11. 1877 in Darmstadt.
6 Ludwig (Louis) Friedrich Karl Christian Büchner * 29. 3. 1824.
7 Alexander Karl Ludwig Büchner * 25. 10. 1827.

3 Wilhelm Ludwig Büchner, * 2. 8. 1816 in Stockstadt, † 14. 7. 1892 in Pfungstadt. Heirat 27. 2. 1845 in Gouda, Elisabeth Wilhelmine Frederika Büchner, * 26. 11. 1821 in Gouda, (Tochter von Wilhelm Friedrich Büchner und Elisabeth Polijn) † 16. 5. 1908 in Pfungstadt.

Kinder:
I Caroline (Lina) Magdalene Wilhelmine Büchner, * 22. 3. 1846 in Darmstadt, † 21. 5. 1918 in Darmstadt.
II Elisabeth Wilhelmine Jeanette Büchner, * 18. 1. 1848 in Pfungstadt, † 11. 10. 1848 in Pfungstadt.
III Ernst Wilhelm Büchner, * 8. 3. 1850 in Pfungstadt, † 25. 4. 1925 in Darmstadt.
(a) Heirat 4. 5. 1876 in Amsterdam, Mathilda Büchner, * 6. 1. 1852 in Amsterdam, (Tochter von Ernst Christian Büchner und Susanna Henriette Beth) † 1. 4. 1908 in Darmstadt.
(b) Heirat 4. 2. 1885 in Berlin, Marie (Mary) Ludovike Karoline von Ferber, * 6. 8. 1850 in Voigtsdorf/Pommern, (Tochter von Karl Hans Hermann Wilhelm von Ferber und Auguste Beate Ulrike von Angern) † 20. 4. 1925 in Darmstadt.

6. Ludwig (Louis) Friedrich Karl Christian Büchner, * 29. 3. 1824 in Darmstadt, † 30. 4. 1899 in Darmstadt. Heirat 17. 1. 1860 in Frankfurt am Main, Caroline Georgine Sophie Thomas, * 19. 6. 1836 in Frankfurt am Main, (Tochter von Georg Christian Thomas und Caroline Maria Margarethe Henckelmann) † 22. 5. 1920 in Darmstadt.

Kinder:
I Johanna Mathilde Büchner, * 24. 10. 1860 in Darmstadt, † 7. 7. 1939 in Darmstadt. Heirat 28. 8. 1888 in Darmstadt, Gustav Buß, * 25. 12. 1858 in Neubrandenburg/Texas (USA), † 14. 12. 1934 in Darmstadt.
II Georg Büchner, * 8. 6. 1862 in Darmstadt, † 12. 9. 1944 in Darmstadt. Heirat 14. 7. 1892 in Darmstadt, Marie Luise Therese Schenk, * 18. 7. 1873 in Darmstadt, (Tochter von Anna Christine Knorr und Karl Heinrich Johann Schenck) † 12. 9. 1944 in Darmstadt.
III Elisabeth Büchner, * 13. 1. 1864 in Darmstadt, † 2. 1. 1939 in Darmstadt. Heirat 25. 9. 1886 in Darmstadt, Ludwig Steinmetz, * 15. 4. 1860 in Grünberg, † 15. 9. 1914 in Reims.
IV Wilhelm Büchner, * 9. 9. 1866 in Darmstadt, † 26. 6. 1914 in Bitsch/Elsass. Heirat 18. 8. 1897 in Darmstadt, Margarethe (Greting) Pfitzner, * 28. 5. 1876 in Neustrelitz, † 19. 7. 1944 in Berlin.

7. Alexander Karl Ludwig Büchner, * 25. 10. 1827 in Darmstadt, † 7. 3. 1904 in Hannover.
(a) Heirat 25. 9. 1858 in Kesselstadt/Hanau, Dorothea Sophie Christ, * 8. 9. 1824 in Hanau, (Tochter von Samuel Christ) † 11. 7. 1880 in Caen.
(b) Heirat 31. 8. 1899 in Cresseron (Normandie), Martha Bahlsen, * 1. 6. 1875 in Hannover, (Tochter von August Bahlsen und Ida Wilhelmine Böhme) † 26. 2. 1949 in Goslar.

Kinder von Dorothea Sophie Christ:
I Samuel (Sam) Wilhelm Büchner, * 21. 9. 1863 in Caen, † 15. 12. 1940 in Cannes.

(Quelle: Deutsches Geschlechterbuch 14, Büchner, »VIII g Darmstädter Zweig« und eigene Recherche)

richtete in seinen Lebenserinnerungen, dass im Zug der Ermittlungen gegen ihn auch sein Vermögen konfisziert wurde. »Mein Vater erklärte jedoch, dass sein Sohn Alex zur Zeit noch kein eigenes Vermögen besitze, wenn nicht einen alten blau-weiß-roten Haudegen von der Universität, den er der Behörde bereitwilligst zur Verfügung stellte.«[22]

Für seine beiden Söhne hatte ihr politisches Engagement weit reichende Folgen. Alexander musste 1851 den Staatsdienst verlassen und ging ins französische Exil, wo er bis 1900 lebte. Ludwig verlor 1855 seine Lehrbefugnis in Tübingen, nachdem sein Skandalbestseller »Kraft und Stoff« erschienen war. Er kehrte nach Darmstadt zurück und trat in die Praxis seines Vaters ein. Über die letzten Lebensjahre der Eltern liegen keine verlässlichen Informationen vor. Caroline Büchner starb am 3. März 1858 in Darmstadt; ihr Mann folgte ihr am 19. Mai 1861.

Das Bild der Eltern wird ganz wesentlich von den Erinnerungen ihrer Kinder bestimmt. Oft sind es nur wenige Zeilen, die zu umfangreichen Interpretationen führten, etwa wenn sich Ludwig Büchner in seinem autobiografischen »Neuen Hamlet« an die Jahre 1835 bis 1837 erinnerte:

»Wie oft sass da der Vater zürnend und scheltend am Tische, während die Mutter weinend neben ihm stand oder saß, und wir Kinder, die wir von allem nichts verstanden, stumm um die Eltern herum standen.«[23]

Dieser Satz, fast fünfzig Jahre später geschrieben, hat das Bild des Vaters als strengem Familienoberhaupt geprägt, der kein Verständnis für

»Wie oft sass da der Vater zürnend und scheltend am Tische, während die Mutter weinend neben ihm stand oder saß, und wir Kinder, die wir von allem nichts verstanden, stumm um die Eltern herum standen.«

seinen Sohn Georg hatte. Auch Wilhelm Büchner bezeichnete seinen Vater als »streng«, entwarf aber ein sehr viel differenzierteres Bild. In seinem Brief an Karl Emil Franzos, den Herausgeber der zweiten Werkausgabe seines Bruders Georg, charakterisierte er Ernst Büchner als Menschen, der alles sich selbst verdankte, was er erreicht hatte. »Er selbst«, so Wilhelm Büchner, »hatte die größte Sympathie für die Bewegung der Geister, und gehörte es zu seiner liebsten Lektüre, die erlebten Ereignisse in der später erscheinenden Zeitschrift ›Unsere Zeit‹ zu repetieren und zu ergänzen. Vielfach wurden diese abends vorgelesen, und nahmen wir alle den lebhaftesten Anteil daran. Wohl möglich, dass bei dem ohnehin freien Geist der Familie die Wirkung dieser Lektüre von besonderem Einfluß insbesondere auf Georg war«. Aber bei aller Freisinnigkeit sei der Vater auch sehr vorsichtig gewesen, und »bei seiner Lebenserfahrung erkannte er ganz gewiß schon frühe die Gefahr einer politischen Richtung für seine Söhne«. Auch Wilhelm glaubte, dass sein Vater »mit äußerster Strenge« vorgegangen wäre, wenn er von den politischen Aktivitäten seines Sohnes Georg erfahren hätte. Denn er sei »stolz auf die Talente seines Sohnes« gewesen, »von dessen Zukunft er sich viel versprach«[24].

Die Atmosphäre im Hause Büchner mit den Gesprächen am großen Esstisch hat Luise Büchner in das Zentrum ihres Romanfragments »Ein Dichter« gestellt, das zu ihren Lebzeiten nicht mehr veröffentlicht wurde. Der Vater Brandeis ist bei ihr ein »vielbeschäftigter Arzt, der alle seine Zeit auf seine Kranken verwendete«[25], fleißig und unermüdlich tätig, aber auch streng und entschieden. In den Gesprächen

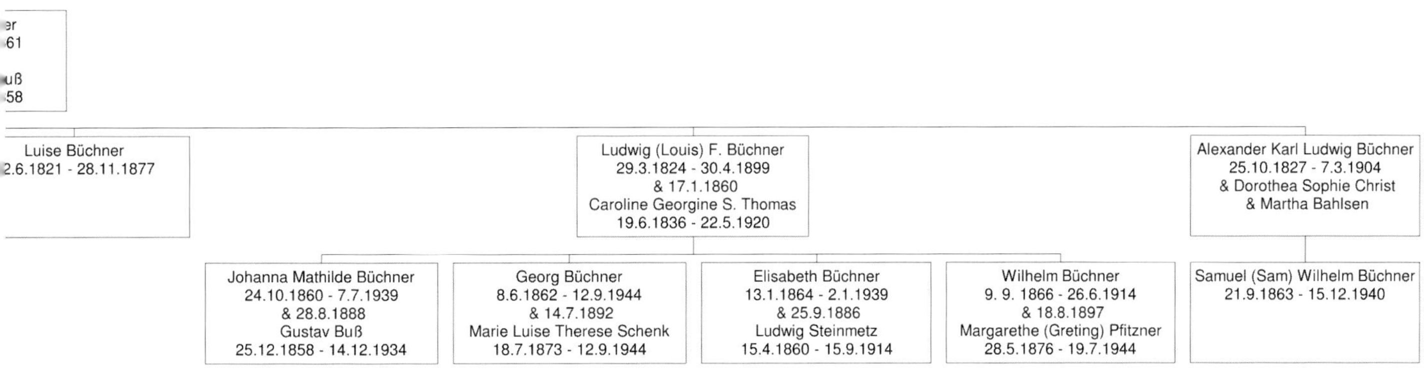

mit seinem ältesten Sohn wendet er sich entschieden gegen den »Demagogenschwindel«[26], aus Angst, dass er die Familie unglücklich mache. Dem ängstlichen und strengen Vater, dem die biedermeierliche Ruhe über alles geht, stellt Luise Büchner die ihren Kindern zugewandte Mutter gegenüber.

»Frau Brandeis war so vernünftig und gerecht, auch der Jugend und besonders ihren Kindern gegenüber der Wahrheit die Ehre zu geben; dadurch lenkte sie diesselben weit sicherer zur Mäßigung und Besonnenheit, als wenn sie ihnen, wie Ältere dies den Jüngeren meist nur zu gerne tun, ohne weiteres ihre Wahrnehmung bestritten und als eingebildet hingestellt hätte. Dadurch, dass sie auf ihre Kinder einging, sie als urteilsfähige Menschen betrachtete und mit ihnen diskutierte, nicht disputierte, erwarb sie sich deren unbedingtes Vertrauen, und ließen sie sich der Mutter gegenüber vollständig gehen.«[27]

Diese (romanhafte) Schilderung, deren Wahrheitsgehalt wir nicht mehr überprüfen können, prägt das Bild der Mutter bis heute. Es spricht einiges dafür, dass die liebevolle Beschreibung, die in dem Fragment gebliebenen Text noch an anderer Stelle auf ähnliche Weise ergänzt wird, der Wirklichkeit nahekommt. Während die Kinder ihren Vater öfters erwähnen und zu charakterisieren suchen, wird der Mutter – mit der Ausnahme von Luise – keine herausragende Rolle zugebilligt, allerdings fällt auch nie ein negatives Wort über sie.

Das ist auch bei Alexander so, der sich als Letztes der Kinder im Jahr 1900 seinen Jugenderinnerungen und damit auch seinen Eltern widmete. Im Gegensatz zu dem Reisebericht von Eduard Reuß erzählt er von einem Haus, das »selten ohne Besucher war«, von Eltern, die »gegen Verwandte und Freunde die ausgedehnteste rheinische Gastfreundschaft« übten und von einer insgesamt »glückliche(n) Kindheit«.[28]

Wir wissen nicht, ob Alexander Büchner im Rückblick, wie er das so gerne tat, alles in rosa Wölkchen tauchte oder ob Haus und Garten in den Grafenstraße wirklich ein Zentrum der Darmstädter Jugend und des verwandtschaftlichen Lebens waren. Die Kinder jedenfalls zog es immer wieder dorthin zurück, wenn sie sich nicht gar dafür entschieden hatten, ganz in ihrem Elternhaus zu leben. Erst nach dem Tod des Vaters wurde es verkauft. Und wir glauben gern, dass das den Kindern schwergefallen ist.

Dem ängstlichen und strengen Vater, dem die biedermeierliche Ruhe über alles geht, stellt Luise Büchner die ihren Kindern zugewandte Mutter gegenüber.

Wilhelm Büchner – Erfolgreicher Fabrikant und demokratischer Politiker

Voller Bewunderung hat Alexander Büchner auf die Lebensleistung seines Bruders Wilhelm zurückgeblickt. Im »Depositum Wilhelm Büchner«[1] findet sich ein biographischer Text von ihm, den er seiner Frau Martha wohl kurz nach dem Tod von Wilhelm diktierte. Alexander zeichnet darin, anekdotenreich wie in allen seinen Schriften, den Lebensweg eines Mannes nach, der in seiner Familie lange nur »der dumme Bub« genannt wurde. Es machte ihm Spaß, mit der zunächst wohl abwertend gemeinten Bezeichnung zu spielen, um dann das Licht seines Bruders umso heller strahlen zu lassen. Der »dumme Bub«, so sein Fazit am Ende des Textes, habe sich »im Laufe der Zeit als bunter Schmetterling entpuppt« und schließlich »seiner Familie wie dem ganzen Lande zur höchsten Zierde gereicht«[2]. Das Porträt ist in gedruckter Form bisher noch nicht vollständig veröffentlicht worden.
Alexander Büchner hat seinem Bruder noch an anderer Stelle, nämlich in seinen Lebenserinnerungen »Das ›tolle‹ Jahr«, ein kleines Denkmal gesetzt, auf das wir zurückkommen werden.
Vom »dummen Bub« zur »höchsten Zierde« war es ein weiter Weg, den Wilhelm mit bemerkenswerter Konsequenz gegangen ist.
Geboren wurde er am 2. August 1816 in Stockstadt, wo die Familie für kurze Zeit lebte. Wilhelm war das dritte Kind von Karl Ernst und Caroline Büchner, knapp drei Jahre jünger als sein Bruder Georg und gut elf Jahre älter als sein späterer »Biograph« Alexander.

Wilhelm Büchner, ca. 1840.

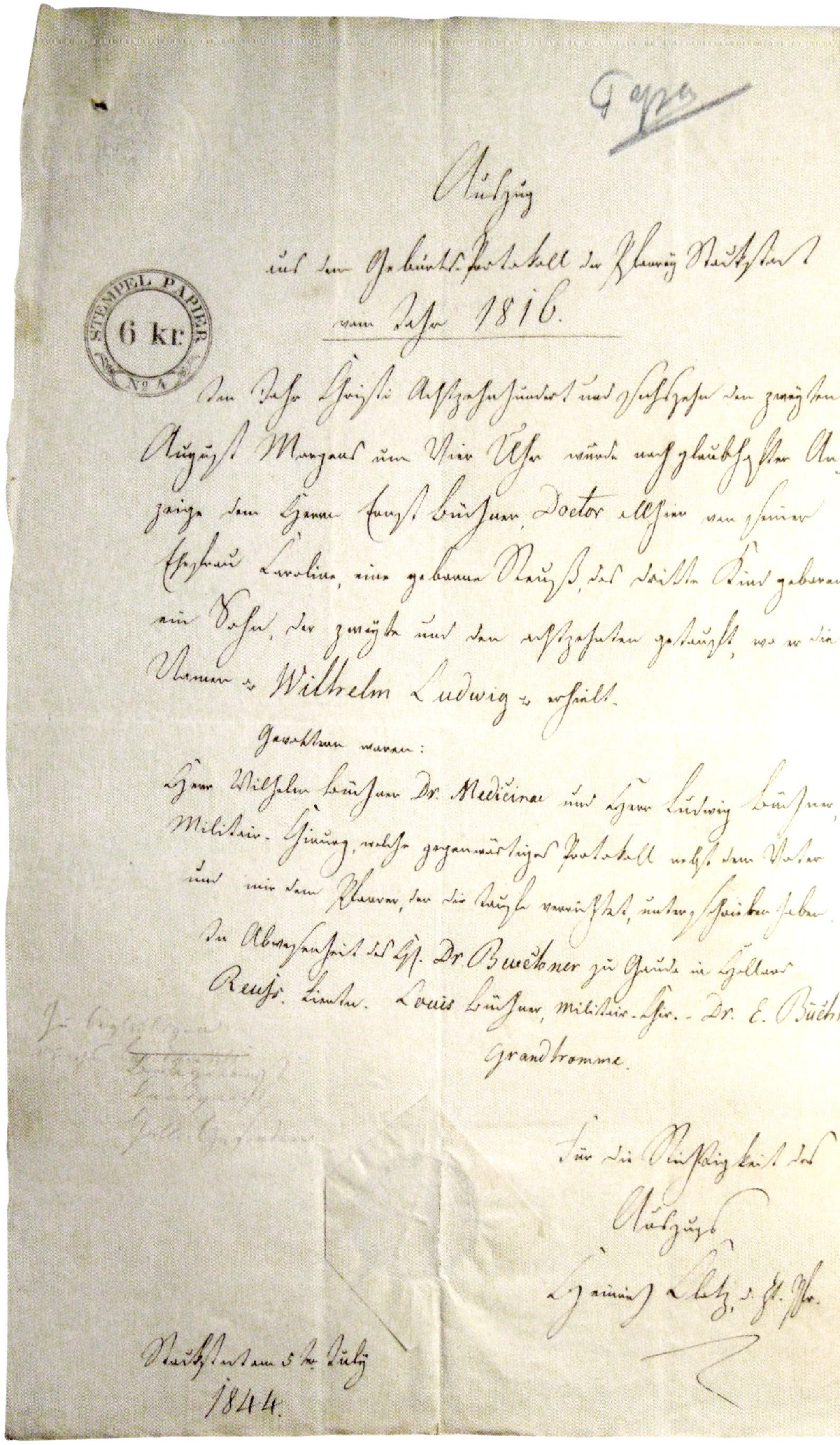
Auszug
aus dem Geburts-Protokoll der Pfarrei Stockstadt
vom Jahr 1816.

Im Jahr Christi Achtzehnhundert und sechzehn den zweiten August Morgens um vier Uhr wurde nach glaubhafter Anzeige dem Herrn Ernst Büchner, Doctor allhier von seiner Ehefrau Caroline, einer gebornen Reuß, das dritte Kind geboren, ein Sohn, der zweiten und den achtzehnten getauft, wo er die Namen = Wilhelm Ludwig = erhielt.

Gevattern waren:

Herr Wilhelm Büchner Dr. Medicinae und Herr Ludwig Büchner, Militair-Chirurg, welche gegenwärtiges Protokoll nebst dem Vater und mir dem Pfarrer, der die Taufe verrichtet, unterschrieben haben.

In Abwesenheit des Hr. Dr. Buechner zu Gunsten in Hessen
Reuß. Lieutn. Louis Büchner, Militair-Chir. – Dr. E. Büchner.
Grandhomme.

Für die Richtigkeit des Auszugs
Heinrich Lotz d. Z. Pfr.

Stockstadt am 5ten Juli
1844.

Geburtsurkunde für Wilhelm Büchner. Ev. Kirchengemeinde Stockstadt, erstellt 1844.

Stockstadt. Rechts wahrscheinlicher Standort des Geburtshauses von Wilhelm Büchner. Keller und Sockel des Erdgeschosses stammen aus der Zeit vor 1800.

Wie Georg (und später auch sein Bruder Ludwig) ging Wilhelm, als die Familie nach Darmstadt gezogen war, in die private Vorschule des Theologen Carl Weitershausen, um auf das Gymnasium, das Pädagog, vorbereitet zu werden. »Wer hier eintrat«, schreibt Jan-Christoph Hauschild, »wusste vermutlich längst, ob er Staatsdiener, Akademiker oder Kaufmann werden würde«.[3] Bei Wilhelm Büchner war das nicht so. Im Gegensatz zu seinem Bruder Georg, der schon früh seine geistigen Talente erkennen ließ, hielt sich Wilhelm auffällig zurück. Heute wirkt es wie ein Wink des Schicksals, dass er bei seinem ersten Schulfest, am 25. März 1823 und damit im Alter von gut sechs Jahren, das Gedicht »Der Reichthum« aus der damals sehr beliebten Sammlung des »Großherzoglich Hessischen Kirchen- und Schulrats und Garnisonsprediger« Friedrich Ludwig Wagner vortrug. Darin heißt es:

»Gold und Silber wünscht' ich mir,
Glücklich alle Welt zu machen!
Jeder, der vor meiner Thür
Weinte, sollte wieder lachen.«[4]

Bruder Georg hielt bei derselben Veranstaltung übrigens zusammen mit einem Mitschüler einen in lateinischer Sprache geschriebenen Vortrag mit dem Titel »Vorsicht bei dem Genusse des Obstes«[5].

Historische Fotografie des »Pädagog«, in dessen vier Klassenzimmern Georg und Wilhelm unterrichtet wurden. Zu Ludwigs und Alexanders Schulzeit war das Institut bereits ins benachbarte »Waisenhaus« umgezogen.

Johann Jakob Kaup (1803 – 1873). Darmstädter Naturwissenschaftler, zuletzt »Wirklicher Inspektor« des großherzoglichen Naturalienkabinetts.

Das war sicherlich anspruchsvoller und deutet schon auf die weitere schulische Karriere der Brüder hin. Beide wechselten von der Anstalt des Doktor Weitershausen auf das Pädagog, und beide verließen es 1831 wieder, Georg mit Abschluss und Wilhelm ohne. Auf dem Gymnasium wurde großer Wert auf die alten und neuen Sprachen, auf Religion, Geschichte und Musik gelegt. Die Naturwissenschaften dagegen spielten nur eine untergeordnete Rolle. Das war so gar nicht nach dem Geschmack von Wilhelm. Die vorzeitig abgebrochene Gymnasialzeit dürfte dafür verantwortlich sein, dass sich Wilhelm – zumindest manchmal – von seinen Eltern als »dummer Bub« bezeichnen lassen musste. Geschmerzt wird es ihn haben, aber er wusste, wo seine Interessen und Fähigkeiten lagen. Auch der Vater, der ja selbst Arzt war und in wissenschaftlichen Zeitschriften veröffentlichte, dürfte das erkannt haben und suchte nach einem geeigneten Beruf für seinen Sohn. So begann Wilhelm, zunächst in Darmstadt, eine Apothekerlehre. Mit großer Begeisterung hörte er daneben naturwissenschaftliche Vorlesungen am neu eröffneten Landwirtschaftlichen Institut. Seinem Bruder Georg, der gerade sein Medizin-Studium in Straßburg aufgenommen hatte, schrieb er am 13. November 1831, dass er bereits vier Vorlesungen absolviert habe, »welche mir sehr viel Unterhaltung und Vergnügen gewähren«[6]. Aus demselben Brief erfahren wir auch, dass er erfolgreich einen Fuchs präpariert hatte, der ihm von seinem Onkel Louis geschickt worden war. Das Ausstopfen hatte er von Johann Jakob Kaup[7] gelernt, der die Zoologische Abteilung des Großherzoglichen Museums in Darmstadt leitete und den Georg sehr schätzte.

Kaup, der gerade am Beginn einer glanzvollen Karriere als Wissenschaftler stand, war einer der Lehrmeister von Rang, denen Wilhelm in jungen Jahren begegnete und die seinen weiteren Werdegang mitprägten. Nach Kaup war es Ferdinand Ludwig Winkler, der als Hofapotheker in Zwingenberg arbeitete. Winkler machte bedeutende Entdeckungen, wie das Chinoidin, mit dem die Malaria im hessischen Ried wirksam bekämpft werden konnte, er veröffentlichte ein Lehrbuch der Pharmazie und gab das »Jahrbuch für die praktische Pharmazie« heraus[8]. Als Wilhelm Büchner von Darmstadt nach Zwingenberg wechselte, um seine Apothekerlehre an der Bergstraße fortzusetzen, war der gerade dreißigjährige Winkler damit beschäftigt, nach unbekannten Pflanzenwirkstoffen zu suchen. Wilhelm

Rezepturtisch und Apothekenmöbel im Hessischen Landesmuseum, Darmstadt. Möglicherweise stammt das Regal im Hintergrund aus der Winkler'schen Apotheke in Zwingenberg.

Das Verhältnis der Brüder war herzlich. Man traf sich im Elternhaus in Darmstadt, wechselte Briefe miteinander, und zumindest einmal ist Georg sogar nach Zwingenberg gekommen.

Wilhelm ca. 1855.

dürfte sich in Zwingenberg das analytische Grundwissen angeeignet haben, das er schon bald, nach der erfolgreich bestandenen Gehilfenprüfung im November 1834, benötigen sollte.
Aber zunächst kehrte er nach Darmstadt zurück, wo sich die dunklen Wolken über seinem Bruder Georg bedrohlich zusammenzogen.
Georg war unterdessen 21 Jahre alt und studierte wieder in Gießen.
Das Verhältnis der Brüder war herzlich. Man traf sich im Elternhaus in Darmstadt, wechselte Briefe miteinander, und zumindest einmal ist Georg sogar nach Zwingenberg gekommen – zusammen mit seinem Freund Alexis Muston im Oktober 1833.[9] Wilhelm wurde zum familiären Vertrauten seines Bruders. Wie weit er in die konspirative politische Tätigkeit von Georg eingeweiht war, ist aus den überlieferten Zeugnissen nur schwer zu ermitteln. Dass sein Bruder in großer Gefahr war, verhaftet zu werden, war Wilhelm spätestens seit Ende 1834 bewusst. Während Georg in der Darmstädter Grafenstraße wie im Rausch an »Danton's Tod« schrieb und, wie von seinen Geschwistern kolportiert wurde, in dauernder Angst lebte, setzte sich die gerichtliche Verfolgungsmaschinerie langsam, aber unaufhaltsam in Gang. Über die letzten Wochen vor der Flucht und über die Flucht selbst kursieren unterschiedliche Versionen. Das liegt sicher auch daran, dass die Geschwister erst sehr viel später ihre Erinnerungen daran festgehalten haben. Am phantastischsten sind die Ausführungen von Alexander Büchner, der als Jüngster wenig von den Vorgängen im Elternhaus mitbekommen haben dürfte. Wir halten uns an Wilhelm Büchner, der 1878 (also auch rund 44 Jahre nach den Ereignissen) zwei Briefe an Karl Emil Franzos schrieb, der ihn nach den genauen Umständen befragt hatte. Er sei wohl der gewesen, schrieb er über das Verhältnis zu Georg, »welcher in seine politischen Verwicklungen der damaligen Zeit wie seine Pläne zu flüchten am tiefsten eingeweiht war«[10]. Das hieß aber nicht, dass Wilhelm sie auch billigte. Geld, das er von seinem Vater erhalten hatte, wollte er ihm nur geben, wenn Georg versprach, »es nicht zu brauchen, um damit zu flieh'n«[11]. Darauf konnte Georg selbstverständlich nicht eingehen. Denn bewusst belügen wollte er seinen Bruder nicht. Denn dass er fliehen musste, stand für ihn fest.

Auch die Vorhaltungen von Wilhelm, »welchen Kummer er den Eltern bereiten würde«[12], konnten ihn nicht davon abhalten. Es sei sein Tod, wenn er in Gefangenschaft geriete, soll er seinem Bruder gegenüber gesagt haben. Andererseits spürte Wilhelm am eigenen Leib, in welcher Gefahr Georg schwebte. Er erinnerte sich:
»Vorladungen nach Offenbach vor den Untersuchungsrichter wich er aus; eine *Vorladung in das Arresthaus* in Darmstadt[13] zur Vernehmung umging er damit, dass er mich an seiner Statt hinschickte; ich war dahin instruiert, mich nicht früher zu erkennen zu geben, als bis das Protokoll angefangen würde, und möge ich beobachten, ob man die Absicht zeige, mich (für ihn) in Haft zu nehmen. Wir hatten schon tagelang eine Leiter in dem Garten an die Mauer gelehnt, mit deren Hülfe er in andere Gärten flüchten wollte, wenn die Häscher kämen.«[14]
»Bei der *Vernehmung* wußte ich, daß die Fragen nach Vor- und Zunamen, Alter usw. zuerst gestellt würden, um zu Protokoll genommen zu werden. Bei dem Fragen nach dem Vornamen, mußte ich, wollte ich nicht als absichtlicher Lügner dastehen, meinen Namen angeben. Bei Nennung meines Namens ›Wilhelm‹ hatte die Sache ein Ende, indem ich erklärte, ich sei nur gekommen, um meinen Bruder zu entschuldigen.«[15]
Das Katz-und-Maus-Spiel blieb ohne direkte Folgen. Aber Georg Büchner wusste, dass es sich nur noch um wenige Tage handeln würde, bis er persönlich erscheinen müsste, und entschloss sich Anfang März 1835 zur Flucht nach Straßburg.
Um sich im französischen Exil eine neue Existenz aufbauen zu können, schickte er sein nach nur fünf Wochen vollendetes Drama »Danton' s Tod« an den Literaturkritiker und Zeitschriftenherausgeber Karl Gutzkow und bat ihn, es dem Frankfurter Verleger Sauerländer zu empfehlen. Wilhelm Büchner brachte das Manuskript am 21. Februar 1835 zur Post. Am 1. März trat er seine Stelle als Apothekergehilfe in Butzbach an. Als Bruder von Georg kam er dort schnell in Kontakt mit einer »republikanischen« Geheimgesellschaft, die sich aus Schülern von Friedrich Ludwig Weidig, dem Mitverfasser des »Hessischen Landboten«, zusammensetzte. Mit »offenen Armen« sei er empfangen worden, schrieb er später an Karl Emil Fran-

»Bei der Vernehmung wußte ich, daß die Fragen nach Vor- und Zunamen, Alter usw. zuerst gestellt würden, um zu Protokoll genommen zu werden. Bei Nennung meines Namens ›Wilhelm‹ hatte die Sache ein Ende, indem ich erklärte, ich sei nur gekommen, um meinen Bruder zu entschuldigen.«

Friedrich Ludwig Weidig (1791 – 1837), zusammen mit Georg Büchner Verfasser des »Hessischen Landboten«, seit April 1835 im Arrest, nahm sich am 23. Februar 1837 in der Haft das Leben.

zos. Und nach kurzer Zeit habe man beschlossen, ihn in den Bund aufzunehmen:

»An einem bestimmten Abend wurde ich abgeholt, an einem Haus wurde vorsichtig Stellung genommen, beobachtet, ob man keinen Lichtschimmer an einem bestimmten Fenster sähe; darauf ging einer der ›Verschworenen‹ ins Haus und kam mit der Nachricht ›Alles in Ordnung‹. Im Dunkeln ging's nun eine steile Treppe vorsichtig hinauf; es brannte im Zimmer ein dampfendes Talglicht. – Nun wurde im Flüsterton gesprochen, Bier gebracht, Pfeifen angezündet und – über Mädchen, aber in anständiger Weise, gesprochen. Als das einige Zeit gedauert hatte, gingen die Verschworenen wieder einzeln mit größter Vorsicht fort, und aus war die ganze Geschichte.«[16]

»Nun wurde im Flüsterton gesprochen, Bier gebracht, Pfeifen angezündet und – über Mädchen, aber in anständiger Weise, gesprochen. Als das einige Zeit gedauert hatte, gingen die Verschworenen wieder einzeln mit größter Vorsicht fort, und aus war die ganze Geschichte.«

Jan-Christoph Hauschild vermutet in seiner Büchner-Biographie, dass es in der Butzbacher Republikaner-Gruppe nicht immer so beschaulich zuging. Man hätte aber wenig Veranlassung gehabt, den gerade erst Achtzehnjährigen näher ins Vertrauen zu ziehen. Ob es so war oder doch anders, sei dahingestellt. Für Wilhelm Büchner jedenfalls wurde der Besuch bei dem »geheimen Bund« zu einem folgenreichen Schlüsselerlebnis:

»Hatte ich nun früher über die verwegenen Butzbacher so viel gehört, so hatte ich wohl das Recht, etwas Besonderes zu erwarten. Ich fand gute Kameraden, derb und bieder; aber um die Welt zu verbessern, dazu konnten sie kein Material abgeben –, und von dem Augenblick an war ich von dem Wahn befreit, als wenn durch Geheimbündelei etwas Gutes zu erzielen sei. Nur als Handlanger konnten die Leute gebraucht werden.«[17]

Das war, aus der Rückschau, ein vernichtendes Urteil. Aber auch in Butzbach selbst dürfte er ähnlich empfunden haben. Denn Wilhelm schloss sich keiner der radikalen Verschwörergruppen an. Bestätigung für diese Entscheidung erhielt er von seinem Bruder Georg, der ihm zwischen April und Juli 1835 aus Straßburg schrieb, dass er selbst nicht mehr »im Entferntesten jetzt an die Möglichkeit einer politischen Umwälzung glauben« könne. »Ich habe mich seit einem halben Jahre vollkommen überzeugt, dass Nichts zu tun ist, und daß Jeder, der *im Augenblicke* sich aufopfert, seine Haut wie ein Narr zu Markte trägt. Ich kann Dir nichts Näheres sagen, aber ich kenne die

Verhältnisse, ich weiß, wie schwach, wie unbedeutend, wie zerstückelt die liberale Partei ist, ich weiß, dass ein zweckmäßiges, übereinstimmendes Handeln unmöglich ist, und dass jeder Versuch auch nicht zum geringsten Resultate führt.«[18]

Die Bedeutung dieses Briefes für Georg Büchner und seine politische Biographie ist in der Forschung vielfach untersucht und interpretiert worden. Welche Wirkung er auf Wilhelm Büchner hatte, wurde dabei nicht diskutiert. Er scheint aber einen nicht zu überschätzenden Einfluss auf den damals noch nicht einmal Neunzehnjährigen ausgeübt zu haben. Als politisch denkender Mensch verabschiedete sich Wilhelm Büchner vom gewaltsamen Kampf als Mittel der Politik, wie ihn noch der »Hessische Landbote« gefordert hatte. Er trat seinen Weg durch die Institutionen an, der ihn in das Kommunalparlament seines Wohnorts, in den Landtag und schließlich in den Reichstag führte. Zunächst aber schuf er sich die Voraussetzungen für eine bürgerliche Existenz, die ihm die Unabhängigkeit von den Eltern und von materiellen Zwängen schaffen sollte. Mit seinem Bruder hielt er brieflichen Kontakt. Georg berichtete ihm von seinem Studium der Naturwissenschaften und der Philosophie, vom Fortgang seiner literarischen Arbeit und von den Plänen, nach Zürich zu wechseln. Der letzte überlieferte Briefauszug datiert von Ende 1836/Anfang 1837. Aus Zürich schrieb Georg: »Ich sitze am Tage mit dem Scalpell und die Nacht mit den Büchern.«[19] Als Georg Büchner am 19. Februar 1837 starb, studierte Wilhelm für ein Semester Pharmazie bei dem Chemiker Leopold Gmelin in Heidelberg. Wie er auf den Tod seines Bruders reagierte, ist nicht überliefert. Aber wir können mit gutem Grund vermuten, dass ihn die Nachricht besonders hart traf. Er hatte nicht nur einen Bruder verloren, sondern auch einen Freund. Bei Georg war ihm die Aufmerksamkeit und Anerkennung zuteil geworden, die er bei seinen Eltern schmerzlich vermisste. Noch Ende Oktober 1836 hatte sich die Mutter bei Georg brieflich beklagt, wie sehr sie über »diesen Jungen« beunruhigt sei: »Es ist noch ein gar zu großer Kindskopf, hat gar keinen Begrief vom Schaden hat einen falschen Ehrgeiz, und ist hinter seinem Retzeptiertisch gar zu schro geworden.«[20] Im Elternhaus war man froh, als sich Wilhelm zusammen mit seinem Freund Leopold Schenk am 5. November 1836 in

Wilhelm ca. 1865.

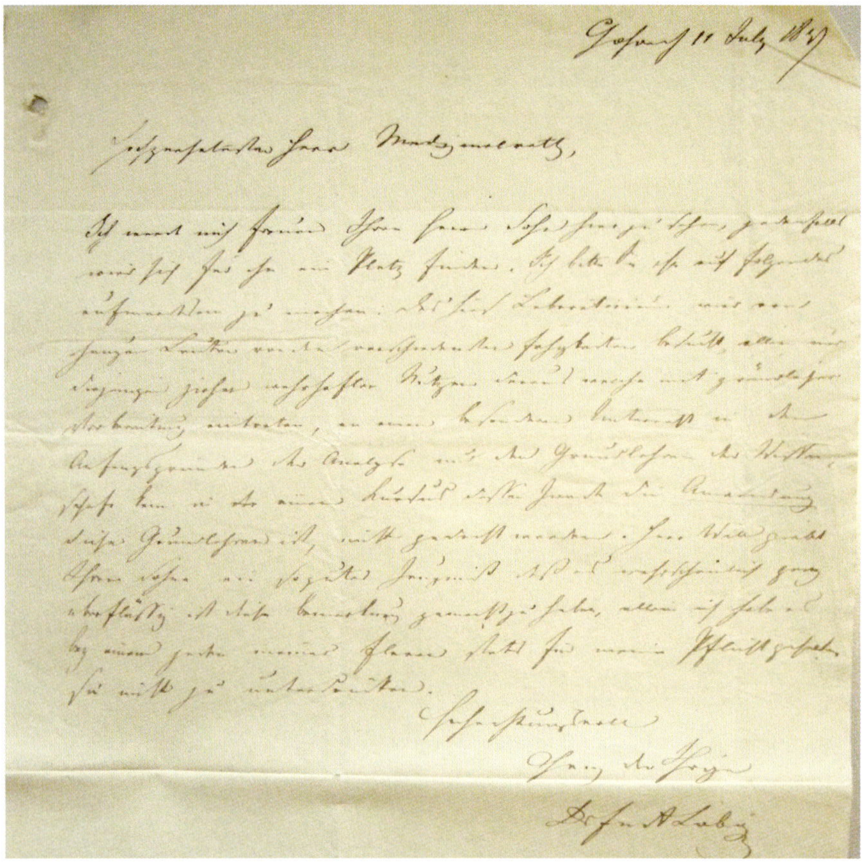

Justus Liebig stimmt Wilhelms Aufnahme zum Studium zu. Brief an den Vater Ernst Büchner vom 11. 7. 1837.

Heidelberg immatrikulierte. Ein Jahr später wechselte er offiziell nach Gießen zu Justus Liebig, bei dem er bereits im Sommer 1837 eine Vorlesung über allgemeine Experimentalchemie gehört hatte. Der Vater hatte einen Empfehlungsbrief verfasst, nachdem ein erster Versuch, in Gießen studieren zu dürfen, fehlgeschlagen war. Wilhelm hatte dann Heidelberg als »Parkstudium« gewählt. Der in Darmstadt geborene Liebig antwortete freundlich, und Wilhelm hatte seinen dritten Lehrmeister von Rang gefunden. Das Laboratorium, das Liebig in Gießen unterhielt, zog begabte junge Wissenschaftler aus ganz Europa an, die unter seiner Führung die theoretischen und praktischen Grundlagen der organischen Chemie entwickelten. Nachdem Wilhelm im Wintersemester 1837/38 einen praktisch-analytischen Kurs in dem Gießener Laboratorium absolviert hatte, stellte ihm Liebig ein Zeugnis aus, in dem er den »unausgesetzten Fleiß und regen Eifer«[21] von Wilhelm lobte.

Wieder in Darmstadt legte Wilhelm Büchner im November 1838 seine Staatsprüfung vor dem Großherzoglichen Medizinal-Kolleg ab und erhielt die Erlaubnis, eine Apotheke selbstständig zu führen. Aber dazu sollte es nicht kommen. Wilhelm hatte andere Pläne. Zunächst allerdings erkrankte er schwer an Typhus (Nervenfieber) und wurde, wie sein Bruder Alexander später berichtete, selbst von den geschicktesten Ärzten »für verloren« gehalten: »Im Augenblick der schwersten Krisis wurden wir jüngere Geschwister zu Wilhelm geführt, um ihn noch einmal zu sehen. Ich werde nie den geisterhaften Ausdruck seines schönen aber gänzlich entstellten Kopfes vergessen, welcher durch Blutegelbisse sozusagen tätowiert war. Mit glasartigen geistesabwesenden Augen starrte er uns an ohne uns zu erkennen.«[22] Wilhelm besiegte die Krankheit, an der (wahrscheinlich) sein Bruder Georg in Zürich gestorben war. Zu Ehren des Arztes, der Ernst Büchner bei der Behandlung zur Seite gestanden hatte, wurde ein Genesungsfest gegeben, für das Luise eine kleine Theateraufführung inszenierte und ein Gedicht verfasste. Wilhelm reiste danach zu seinem Onkel Willem nach Holland, wo er auch seine Cousine Elisabeth kennen (und vielleicht schon lieben) lernte. Nach seiner Rückkehr trat er zunächst in die Lincksche Bleiweißfabrik ein, die Zündhölzer herstellte. Im Frühjahr 1841 gründete er dann in der Waschküche des elterlichen Hauses seine eigene chemische Fabrik. In kleinem Maßstab produzierte er gebleichten Schellack und Firnisse. Den Durchbruch als Unternehmer brachten aber erst seine Versuche zur synthetischen Herstellung des damals überaus begehrten Ultramarinblaus. Auf natürliche Weise konnte das Pigment aus dem Halbedelstein Lapislazuli gewonnen werden. Das war aber aufwendig und vor allem teuer. Fieberhaft wurde deshalb nach Wegen gesucht, den Farbstoff künstlich herzustellen. In Frankreich war dafür sogar ein ansehnlicher Geldpreis ausgesetzt worden. In Deutschland gab es bereits zwei Firmen, die synthetisch erzeugtes Ultramarin nach dem Verfahren des Tübinger Chemikers Christian Gottlob Gmelin[23] herstellten. Wilhelm Büchner gelang es nun, dieses Verfahren zu vereinfachen und damit erheblich zu beschleunigen. Einer gern erzählten Familienanekdote zufolge, soll er ein Stück des kostbaren Ultramarins auf den elterlichen Tisch gelegt und ausgerufen haben: »Da ha-

Wilhelm erkrankte schwer an Typhus (Nervenfieber) und wurde, wie sein Bruder Alexander später berichtete, selbst von den geschicktesten Ärzten »für verloren« gehalten.

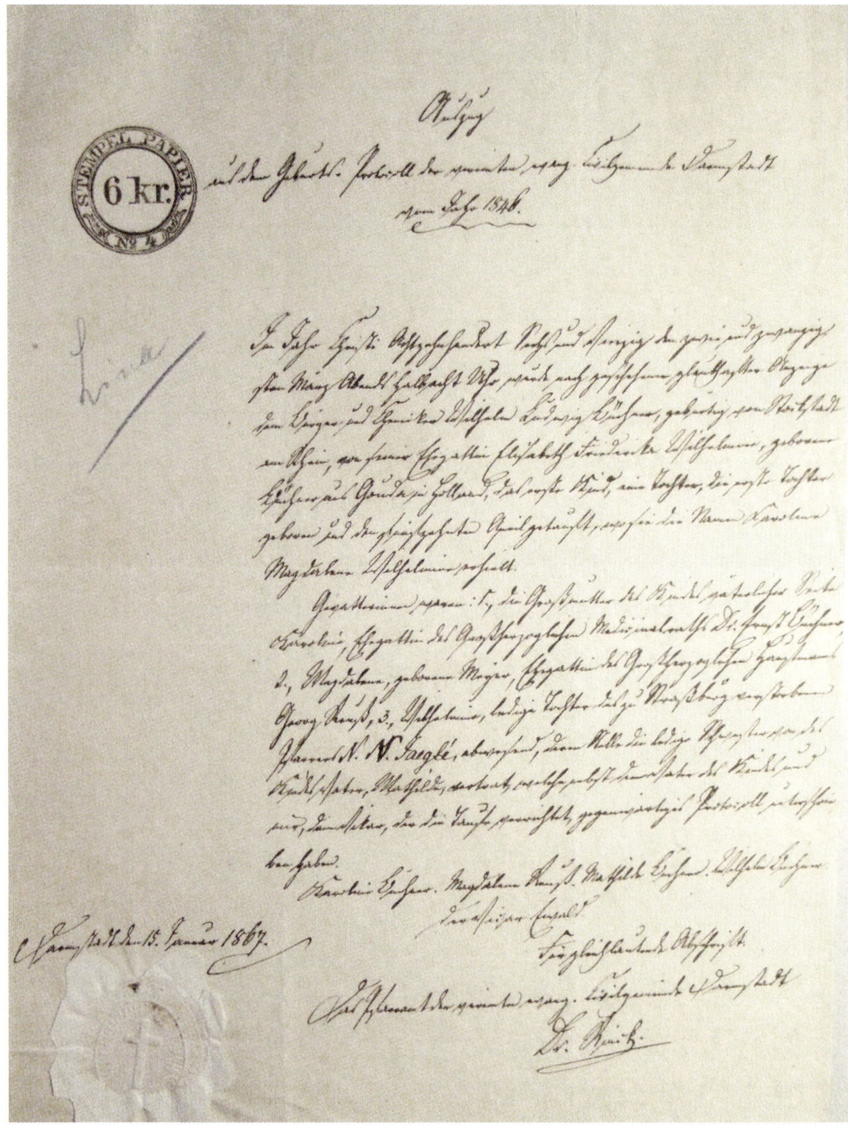

Geburtsurkunde von Wilhelms Tochter Caroline Magdalene Wilhelmine (Lina). Darmstadt, geb. 22. 3. 1846, ausgefertigt Darmstadt 1867. Als Patin wird Wilhelmine Jaeglé, im Text fälschlich »Naeglé«, genannt.

ben wir eine Million.« Zusammen mit seinem Schulfreund Hermann Wilckens, dessen Vater als Hofrat und Stadtsyndikus über ein größeres Vermögen als Ernst Büchner verfügte, gründete Wilhelm am 1. Mai 1842 in einer ehemaligen Stearinkerzenfabrik im Darmstädter Mühlweg seine Ultramarin-Fabrik, die auch Lacke, Firnisse und künstliches Elfenbein herstellte. Aber den großen Erfolg brachte das Ultramarin, das sich durch eine außergewöhnliche Leuchtkraft und Frische auszeichnete. Noch heute kann man sich davon überzeugen, zum Beispiel in der ehemaligen Synagoge in Pfungstadt.
Schon mit 26 Jahren war der »dumme Bub« ein erfolgreicher Unter-

nehmer, der nun langsam daran denken konnte, eine eigene Familie zu gründen. Am 27. Februar 1845 heiratete Wilhelm Büchner seine um fünf Jahre jüngere holländische Cousine Elisabeth. Es wurde eine, wie sich vermuten lässt, gute Ehe. Leider sind die Informationen über das Privatleben von Wilhelm und Elisabeth Büchner mehr als dürftig. Über Elisabeth, die das große Haus geführt haben dürfte, ist so gut wie nichts bekannt. Das Paar hatte drei Kinder, wobei das zweitälteste schon neun Monate nach der Geburt starb. Caroline Magdalene Wilhelmine wurde am 22. März 1846 in Darmstadt geboren. Sie war behindert und zeitlebens auf die Hilfe ihrer Eltern (und einer Gouvernante) angewiesen. Als drittes Kind erblickte Ernst Wilhelm (dessen Sohn Anton 1963 die erste Familiengeschichte der Büchners veröffentlichte) am 8. März 1850 in Pfungstadt das Licht der Welt. Für Caroline, seine Erstgeborene, scheint Wilhelm Büchner in Straßburg bei der früheren Verlobten seines Bruders Georg, Wilhelmine Jaeglé, angefragt zu haben, ob sie bereit wäre, die Patenschaft zu übernehmen. In den Taufunterlagen wird sie als Patin genannt, allerdings ohne persönlich anwesend gewesen zu sein. Sie wurde von Wilhelms Schwester Mathilde vertreten. In Wilhelmine Jaeglé als Taufpatin knüpfte Wilhelm das Band zwischen seiner Familie und einer Frau, die seinem Bruder Georg noch näher gestanden hatte als er selbst. Als vier Jahre später die Briefe ihres Bräutigams an sie durch Ludwig Büchner in der ersten Gesamtausgabe veröffentlicht wurden, ohne vorher ihre Erlaubnis einzuholen, war Wilhelmine Jaeglé so verärgert, dass sie den Kontakt zur Familie abbrach. Wir wissen nicht, ob das auch für Wilhelm Büchner und seine Tochter galt, die mit der »misslichen Sache«, wie Luise Büchner später die Brautbrief-Affäre nannte, nichts zu tun hatten.

Für Wilhelm Büchner öffnete die Ehe mit seiner Cousine ganz neue Perspektiven. Sein Schwiegervater (und Onkel), der ebenfalls Wilhelm (»Willem«) Büchner hieß, war in dem holländischen Gouda als Arzt zu einem bedeutendem Vermögen gelangt. Einen nicht unbeträchtlichen Teil davon brachte Elisabeth als Mitgift nach Darmstadt. Schon wenige Tage nach der Hochzeit, am 1. April 1845, erwarb Wilhelm Büchner für die stattliche Summe von 9000 Gulden das Gelände der ehemaligen Frankensteiner Mühle und verlegte seine

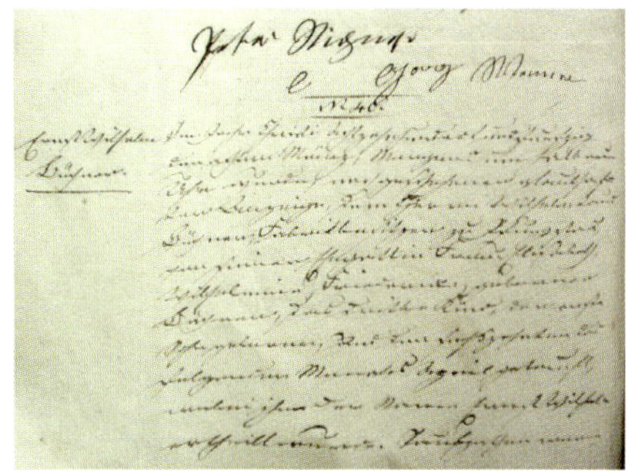

Eintrag über die Geburt von Wilhelms Sohn Ernst (8. März 1850). Zweiseitiger Eintrag im Kirchenbuch Pfungstadt.
Seite 2 mit den Unterschriften von Wilhelm und seinem Vater Ernst Büchner.

Wilhelm Büchner mit seinem Sohn Ernst, ca. 1870.

Als drittes Kind erblickte Ernst Wilhelm am 8. März 1850 in Pfungstadt das Licht der Welt.

Ultramarin-Fabrik dorthin. Der Platz war gut gewählt, denn der neue Besitzer konnte das, – wenn auch durch Brand beschädigte – Fertigungs- und Wohngebäude übernehmen. Die vorbeifließende Modau lieferte die Energie, die zum Antrieb der Maschinen benötigt wurde. Das Pfungstädter Moor bot den in großen Mengen benötigten Torf, und der Gernsheimer Rheinhafen lag auch nicht weit entfernt. Außerdem hatte der Ort Geschichte. Die Frankensteiner Mühle als ältester urkundlich belegter Gewerbebetrieb in Pfungstadt hatte schon im 14. Jahrhundert Getreide zu Mehl verarbeitet. 1767 wurde auf Initiative der späteren »Großen Landgräfin« Karoline Henriette von Hessen-Darmstadt die Herstellung von Farben begonnen, als Versuch, die zerrütteten Staatsfinanzen zu sanieren. Aus der Wurzel des

Krapp, eines Labkrautgewächses, gewann man gelben, braunen und vor allem roten Farbstoff. Nachdem das Unternehmen anfänglich floriert hatte, gingen die Gewinne im Lauf der Zeit immer mehr zurück. 1819 wurde der Betrieb endgültig eingestellt. Eine Wollmanufaktur und später eine Zuckerfabrik hatten ebenso wenig Bestand. Über Jahre standen die Gebäude sogar ganz leer. Erst als Wilhelm Büchner das riesige Gelände »auf Abriss« kaufte und in dem immer noch repräsentativen alten Mühlengebäude, dem späteren »Herrenhaus«, seinen Betrieb aufnahm, keimte neue Hoffnung. Denn die Ultramarinproduktion galt als moderner und lukrativer Geschäftszweig. Und Wilhelm Büchner sollte die Erwartungen nicht enttäuschen, trotz gelegentlicher wirtschaftlicher und persönlicher Rückschläge. Die »Blaufabrik«, wie sie in Pfungstadt genannt wurde, war bald einer der größten Arbeitgeber in Pfungstadt, das damals gut 3000 Einwohner zählte und sich durch die Ansiedlung neuer Betriebe gerade zu einem Industrieort entwickelte.

Den Erfolg seines Ultramarins verdankte Wilhelm Büchner der besonderen Qualität des Farbstoffs, den er in zahlreichen Varianten anbot, am beliebtesten als »Wasch-Blau« in Kugeln oder Pastillenform, aber auch als ungiftiger Färbestoff für Zucker, für den Druck oder als Zusatz für Malerfarben. Ein mutiger, aber richtiger Schritt war es, nicht nur den deutschen Markt beliefern zu wollen, sondern sich schon früh an internationalen Ausstellungen zu beteiligen, um auch im Ausland Fuß fassen zu können. Wilhelm Büchner war so von der herausragenden Qualität seines Produktes überzeugt, dass er sich 1851 sogar auf die Londoner Weltausstellung wagte – und mit einer Bronze-Medaille ausgezeichnet wurde. Wie sehr die Franzosen sein

Ultramarin schätzten, bezeugen gleich mehrere Ereignisse, über die Anton Büchner berichtet. Im Februar 1852 wurde Wilhelm Büchner in die angesehene Académie Nationale Agricole, Manufacturière et Commerciale aufgenommen. Kurz darauf gab er im Journal der Akademie »Interessenten Einblick in die neuen Methoden (...) die er bei der Anfertigung solchen Ultramarins anwandte, das für die Papierfabrikation

Schon wenige Tage nach der Hochzeit, am 1. April 1845, erwarb Wilhelm Büchner für die stattliche Summe von 9000 Gulden das Gelände der ehemaligen Frankensteiner Mühle und verlegte seine Ultramarinfabrik dorthin.

(Ideal-)Bild der Krappfabrik. Nach einem Gemälde von F. J. Hill (Prospect der newem Grapmühl) von 1777.

40

Die Pfungstädter »Blaufabrik« in ihrer größten Ausdehnung. Rechts die Villa Büchner, in der Mitte das »Herrenhaus«. Foto von 1904.

Den Erfolg seines Ultramarins verdankte Wilhelm Büchner der besonderen Qualität des Farbstoffs, den er in zahlreichen Varianten anbot, am beliebtesten als »Wasch-Blau« in Kugeln oder Pastillenform, aber auch als ungiftiger Färbestoff für Zucker, für den Druck oder als Zusatz für Malerfarben.

Die französische »Académie Nationale …« nimmt Wilhelm Büchner auf, Druck mit hs. Ergänzungen, Paris, 19. 2. 1852.

Briefbogen der Ultramarin-Fabrik mit Ansicht des Firmengeländes. Rechts die Villa Büchner, in der Mitte das »Herrenhaus«. Druck, ca. 1885.

und die Herstellung bedruckter Stoffe wichtig geworden war«[24]. Wohl daraufhin wurde er 1853 als Experte nach Paris eingeladen, um dort eine Ultramarin-Fabrik einzurichten. 1855 schließlich erhielt er für seine Produkte auf der Pariser Weltausstellung die »Medaille I. Classe«, also die höchste Auszeichnung. Diese Erfolge, die Wilhelm Büchner in Frankreich erzielte, sind gleich in mehrfacher Weise bemerkenswert. Denn die Franzosen sahen sich als Erfinder des künstlichen Ultramarins. Gleichzeitig mit Gmelin hatte 1828 der französische Chemiker J. B. Guimet das Verfahren entwickelt und den schon erwähnten Geldpreis gewonnen. Trotzdem holten die Franzosen einen deutschen Unternehmer als Berater. In der Mitte des 19. Jahrhunderts war der »Technologieexport« (das Wort gab es damals allerdings noch nicht) von Deutschland nach Frankreich höchst ungewöhnlich. In der Regel lieferte das wirtschaftlich fortschrittlichere Frankreich seine Produkte und Ideen nach Deutschland. Als Adam Opel zum Beispiel 1862 im Kuhstall seines Onkels in Rüsselsheim seine erste Nähmaschine zusammenbaute, setzte er nur das um, was er in den Nähmaschinenfabriken in Paris gelernt hatte. Statt eigener Konstruktionen verkaufte er Plagiate, die er nur geringfügig modifiziert und verbessert hatte. In der Anfangsphase schickte ihm sein Bruder sogar regelmäßig die benötigten Einzelteile aus Paris. An einen Export ins Ausland konnten nur die allerwenigsten Betriebe im Großherzogtum denken. Selbst ein so großes und bekanntes Unternehmen wie Buderus, das u. a. auf der Friedrichshütte bei Laubach und in Hirzenhain Roheisen und hochwertige Gusswaren produzierte, musste sich auf den deutschen Markt konzentrieren. Zu den wenigen Fabriken mit internationalen Kunden gehörte die von Wilhelm Büchner. In London, Wien, Paris oder München wurde sein Ultramarin mit Preisen ausgezeichnet, manchmal sogar mehrfach. Die erhaltenen Etiketten seiner Produkte lassen erkennen, dass er fast alle Länder Europas belieferte und offenbar auch in Asien und Amerika Abnehmer hatte. Das immer noch relativ kleine Unternehmen aus Pfungstadt, das jährlich bis zu 750 000 Kilogramm Ultramarin produzierte und zwischen 60 und 100 Menschen beschäftigte, war ein regelrechter »Global Player«. Offenbar konnte Wilhelm Büchner diese Last nicht allein schultern. Nach dem Ausscheiden Hermann Wilckens nahm er mit Eduard Zimmermann einen neuen Teilhaber auf, der im Juli 1859 »gemäss freundschaftlicher Uebereinkunft«[25] wieder ausschied und damit dem aus England kommenden Moritz Kohnstamm Platz machte. Es ist gut möglich, dass sich der neue »Associé« mit seiner Auslandserfahrung besonders um die internationalen Märkte kümmerte.

In Pfungstadt stieß Wilhelm Büchner mit seinen unternehmerischen Aktivitäten nicht immer nur auf Begeisterung. Zwar war er der größte Arbeitgeber in der weiter wachsenden Stadt, aber die Farbenfabrik forderte auch ihren Tribut. Blauer Nebel legte sich auf Gebäude, Felder und Wiesen. Selbst in einer Zeit mit geringem Umweltbewusstsein wurde das als störend empfunden, ohne wirklich etwas dagegen ausrichten zu können. Filteranlagen, die die Blaufärbung der Abgase verhindert hätten, gab es noch nicht. Weil die Wasserkraft der Modau nicht ausreichte, um genügend Energie für die stetig wachsende Produktion zu liefern, hatte Wilhelm Büchner bereits 1852 seine erste Dampfmaschine in Betrieb genommen (später errichtete er sogar ein eigenes kleines Gaswerk auf seinem Gelände). Als er 1858 daranging, eine zweite Dampfmaschine aufzustellen, wurde es dem benachbarten Müllermeister Philipp Engel zu viel. Im Hessischen Staatsarchiv in Darmstadt hat sich der umfangreiche Schriftverkehr erhalten. Vor dem Bürgermeister von Pfungstadt hatte Engel am 8. September 1858 zu Protokoll gegeben:

»Im vorigen Jahr habe ich schon meine Einwendungen bei den Feldgeschworenen dahier vorgebracht, da meine Obstbäume an meinen Gebäulichkeiten zum Theil abgestorben und dermalen wieder einige zu Grunde gegangen sind. Mein Taback auf meinem Viertelacker wurde so ruinirt, dass ich bei dem später erfolgten Verkauf 1/3 Theil weniger dafür lößte, was einzig und allein diesen Dünsten pp. zuzuschreiben ist (...) Nicht einmal meine Wäsche kann ich in mei-

Es war kein Vergnügen, in unmittelbarer Nähe der Blaufabrik zu wohnen, obwohl Wilhelm Büchner das selbst auch tat. Die Dampfmaschine konnte schließlich mit einigen Auflagen in Betrieb gehen.

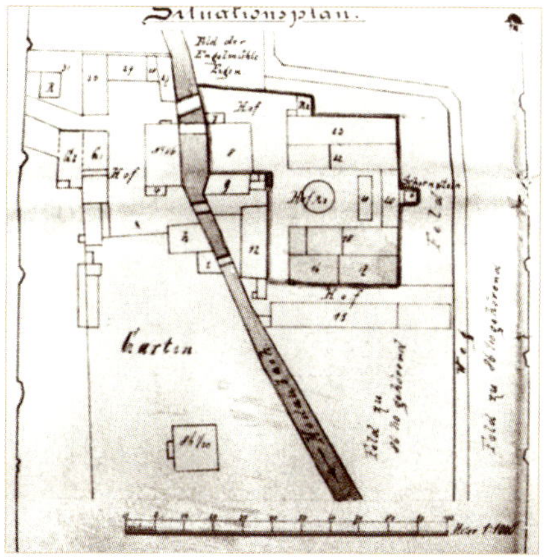

Simulationsplan der Blaufabrik. Ca. 1880.

Arbeiterinnen und Arbeiter der »Blaufabrik«. Pfungstadt, ca. 1890.

Wilhelm Büchner gehörte zu den Fabrikanten im 19. Jahrhundert, die auch bereit waren, Verantwortung für ihre Beschäftigten zu übernehmen. Er sei ein »strenger, aber gerechter und fürsorglicher Herr« gewesen, schreibt sein Enkel Anton, »der half, wo es in seiner Macht stand«.

ner Behausung trocknen und muß solche bei dem Müller Peter Wörner 5 Minuten von hier trocknen.«[26]
Es war also kein Vergnügen, in unmittelbarer Nähe der Blaufabrik zu wohnen, obwohl Wilhelm Büchner das selbst auch tat. Die Dampfmaschine konnte schließlich mit einigen Auflagen in Betrieb gehen. Weder der Bürgermeister noch das Großherzogliche Bauamt waren daran interessiert, die weitere Entwicklung der Fabrik zu behindern. Zumal Wilhelm Büchner von seinen Arbeitern und von den Pfungstädter Bürgern als sozial eingestellter Unternehmer sehr geschätzt wurde. Er gehörte zu den Fabrikanten im 19. Jahrhundert, die auch bereit waren, Verantwortung für ihre Beschäftigten zu übernehmen. Er sei ein »strenger, aber gerechter und fürsorglicher Herr« gewesen, schreibt sein Enkel Anton, »der half, wo es in seiner Macht stand«[27].

Arbeiterinnen der »Blaufabrik«.
Pfungstadt, ca. 1890.

Was »streng« bedeutete, lässt sich aus einem Rundschreiben aus dem Jahr 1875 ableiten, in dem die Arbeiter und Angestellten über personelle Veränderungen informiert wurden:
»Zugleich wird den Arbeitern mitgetheilt, dass für die Folge unnachsichtlich Strafen gegen alle Diejenigen verhängt werden, welche zu spät kommen oder zu frühe sich fertig machen. Zehn Minuten vor dem Weggehen ist zeitig genug, sich zu reinigen. Faullenzereien und nicht genügende Leistung im Quantum der Arbeit wird gleichfalls bestraft«[28].
Solche Straf-Ordnungen waren zu dieser Zeit nichts Ungewöhnliches. Ganz im Gegenteil. In der Regel wurden die Beschäftigten mit ganzen Verbotskatalogen konfrontiert. Bei vermeintlichen oder wirklichen Übertretungen mussten dann Strafzahlungen geleistet werden.

»Es war von dem Besitzer die Aufgabe gestellt, auf das Aeußere des Gebäudes nur das dringend Nothwendigste zu verwenden, bei der inneren Ausstattung dagegen mit den Mitteln nicht zu kargen. Dieser Aufgabe zu entsprechen, mußte der erste Entwurf, bei welchem das Aeußere mit der inneren Ausstattung übereinstimmend gehalten war, umgearbeitet werden, und es erfolgte die Ausführung des Aeußern in den einfachen Formen der beifolgenden Blätter, auf welchen wir vorerst die Grundrisse des ersten und zweiten Stocks, nebst den nördlichen und westlichen Ansichten mitteilen (...)
Es war beabsichtigt, die Mauerflächen, mit Inbegriff der Ecklissenen und ihrer Verbindungsfrieße, mit feinem Spritzwurfe in bräunlichgelber Farbe zu versehen, und den Oelfarbanstrich der Hausteine und Holzgesimse in gleichem Tone mit der Farbe des Spritzwurfes zu halten, um so die Massen zusammen zu fassen und alle Vor- und Rücksprünge, sowie die Gliederungen der Gurten, Gesimse und der Umschließungen aller Durchbrechungen, allein durch Licht und Schatten wirken zu lassen. Daß davon, nach eigner Angabe des Besitzers, abgewichen wurde, trägt nicht wenig dazu bei, daß die Gliederung des Gebäudes in einiger Entfernung verwirrt erscheint, und daß die ganze Gebäudemasse in ihrem kaltgrauen Farbeton den heiteren Eindruck nicht macht, den sie bei einem warmen und dem Blaugrau des Himmels entschieden entgegengesetzten Tone der Färbung ohne Zweifel machen müßte.«

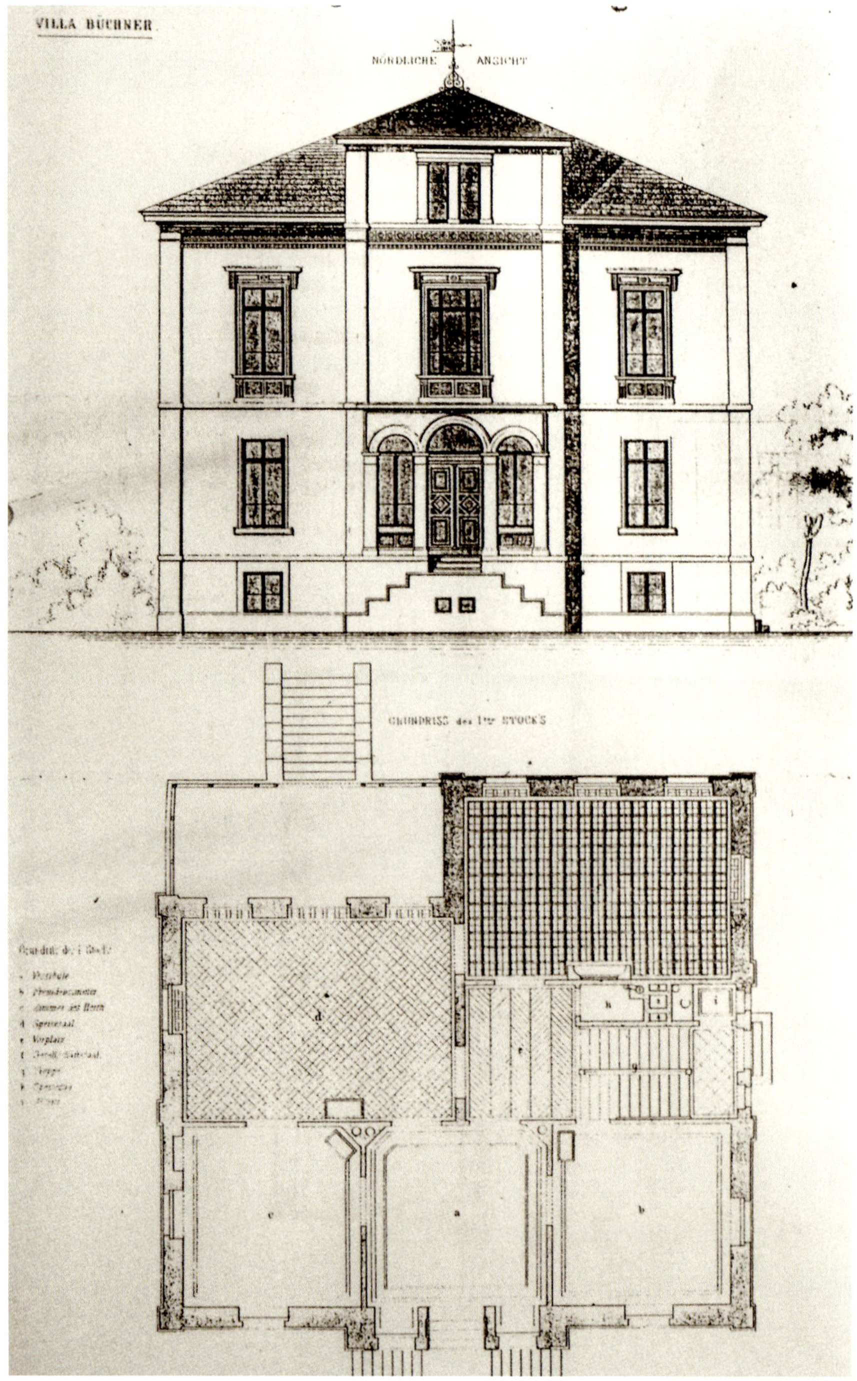

Der Architekt Balthasar Harres berichtet über den Bau der Villa Büchner, S. 4 .

Bei Wilhelm Büchner war das auch so, aber das Geld ging nicht in die Privatschatulle des Unternehmers, sondern in eine firmeneigene Invaliden-Unterstützungskasse, die auch mit Zuschüssen aus dem Geschäftsgewinn gespeist wurde. Wilhelm Büchner hatte sie anlässlich seiner Silberhochzeit 1870 gestiftet und mit einem Grundkapital ausgestattet. Das war lange vor den Bismarck'schen Sozialgesetzen. 1884 wurde die Invalidenkasse in eine Betriebskrankenkasse umgewandelt. Wie Anton Büchner berichtet, erhielten die Beschäftigten auch »jährliche Tantiemen aus dem Geschäftsgewinn« und bei 25-jähriger Betriebszugehörigkeit eine Geldprämie.

Für einen Unternehmer wie Wilhelm Büchner war es selbstverständlich, mit seiner Familie auf dem Firmengelände zu wohnen. Zunächst war er in das Herrenhaus gezogen. 1864 ließ er sich von dem Darmstädter Architekten Balthasar Harres eine repräsentative Villa errichten. Wenn es nach dem Tod der Eltern so etwas wie ein Zentrum für die Geschwister Büchner gab, dann war es diese Villa. »Seit dem Tod unseres Vaters«, schrieb Alexander Büchner in seinem unveröffentlichten Nachruf, war Wilhelm »als anerkanntes Oberhaupt der Familie an deren Spitze getreten und hat sein Möglichstes für das Zusammenhalten von deren Gliedern gethan«[29]. Dazu gehörte es auch, die Geschwister und sogar weitläufigere Verwandte finanziell zu unterstützen, wenn sie es nötig hatten. »Mir selbst war Wilhelm«, erinnerte sich Alexander, »in echt brüderlicher Weise zu Hilfe gekommen, als mir die politischen Verfolgungen Verlegenheiten verursachten und ich mir inmitten von tausend Schwierigkeiten eine neue Laufbahn im Auslande brechen musste«[30].

In seinen Memoiren »Das ›tolle‹ Jahr« bezeichnet ihn Alexander als »Krösus der Familie«[31]. Das dürfte der Wahrheit entsprochen haben. Wilhelm war das finanzielle Rückgrat der Büchners. Mit seinem Geld schien er die wirtschaftliche und damit auch politische Unabhängigkeit seiner Geschwister zu sichern. Und er stärkte den Zusammenhalt untereinander. Ernsthafte Differenzen oder nachhaltige Zerwürfnisse sind nicht überliefert. Gelegentlich wurde auch gemeinsam gefeiert. Etwa bei der Silberhochzeit von Wilhelm und Elisabeth Büchner am 27. Februar 1870. Sohn Ernst hatte ein musikalisches »Tableau« entworfen, bei dem Mitglieder der Familie die olym-

Für einen Unternehmer wie Wilhelm Büchner war es selbstverständlich, mit seiner Familie auf dem Firmengelände zu wohnen. Zunächst war er in das Herrenhaus gezogen. 1864 ließ er sich von dem Darmstädter Architekten Balthasar Harres eine repräsentative Villa errichten.

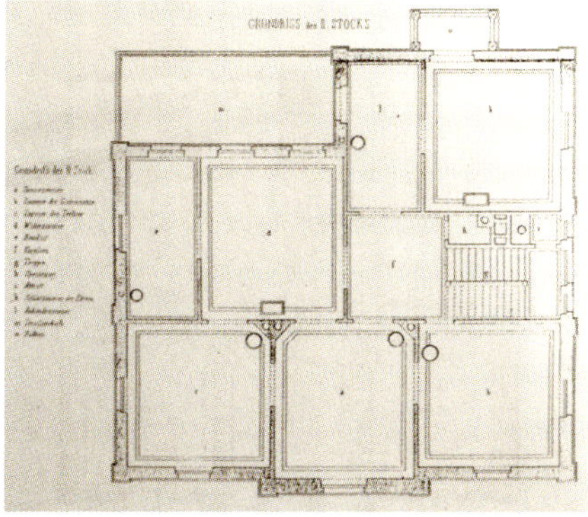

pischen Götter verkörperten. Wilhelm hielt ein gastfreies Haus. Er besuchte seine Geschwister, und sie besuchten ihn. Oder man ging sogar gemeinsam auf Reisen. Mehr als einmal war das Grab von Georg in Zürich das Ziel. Bereits 1851 hatten Wilhelm, Ludwig und Luise Büchner auf dem Grab ein kleines Sandsteinmonument setzen lassen, für das von Luise Verse aus Georg Herweghs Gedicht auf ihren Bruder ausgewählt worden waren (»Ein unvollendet Lied sinkt er ins Grab, / Der Verse schönsten nimmt er mit hinab!«)[32]. Als 1875 der Friedhof zum »Krautgarten« aufgelassen werden sollte, versuchten die Geschwister wohl zuerst, die Gebeine nach Darmstadt zu holen, was aber offenbar nicht gelang.[33] Züricher Studenten beschlossen daraufhin eine Umbettung auf den »Germania-Hügel am Zürichberg«. Am 4. Juli 1875 fand dort eine Gedenkfeier statt, an der auch Luise, Ludwig und Wilhelm teilnahmen. Ludwig Büchner hielt dabei eine bewegende Gedenkrede, und Wilhelm Büchner trug ein selbst verfasstes Gedicht vor, in dem er die Flucht Georgs beschrieb, die Schweiz als »Asyl für freie Geister« pries und seinen Bruder schon von der äußeren Erscheinung her idealisierte:

Einritzung im Sockel von Georgs Grabstein. Leihgabe der Stadt Pfungstadt im Goddelauer Büchner-Haus.

»Das blaue Aug, sein lockig Haar,
Die kühne Stirn mit den Apollo-Bogen,
Ein schlanker, grosser, junger Mann
Geziert mit rother Jakobiner-Mütze
Im Polen-Rock, schritt stolz er durch die Strassen
Der Residenz, die Augenweide seiner Freunde!
Wie Anders ist es heut!«[34]

Am Schluss seines Gedichtes ging Wilhelm Büchner auch auf die politische Situation in Deutschland ein:

»Ruh Du nun immer hier; ist's auch in Deutschlands Gauen anders
Als zu der Zeit wo Du gelebt, die Freiheit birgt's noch nicht
Die Du erstrebst,
Doch auch Dein Auge würde leuchten,
Wenn Du den deutschen Geist jetzt säh'st,
Wie mächtig seine Schwingen sich entfalten,

DER
Naturhistorische Verein
für das
GROSSHERZOGTHUM HESSEN
ERNENNT HIERMIT
den Herrn Fabrikant W. Buchner
in Darmstadt
zu seinem ordentlichen Mitgliede
Darmstadt den 10. Juni 184[illegible]
Der Director
Der Secretair

Der »Naturhistorische Verein ...« ernennt Wilhelm Büchner zum »ordentlichen Mitglied«, Druck mit hs. Ergänzungen, 10. Juni 1846.

Das Recht der Menschheit sich bewegt.
Der Kampf um's Licht er hat begonnen,
Mög' er der ganzen Welt auch frommen.«[35]

Wieder knüpfte Wilhelm das Band zwischen seinem toten Bruder und sich. Mit dem »Kampf um's Licht«, der gerade begonnen habe, beschrieb er auch seine politischen Anstrengungen. Denn als bekennender Demokrat fühlte er sich in der Nachfolge Georgs, mit anderen Methoden, aber mit den gleichen Zielen. Nur konsequent war es da, dass er sich, im Gegensatz zu seinen Brüdern Alexander und Ludwig, 1848 nicht zum bewaffneten Kampf gerüstet hatte. Trotzdem war er an den revolutionären Entwicklungen beteiligt. Alexander Büchner berichtet in seinen Lebenserinnerungen, dass er sich in den »weitläufigen Gebäulichkeiten« seines Bruders in Pfungstadt versteckte, um einer bevorstehenden Verhaftung zu entgehen[36]. Wilhelm selbst hatte im unruhigen Frühjahr 1848 den ersten und für ihn schon entscheidenden Schritt in die aktive Mitgestaltung der politischen Zukunft vollzogen. Als überzeugter Republikaner (und angesehener Bürger von Pfungstadt) ließ er sich als Wahlmann aufstellen und wirkte an der Entsendung Heinrich von Gagerns in die Frankfurter Nationalversammlung mit. Gleichzeitig betrieben seine Brüder Ludwig und Alexander eine Art Wahlbüro für Carl Vogt.

Im Dezember 1849 zog Wilhelm Büchner für den Bezirk Zwingenberg in die 2. Kammer des Darmstädter Landtags ein. Zusammen mit zwei Brüdern von Friedrich Ludwig Weidig und dem engsten Freund seines Bruders Georg, August Becker, gehörte er, wie Eckart G. Franz in seinem Porträt von Wilhelm Büchner schreibt, »eindeutig zur demokratischen Linken«[37]. »Die gedruckten Protokolle des wegen seiner scharf antireaktionären Haltung bereits am 20. Januar 1850 wieder aufgelösten Landtags enthalten u. a. zwei Anträge Büchners zur Demokratisierung der Gemeindeverwaltung, für die freie Wahl der Ortsbürgermeister und Öffentlichkeit der Gemeinderatssitzungen. Außerdem unterschrieb er gemeinsam mit vier Fraktionskollegen ein Amnestiegesuch für die inhaftierten oder geflüchteten Teilnehmer der Reichsverfassungsbewegung vom Frühsommer 1849.«[38] Bei der Neuwahl des Landtags im Sommer 1850 wurde Wilhelm Büchner als Abgeordneter bestätigt. Allerdings hatte er kaum Gelegenheit, politisch initiativ zu werden, denn bereits Ende September wurde der Landtag von der neuen Regierung unter Reinhard von Dalwigk wieder aufgelöst. Noch kurz davor war er für die »Kürzung von Hofetat und Beamtengehältern« und die Verringerung der Militärausgaben eingetreten.

Büchner stimmte nicht mit allen Zielen der Fortschrittspartei überein. Er vertrat zuerst seine eigene Meinung und konnte sich das als international erfolgreicher Unternehmer auch erlauben.

Wilhelm Büchner. Ausschnitt aus der »Galerie der Deutschen Ultramarinfabrikanten« bei ihrer Versammlung am 29. April 1872 in Kassel.

Mit der Einführung des Dreiklassen-Wahlrechts, das den politischen Einfluss von der Steuerleistung abhängig machte, sanken die Chancen Wilhelm Büchners für eine Wiederwahl, denn gerade unter den Arbeitern und Bauern hatte er viele Anhänger. So fiel er, wie er in seinen autobiographischen Notizen lakonisch anmerkt, im Frühjahr 1851 »als Kandidat zur II. Kammer mit 17 Stimmen minus durch«[39]. Wilhelm Büchner bewarb sich danach um keine weitere Kandidatur. Erst 1862, als sich die Hessische Fortschrittspartei aus dem liberaldemokratischen Nationalverein gründete, ließ er sich wieder aufstellen und in die 2. Kammer wählen. Die Fortschrittspartei verstand sich als Opposition zur Regierung Dalwigk und trat für einen deutschen Nationalstaat unter preußischer Führung ein. Büchner stimmte

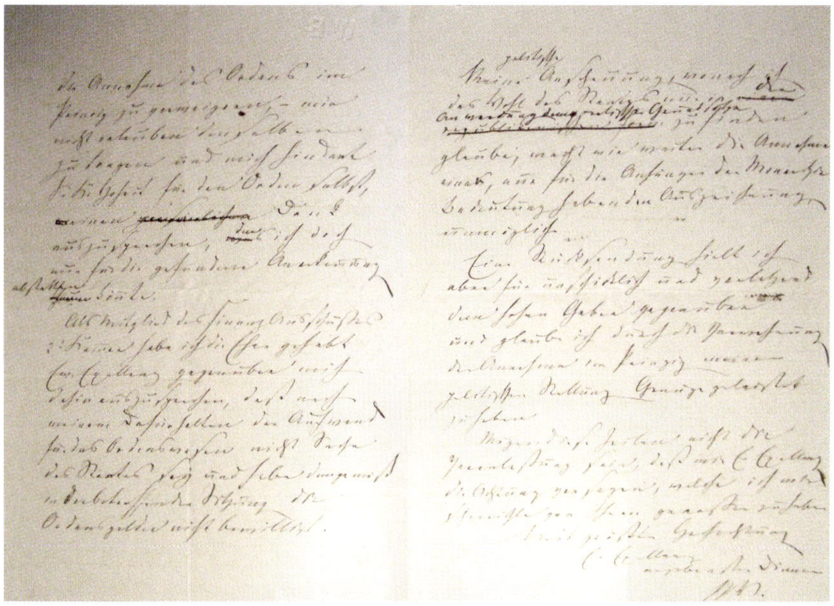

Wilhelm lehnt die Annahme des Ludwigsordens ab. Hs. Entwurf des Schreibens an Ministerpräsident v. Dalwigk, Pfungstadt, April 1868.

nicht mit allen Zielen der Fortschrittspartei überein. Er vertrat zuerst seine eigene Meinung und konnte sich das als international erfolgreicher Unternehmer auch erlauben. Er musste nicht fürchten, aus dem Staatsdienst entlassen zu werden oder keine öffentlichen Aufträge mehr zu erhalten. Dafür war seine Ultramarin-Fabrik ein viel zu wichtiger Faktor im Wirtschaftsleben des Großherzogtums. Das gab Wilhelm Büchner die Unabhängigkeit, die er benötigte, um politisch tätig zu werden. Gelegentlich scheint er damit sogar seine eigenen Parteifreunde irritiert zu haben. Eckart G. Franz berichtet über eine Landtagsdebatte im Juni 1866, bei der es um die von der Regierung Dalwigk beantragten Mobilmachungskredite für den Bundesfeldzug gegen Bismarcks Preußen ging. »Büchner stimmte mit der Kammermehrheit gegen die Regierung, distanzierte sich aber zugleich als überzeugter ›Föderativ-Republikaner‹ von den ›großpreußischen‹ Sympathien«.[40]
Wilhelm Büchner war kein Freund Bismarcks und auch keiner des konservativen Darmstädter Regierungschefs Dalwigk, der im Gegensatz zu ihm die Souveränitätsrechte der kleineren Staaten erhalten sehen wollte. Dalwigk bekämpfte den Nationalverein (und damit auch die Fortschrittspartei), wo er nur konnte, und versuchte sogar erfolglos, ihn von der Frankfurter Bundesversammlung verbieten zu lassen. Als Wilhelm Büchner im April 1868 das Ritterkreuz 2. Klasse des Ludwigsordens verliehen werden sollte, wurde ihm das schriftlich

Wilhelm Büchner war kein Freund Bismarcks und auch keiner des konservativen Darmstädter Regierungschefs Dalwigk, der im Gegensatz zu ihm die Souveränitätsrechte der kleineren Staaten erhalten sehen wollte.

von seinem politischen Gegner Dalwigk mitgeteilt. Das gehörte zu den Aufgaben des Ministerpräsidenten. Der Antwortbrief hat sich im Entwurf enthalten. Er macht deutlich, in welche unangenehme Situation ihn, den kämpferischen Republikaner, die Ordensverleihung gebracht hatte. An Dalwigk schrieb er, dass ihm seine politische Anschauung, »wonach ich das Wohl des Staates nur in der Anwendung demokratischer Grundsätze zu finden glaube«, die »Annahme einer, nur für die Anhänger der Monarchie Bedeutung habenden Auszeichnung unmöglich« mache. »Eine Rücksendung hielt ich aber für unschicklich und verletzend dem hohen Geber gegenüber und glaube ich durch die Verwehrung der Annahme im Prinzip meiner politischen Stellung Genüge geleistet zu haben«.[41] In seinen autobiographischen Aufzeichnungen notierte er knapp: »Orden erhalten und ihn prinzipiell abgelehnt«.[42] 1874, nach seinem erfolgreichen Abschneiden bei der Weltausstellung in Wien, scheint er das Ritterkreuz I. Klasse des Philippsordens ohne Protest angenommen zu haben.

Sein demokratisches Gewissen hinderte Wilhelm Büchner auch nicht daran, auf der Preisliste seiner Ultramarin-Fabrik mit den beiden Orden zu werben.

Preisliste der Ultramarin-Fabrik, ca. 1880.

Sein demokratisches Gewissen hinderte Wilhelm Büchner auch nicht daran, auf der Preisliste seiner Ultramarin-Fabrik mit den beiden Orden zu werben. Politik und Geschäft, das waren für ihn zwei getrennte Dinge, die er sorgfältig auseinanderhielt.

Dem hessischen Landtag gehörte er zwischen 1872 und 1881 noch dreimal an, ohne für größeres Aufsehen zu sorgen. Er hat sich, wie sein Enkel Anton schreibt, »im wesentlichen als Mitglied des Finanzausschusses betätigt«[43]. Man darf sich da keine Illusionen über den politischen Einfluss des Parlaments machen. Die wirkliche Macht lag in den Händen des Großherzogs und seines Ministerpräsidenten.

Die Daumenschrauben konnten die beiden Kammern eigentlich nur dann ansetzen, wenn es um die Genehmigung des Budgets oder neuer Steuern ging. Im Finanzausschuss saß Wilhelm Büchner an einer der wenigen Schaltstellen.

Die Arbeit im Landtag und in seiner Fabrik schienen ihm noch genügend Zeit zu lassen, um sich auch um die Pfungstädter Kommunalpolitik zu kümmern. Welchen Einfluss er dabei hatte und wie geachtet er war, machte spätestens die Bürgermeisterwahl von 1877 deutlich, als sein Kandidat mit dem gewaltigen Vorsprung von 523 gegen 73 Stimmen gewann. Kurz vorher hatte er den heftig disku-

»Lehrpersonal, Schülerinnen und Schüler der von Büchner gegründeten Höheren Bürgerschule im Jubiläumsjahr 1895«. Foto von Ernst Büchner, Wilhelms Sohn.

tierten Versuch unternommen, die evangelische Kirchengemeindevertretung mit freigeistigen Männern zu besetzen, die für eine strikte Trennung der Kirche von Staat und Schule eintraten. Für einen Moment glaubte Büchner, die evangelische Kirche im Großherzogtum von der Basis aus verändern zu können. Aber da hatte er seine Möglichkeiten überschätzt. Wilhelm Büchner und seine Vertrauten erhielten zwar die meisten Stimmen, stießen aber auf so erbitterten Widerstand des Pfarrers, dass Wilhelm Büchner die Wahl nicht annahm und den Kampf verloren gab.

Die schulische Bildung lag ihm besonders am Herzen. Sie wollte er von jedem kirchlichen Einfluss freihalten. Die Schule sollte allen Kindern in Pfungstadt offenstehen, unabhängig vom Einkommen der Eltern. Auf sein Betreiben hin wurde 1868 eine »zweiklassige Kleinkinderschule« (also ein Kindergarten) eröffnet. Die geplante Einführung von Schulgeld für den Unterricht in der Volksschule verhinderte er 1877. Auf seine Initiative war schon 1875 eine »Höhere Bürgerschule für Knaben und Mädchen« gegründet worden. Geradezu als Segen für die weniger bemittelten Bevölkerungskreise erwies sich sein Vorschlag, die Erlöse aus der von der Gemeinde durchge-

Die schulische Bildung lag ihm besonders am Herzen. Sie wollte er von jedem kirchlichen Einfluss freihalten. Die Schule sollte allen Kindern in Pfungstadt offenstehen, unabhängig vom Einkommen der Eltern.

> Er sei keine »patriotische Wetterfahne«, sagte er vor der Wahl 1881 bei einer Versammlung seiner Fortschrittspartei in Darmstadt. »Dafür bürgt meine Vergangenheit, und ich werde als gereifter Mann das nicht umwerfen, was ich im besten Mannesalter stets erstrebt habe«.

Wilhelm Büchner ca. 1885.

führten Torfstecherei anzulegen und aus den Zinsen günstige Hypothekenkredite zu gewähren. Bis zur Geldentwertung in den zwanziger Jahren des letzten Jahrhunderts konnte aus diesem »Torfkapital« der Pfungstädter Wohnungsbau mitfinanziert werden. Auch den Bau der Eisenbahnstrecke nach Pfungstadt, die als Voraussetzung für den weiteren wirtschaftlichen Aufstieg des Ortes galt, hat Wilhelm Büchner mit durchsetzen können. So eigensinnig er bei einzelnen Entscheidungen sein konnte, in Pfungstadt hat er viel bewegt. Das machte ihn noch populärer, als er schon war. 1877 konnte es der glühende Verfechter eines deutschen Nationalstaates sogar wagen, bei der Reichstagswahl gegen den Kandidaten der bis dahin dominierenden Nationalliberalen anzutreten, auf die Bismarck sich stützte. Büchner konnte sich allerdings erst in der Stichwahl durchsetzen, als die Sozialdemokraten (deren Kandidat im ersten Wahlgang ausgeschieden war) für ihn stimmten. Die Wahlleitung der Sozialdemokraten hatte zur Stimmenthaltung aufgerufen, weil sie sich nicht mit dem Gedanken anfreunden konnte, eine Empfehlung für einen Fabrikanten abzugeben. Aber nicht nur in Pfungstadt stimmte die Arbeiterschaft für Wilhelm Büchner, dessen soziales Engagement den Ausschlag gegeben hatte. Als Abgeordneter für den Wahlkreis Darmstadt-Groß-Gerau zog er in den Reichstag ein und gehörte ihm bis 1884 an. Er schloss sich dort der demokratischen Fortschrittspartei (später Freisinn) unter Eugen Richter an. Auch im Reichstag blieb er seinem linksliberalen Selbstverständnis treu. Er sei keine »patriotische Wetterfahne«, sagte er vor der Wahl 1881 bei einer Versammlung seiner Fortschrittspartei in Darmstadt. »Dafür bürgt meine Vergangenheit, und ich werde als gereifter Mann das nicht umwerfen, was ich im besten Mannesalter stets erstrebt habe«[44]. Seinen politischen Grundüberzeugungen, die auf eine freiheitliche Republik gerichtet waren, ist er tatsächlich immer treu geblieben. Verwirklicht sah er nur einen Bruchteil. Obwohl er mit sozialdemokratischen Politikern nicht die besten Erfahrungen gemacht hatte, stimmte er 1878 im Reichstag gegen die Sozialistengesetze, mit denen sich Bismarck eine parlamentarische Legitimation für die Verfolgung von Sozialdemokraten, Sozialisten und Kommunisten schuf. Das Gesetz konnte er nicht verhindern, aber er wurde nicht müde, dagegen zu Felde zu ziehen.

So gehörte er 1879 auch zu den Gründungsmitgliedern der »Concordia«, des »Vereins zur Förderung des Wohles der Arbeiter«, der u. a. von bedeutenden deutschen Industriellen getragen wurde, unter ihnen Carl Henschel, Werner Siemens und Fritz Kalle. Der Verein, der Gegner und Befürworter der Sozialistengesetze versammelte, vertrat »gemeinschaftlich die Ansicht, dass die Anwendung eines Polizeigesetzes allein niemals im Stande ist, den socialen Frieden auf die Dauer zu sichern. Nur durch eine positive reformatorische Thätigkeit kann auf friedlichem Wege die Herbeiführung eines solchen wünschenswerthen Zustandes versucht werden (...) Die Aufgabe des Vereins ist demgemäß ganz allgemein und nach jeder in Betracht kommenden Richtung die sittliche und materielle Hebung des Arbeiterstandes nach Kräften zu befördern und allen hierauf gerichteten Bestrebungen als Mittel- und Stützpunkt zu dienen«.[45]
Im Reichstag wandte sich Wilhelm Büchner gegen Steuererhöhungen und Schutzzölle, die gerade die ärmeren Schichten besonders treffen würden, forderte weiterhin die Verringerung der Militärausgaben und den zügigen Ausbau des Rechtsstaates. Als Redner ist er nur selten hervorgetreten. Und meist dann, wenn Gesetzesvorhaben die Interessen des industriellen Mittelstands berührten. Denn auch als Politiker war er Unternehmer, der darauf achtete, dass seine Entscheidungsmöglichkeiten durch neue Gesetze nicht eingeschränkt wurden. So äußerte er sich gleich mehrfach, als das Gesetz »betreffend den Verkehr mit Nahrungsmitteln, Genussmitteln und Gebrauchsgegenständen«[46] beraten wurde, denn auch die Farben sollten in die neuen Regelungen einbezogen werden. Büchner fürchtete, dass seine Farbzusätze für Lebensmittel ganz verboten werden könnten: »Ich glaube, dass es den Herren Zuckerfabrikanten nicht sehr angenehm sein würde, wenn bei wiederholter Zusetzung von Ultramarin, um den geringeren Sorten ihres Zuckers ein besseres Ansehen zu geben, sie dafür zu solchen Strafen herangezogen werden könnten und schließlich noch das Vergnügen hätten, in ihren Fabriken kontrolirt zu werden.«[47] Es sei üblich geworden, so Büchner weiter, auf der Industrie »in jeder Weise herumzureiten« und sie »allgemein als Trommelfell« zu benutzen, »auf dem jeder herumschlagen kann«. Und er appellierte an die Reichstagsabgeordneten, »dass man diese Industrie nicht

Denn auch als Politiker war er Unternehmer, der darauf achtete, dass seine Entscheidungsmöglichkeiten durch neue Gesetze nicht eingeschränkt wurden.

in ihrer inneren Wirksamkeit schädigen soll«.[48] Das waren deutliche Worte eines Unternehmers, der sich auch gegen »zivilversorgungsberechtigte Militärs« als Fabrikinspektoren wandte, »die ihre Ansichten zu vertreten suchen gegen den Fabrikanten, ohne die nötige Sachkenntnis zu haben«[49]. Auch die Einführung eines staatlichen Tabakmonopols stieß auf seinen Widerstand, weil er dadurch die Vernichtung eines blühenden Gewerbes fürchtete (das auch in seinem Wahlkreis noch einen wichtigen Wirtschaftsfaktor darstellte).

Seine letzte Rede vor dem Reichstag hielt er am 28. April 1884. Danach ließ er sich aus gesundheitlichen Gründen nicht noch einmal als Kandidat aufstellen. Schon 1881 hatten ihn seine politischen Freunde sehr drängen müssen, sich erneut für den Reichstag zu bewerben.

In seinem letzten öffentlichen Auftritt als Politiker in Berlin ging es wieder um eines seiner Lieblingsthemen, die Schutzzölle. Dieses Mal war die Zündholzindustrie davon betroffen. Und damit schloss sich für Wilhelm Büchner ein Kreis, denn die erste Fabrik, in die er eingetreten war, hatte Zündhölzer hergestellt. Und in Pfungstadt gab es noch immer mehrere Zündholzfabriken. Vielleicht fühlte er sich auch deshalb besonders berufen, das Wort zu ergreifen. Wie schon mehrfach zuvor beklagte er, dass immer dann nach Schutzzöllen gerufen würde, wenn den deutschen Firmen nichts mehr einfiele. So sei die schwedische Konkurrenz nur deshalb so erfolgreich, weil sich die deutsche Zündholzindustrie »auf die geistig faule Haut gelegt«[50] habe. Büchner wurde nicht müde, Innovationen einzufordern, um auf dem internationalen Markt bestehen zu können. Der Staat sollte sich aus diesem Wettbewerb weitgehend heraushalten.

Er selbst war zu diesem Zeitpunkt unternehmerisch nicht mehr aktiv. Zum 1. Januar 1882 hatten sein Sohn Ernst und sein langjähriger Teilhaber Moritz Kohnstamm die Leitung übernommen. Zwei Jahre später wurde die Firma in eine Aktiengesellschaft umgewandelt. Die große Zeit der Ultramarin-Produktion in Pfungstadt war da aber schon vorbei. Denn unterdessen teilten sich zu viele Firmen das lukrative Geschäft, darunter auch Großunternehmen, die kostengünstiger arbeiteten. Wilhelm Büchner hatte schon 1859 mit Versuchen begonnen, Basalt (für die Bauindustrie) zu schmelzen, um sich damit ein weiteres Standbein zu schaffen. Der andauernde Erfolg seines in

Am 2. April 1893 erlosch die Aktiengesellschaft. Wilhelm Büchner war bereits am 14. Juli 1892 an Cholerine, einer Form von Cholera, gestorben.

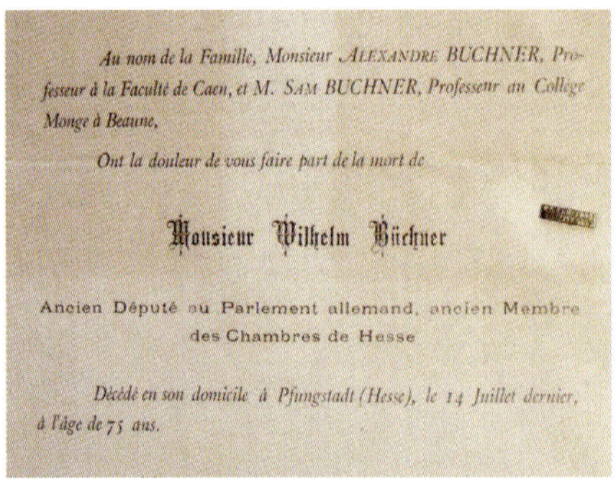
Au nom de la Famille, Monsieur Alexandre BUCHNER, Professeur à la Faculté de Caen, et M. Sam BUCHNER, Professeur au Collège Monge à Beaune,

Ont la douleur de vous faire part de la mort de

Monsieur Wilhelm Büchner

Ancien Député au Parlement allemand, ancien Membre des Chambres de Hesse

Décédé en son domicile à Pfungstadt (Hesse), le 14 Juillet dernier, à l'âge de 75 ans.

Alexander teilt das Ableben seines Bruders Wilhelm mit. Caen, 8. 7. 1892.

zahlreichen Varianten hergestellten Ultramarins hielt ihn dann aber davon ab, einen neuen Geschäftszweig zu begründen. Jetzt drängten die großen Unternehmen auf eine Marktbereinigung. Eines der ersten Opfer war J. F. Espenschied in Friedrichsfeld. Ernst Büchner konnte die Ultramarinsorten der Fabrik übernehmen, die 1887 ihren Betrieb eingestellt hatte. Dann traf ihn das gleiche Schicksal. Nachdem sich die Pfungstädter Aktiengesellschaft der neu geschaffenen »Vereinigung deutscher Ultramarinfabriken« angeschlossen hatte, gab sie im September 1890 gegen eine stattliche Abfindung die Herstellung und den Verkauf von Ultramarin auf. Zwar hatten viele gehofft, die Produktion noch einmal aufnehmen zu können, und im April 1891 wurde sogar das 50-jährige Firmenjubiläum gefeiert, aber Ernst Büchner wusste, dass es für das Ultramarin aus Pfungstadt keine Zukunft mehr gab. Am 2. April 1893 erlosch die Aktiengesellschaft. Wilhelm Büchner war bereits am 14. Juli 1892 an, wie Alexander Büchner in seinem unveröffentlichten Nachruf schrieb, Cholerine, einer Form von Cholera, gestorben.

Das Firmengelände in Pfungstadt wurde danach vielfältig genutzt, u. a. von der Schokoladenfabrik »Hassia« und, während der NS-Zeit, vom »Reichsarbeitsdienst« und als Zwangsarbeiterlager.

Die Villa von Wilhelm Büchner, die sich heute im Besitz der Stadt Pfungstadt befindet, wird seit 2006 restauriert. In dem denkmalgeschützten Gebäude sind ein Bistro, Versammlungsräume und Büros geplant. Ein Museumsteil wird an Wilhelm Büchner und seine Geschwister erinnern.

Villa Büchner und »Herrenhaus«, Ansicht von Südwesten. 2008.

Luise und Mathilde Büchner
Zwei Frauenleben im 19. Jahrhundert

Am 20. April 1815, rund eineinhalb Jahre nach dem Sohn Georg, kam die Tochter Mathilde Louise Büchner auf die Welt.
Wie ihr Bruder wurde sie in der kleinen Kirche von Goddelau von dem damaligen Pfarrer Jakob Wiener lutherisch getauft.

Als Ernst und Caroline Büchner ihr zweites Kind erwarteten, beschlossen sie umzuziehen. Die wenigen Räume im ersten Stock der Weidstraße 9 in Goddelau (wo Sohn Georg 1813 das Licht der Welt erblickt hatte), waren für eine vierköpfige Familie zu klein. So wurde wohl Anfang 1815 eine Wohnung im oberen Teil des Hauses Hospitalstraße 22 bezogen. Die Nähe zum Hospital in Hofheim, wo Ernst Büchner als Arzt arbeitete, hatte den Ausschlag dafür gegeben, zunächst in Goddelau zu bleiben. Mit einem gewagten Anbau an seine neue Wohnung erregte Ernst Büchner bald solches Aufsehen in der kleinen Riedgemeinde, dass sich daran lange erinnerte wurde. Noch über einhundert Jahre später berichtete der Goddelauer Pfarrer Fischer: Ernst Büchner hatte sich »oben einen Abort bauen« lassen, »von dem ein Schacht aus Brettern in die Tiefe ging, der später verfiel und noch längere Zeit, sehr schadhaft am hinteren Giebel des Hauses hing, bis er abgerissen wurde«[1]. Als Arzt hatte Ernst Büchner andere Hygienevorstellungen als die ländlich geprägte Bevölkerung von Goddelau.
In dem Haus, das die Familie nur kurze Zeit bewohnte, kam am 20. April 1815 und damit rund eineinhalb Jahre nach dem Sohn Georg die Tochter Mathilde Louise Büchner auf die Welt. Wie ihr Bruder wurde sie in der kleinen Kirche von Goddelau von dem damaligen Pfarrer Jakob Wiener lutherisch getauft. Über ihr weiteres Leben ist wenig bekannt. Außer dem gemeinsamen Testament mit ihrer Schwester Luise hat sie keine Aufzeichnungen hinterlassen, Briefe von ihr existieren nicht mehr, noch nicht einmal ein Bild gibt es, und eigene literarische Zeugnisse sind auch nicht überliefert. Höchstwahrscheinlich war sie die einzige der Geschwister, die nie ein Gedicht geschrieben hat. Wir sind also darauf angewiesen, was andere

über sie gesagt haben. Auch da ist die Quellenlage mehr als dürftig. Ihre Schwester Luise, mit der sie die längste Zeit ihres Lebens verbrachte, widmete ihr nur ganz wenige Zeilen in ihren Briefen, in ihrem publizistischen und literarischen Werk taucht sie überhaupt nicht auf. Wilhelm nennt sie kurz in seinen handschriftlichen Notizen. Ludwig erwähnt sie in der Einleitung zu den von ihm 1850 herausgegebenen »Nachgelassenen Schriften« von Georg Büchner. Distanziert und ohne den Namen Mathilde anzuführen, berichtet er von einem Besuch bei Georg in Straßburg, der wohl im Spätsommer 1836 stattgefunden hatte: »Seine Mutter und Schwester, die ihn diesen Sommer im Exil besuchten, fanden ihn zwar gesund, aber doch in einer großen nervösen Aufgeregtheit und ermattet von den anhaltenden geistigen Anstrengungen. Er äußerte damals oft: ›Ich werde nicht alt werden.‹ Dennoch ließen sein angeborener Lebensmuth und die Aussicht in eine ruhmreiche Zukunft ihn oft sehr heiter sein.«[2] Mathilde war damit die Einzige der Geschwister, die nach Straßburg reiste, und sie war die Letzte, die mit Georg sprach. Die Informationen über diesen Besuch dürfte Ludwig von seiner Mutter und von Mathilde erhalten haben. Obwohl seine Schwester lange in seinem Haus in Darmstadt wohnte, taucht sie in seinen Aufsätzen und Büchern an keiner anderen Stelle mehr auf. Anders Alexander Büchner. Er hat seiner Schwester ein kleines literarisches Denkmal gesetzt. In seinen Lebenserinnerungen »Das ›tolle‹ Jahr« schildert er einen gemeinsamen Pfingstausflug an die Bergstraße, der ihm im Revolutionsjahr 1848 fast zum Verhängnis geworden wäre. Alexander, der sich als Jurastudent den Republikanern angeschlossen hatte, trug den Plan »eines Aufstandes im Odenwald« und ein großes Dolchmesser bei sich, als die Wandergruppe im Wald von einem Polizisten und einem Trupp Soldaten angehalten wurde. Alexander war erkannt worden und sollte verhaftet werden. Wären der Plan und das Messer bei ihm gefunden worden, hätte er mit üblen Verhören rechnen müssen. Geistesgegenwärtig steckte er »die erwähnte Mordwaffe und die gefährlichen Papiere« heimlich seiner Schwester Mathilde zu. »In der nun entstehenden Verwirrung schlüpfte meine stets besonnene Schwester, die sich hier wie oft als mein Schutzgeist bewies, weiter ins Gebüsch hinein und schleuderte die kompromittierenden Gegen-

»Ihre Schwester Luise, mit der sie die längste Zeit ihres Lebens verbrachte, widmete ihr nur ganz wenige Zeilen in ihren Briefen, in ihrem publizistischen und literarischen Werk taucht sie überhaupt nicht auf.«

Mathildes Geburtshaus in Goddelau.

stände ins tiefste Gestrüpp.«[3] Alexander war gerettet, dank der mutigen Tat seiner Schwester, die sich ansonsten nicht politisch betätigte. Und sie hätte es auch dieses Mal nicht getan, wenn ihr Bruder nicht in akuter Gefahr gewesen wäre. Alexander schätzte das selbstlose Verhalten seiner Schwester. Für ihn war sie die »edle aufopfernde Mathilde, mit dem Felsencharakter, welche, wenn die Mutter bettlägrig war, an uns jüngeren und zumal an mir die Mutterstelle vertrat«[4]. Von der Mutter selbst ist *ein* Brief überliefert, in dem Mathilde erwähnt wird. Am 30. Oktober 1836, also nicht lange nach dem Besuch in Straßburg, schrieb sie an Georg nach Zürich und kündigte ihm u. a. einen Brief von Mathilde an: »Mathilde lässt Dich tausendmal grüßen; wie sie *endlich* anfing zu schreiben bekam sie Besuch sie will es also aufsparen bis ich wieder schreibe.«[5] Auf diese kleine Episode dürfte sich auch die Bemerkung der Mutter von der »trägen

Mathilde« am Ende des Briefs beziehen. Das Schreiben war nicht ihre Sache, und sie dürfte sich davor gedrückt haben, wo sie nur konnte. Dagegen war sie im Haus der Büchners in der Darmstädter Grafenstraße 39 alles andere als »träge«. Das deutete schon das Zitat von Alexander an.

Trotz ihrer eher zurückgezogenen Tätigkeit im elterlichen Haushalt scheint Mathilde gesellig gewesen zu sein und kulturellen Veranstaltungen zumindest nicht abgeneigt. So konnte Ernst Büchner seinem Sohn Georg im Dezember 1836 in seinem letzten Brief nach Zürich berichten, dass Mathilde und Luise gerade zusammen in der Oper »Die Stumme von Portici« gewesen seien. Die 21-jährige Mathilde begleitete die 15-jährige Luise, ob aus Neigung oder aus Pflichtgefühl, wissen wir nicht.

Das Leben, das Mathilde führte, war in der Mitte des 19. Jahrhunderts nichts Ungewöhnliches. Als unverheiratete Frau (und selbstverständlich immer als »Fräulein« angesprochen) genoss sie gesellschaftliche Anerkennung, wenn sie sich ausschließlich um ihre Eltern und Geschwister kümmerte. Für ihre Familie gehörte sie wie selbstverständlich zum häuslichen Leben. Vielleicht wurde sie deshalb so selten erwähnt. Sie führte nicht das große Wort, sondern ordnete sich den Pflichten und Mühen des Alltags unter. Mathilde wird, so ist zu vermuten, mit ihrem Hausfrauen- und Haushälterinnendasein zufrieden gewesen sein, denn offenbar hegte sie keine weiter gehenden Ambitionen. Für die Eltern war sie Stütze und Hilfe, besonders im Alter. An Familienfesten beteiligte sie sich gern, spielte die Göttin Fortuna bei Wilhelms Silberner Hochzeit und ließ sich bei ihrem 70. Geburtstag »pomphaft«[6] feiern. Mathilde war für alle eine wichtige Bezugsperson, aber eben eine, die nicht nach öffentlicher Anerkennung strebte und lieber im Haus ihre Fähigkeiten entfaltete. In einem besonderen Maß hat Luise davon profitiert. Sie war zeitlebens, bis auf die Reisen, mit ihrer Schwester zusammen,

Gedenktafel an Mathildes Geburtshaus in Goddelau

»Die edle aufopfernde Mathilde, mit dem Felsencharakter, welche, wenn die Mutter bettlägrig war, an uns jüngeren und zumal an mir die Mutterstelle vertrat«.

zuerst im Elternhaus, dann, von 1872 bis 1874, in einer gemeinsamen Wohnung in der Wilhelminenstraße 14 in Darmstadt und schließlich im Haus von Ludwig in der Hölgesstraße 14. Mathilde Büchner war »in gewisser Hinsicht Luises Hausfrau«, schreibt Ruth-Ellen Boetcher Joeres und sieht das keinesfalls negativ: »Ohne Mathilde Büchners häusliche Versorgung wäre Luise Büchners Tätigkeit als Schriftstellerin und Vereinsmensch wohl sehr erschwert gewesen.«[7]
Der Erfolg, den Luise Büchner ab 1855 mit ihren Büchern, Vorträgen und Initiativen hatte, ist auch ihrer Schwester Mathilde zu verdanken, die ihr den Rücken frei hielt von den alltäglichen Kleinigkeiten. Die Lebenswege der beiden Frauen, die in Darmstadt so eng miteinander verliefen, hätten doch unterschiedlicher nicht sein können. Dass beide unverheiratet blieben, ist die einzige äußerliche Gemeinsamkeit. Während sich Mathilde ganz auf das Häusliche konzentrierte, war Luise neugierig auf die Welt und wollte sie, soweit das in ihrem bürgerlichen Denken möglich war, verändern.

Beide Schwestern dürften nur eine rudimentäre Schulbildung genossen haben. Mädchen stand das Gymnasium noch nicht offen, ebenso wenig wie die Universität. In einer von Konventionen und Zwängen geprägten Gesellschaft genügte es, die jungen Frauen auf ihre spätere Rolle als Mutter und sich unterordnende Helferin des Mannes vorzubereiten.

Beide Schwestern dürften nur eine rudimentäre Schulbildung genossen haben. Mädchen stand das Gymnasium noch nicht offen, ebenso wenig wie die Universität. In einer von Konventionen und Zwängen geprägten Gesellschaft genügte es, die jungen Frauen auf ihre spätere Rolle als Mutter und sich unterordnende Helferin des Mannes vorzubereiten. Eine eigene berufliche Tätigkeit war nur in eng gezogenen Grenzen möglich. Keine Frau hätte es gewagt, den Männern Konkurrenz zu machen. Entsprechend sahen die Lehrpläne aus. Selbst an den privaten Mädchenschulen, die auf eine »höhere Bildung« zielten, wurden weder Griechisch noch Latein gelehrt. Dafür aber umso mehr Deutsche Sprache, Französische Sprache, Religion, Schönschreiben und Handarbeiten. Die Naturwissenschaften spielten bis auf Rechnen so gut wie keine Rolle. An welcher Schule oder an welchen Schulen Mathilde und Luise unterrichtet wurden, ist nicht bekannt. Luise Büchner hat später eine bittere Bilanz ihrer Schulzeit gezogen:
»Von meiner eigenen, kleinen, bis auf das vierzehnte Jahr beschränkten Schulzeit hat mich solch ein unwissender, ungebildeter Theologe, der nachher ein guter Pfarrer wurde, ein ganzes Jahr gekostet; wir hätten in vielen Dingen den Menschen unterrichten kön-

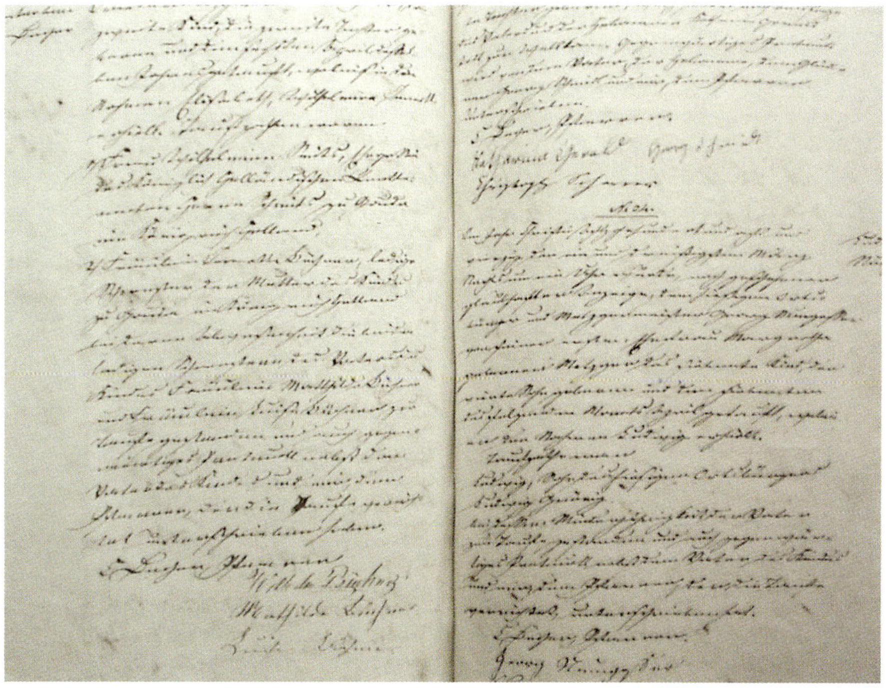

Geburtseintrag von Wilhelms zweiter Tochter Elisabeth Wilhelmine Jeanette (Jan. – Okt. 1848) im Pfungstädter Kirchenbuch mit den Unterschriften von Mathilde, Luise und Wilhelm Büchner.

nen, er nicht uns, und so mag es auch heute noch manchmal vorkommen. Die akademische Bildung eines jungen Mannes, sei sie philologisch oder theologisch, ist noch lange keine Garantie dafür, dass er auch ein tüchtiger, taktvoller und namentlich gewissenhafter Mädchenlehrer ist.«[8]

Für Luise Büchner war diese Form der sechsjährigen Schulausbildung zu wenig. Sie strebte nicht nach eingeschränktem Wissen auf den Gebieten, die für Mädchen als wichtig erachtet wurden, sondern nach einer umfassenderen Bildung, die selbstverständlich auch Männerdomänen einschloss. Was sie in der Schule vergeblich suchte, das fand sie im Elternhaus.

Elisabethe Emma Louise (Luise) Büchner wurde am 12. Juni 1821 in Darmstadt geboren. Die Familie war 1816 nach Darmstadt gezogen, als Ernst Büchner seine Stelle als Stadt- und Amtschirurg antrat. Die Residenz bot dem aufstrebenden Arzt ganz andere Karrieremöglichkeiten als das Philipps-Hospital in Hofheim. Als einziges Kind der Familie wurde Luise (nach der Konfession der Mutter) reformiert getauft. In früher Kindheit erlitt sie einen nicht genauer beschriebenen »Unfall«, von dem sie einen »verkrümmten Körper« zurückbehielt. So jedenfalls berichtete es ihr Bruder Alexander. Für ihn war sie die »intuitive Luise, mit dem idealschönen Gesicht«[9]. In seiner Autobiographie schilderte er auch, wie die junge Luise ihrer »blinden Rokokogroßmutter« Luise Philippine Reuß »aus gedruckten Büchern sehr gebildete Lektüre vorlas«[10]. Die Witwe eines Kammerrates lebte noch ganz in der Napoleonzeit. »Bis zum Alter von sechzig Jahren«, so Alexander, »ging sie geschminkt und geschnürt, gepudert und ausgeschnitten einher.« Im Darmstädter Elternhaus bewohnte sie die sogenannte Beletage. Ihr mit Erinnerungsstücken und Porzellanfiguren vollgestellter Salon hob sich deutlich von der nach praktischen Erwägungen eingerichteten Wohnung der Büchners ab: »Da befanden sich absonderliche Möbel mit gewundenen Beinen und geschnitzten Säulchen, abgeblaßte Stickereien und Webereien und eine urnenförmige porzellanene gemalte Schlaguhr mit Glasglocke aus der Imperialzeit, welche mein Bruder Ludwig selig noch heute in seinem Salon stehen hat.«[11] Nicht weniger skurril als die Großmutter selbst und ihre wie ein Museum eingerichtete Wohnung war der »Parzen«-Kreis, mit dem sie sich umgab. Alexander Büchner hat ihn humorvoll beschrieben, besonders die eingebildete »Frau Hofkonditor«, der er den Namen »Reinsilber« gab. Das Frauenkränzchen muss die Kinder sehr beeindruckt haben, denn auch Luise machte sich später über die Damen lustig. In ihrem Romanfragment »Ein Dichter« treffen sich die Parzen in der »behaglichen Wohnung des Herrn Polizeiwachtmeisters«[12]. Die »Frau Hofkonditor« heißt bei ihr, weitaus weniger lyrisch als bei ihrem Bruder, Frau »Eisenstein« und wird besonders böse karikiert. Zu Spott und bissigen Bemerkungen scheint Luise schon als Kind geneigt zu haben. Nur so ist die Äußerung ihres Bruders Alexander zu verstehen, sie habe sich oft die Zunge verbrannt, »aber nicht an der Suppe«[13].

Dass Luise »schon in früher Jugend hervorragende geistige Anlagen« hatte, bestätigte auch Ludwig Büchner in seinem Nachruf 1877. »Ihr dichterisches Talent entwickelte sich schon mit 13 Jahren in einem solchen Grade, dass man sie scherzweise den ›Hauspoeten‹ nannte, und dass sie bei jeder festlichen Gelegenheit in der Familie nicht blos, sondern auch in Freundeskreisen die poetische Ader fließen lassen musste.«[14]

Die »Frau Hofkonditor« heißt bei ihr, weitaus weniger lyrisch als bei ihrem Bruder, Frau »Eisenstein« und wird besonders böse karikiert. Zu Spott und bissigen Bemerkungen scheint Luise schon als Kind geneigt zu haben. Nur so ist die Äußerung ihres Bruders Alexander zu verstehen, sie habe sich oft die Zunge verbrannt, »aber nicht an der Suppe«.

Hinter der freundlich gemeinten Bezeichnung »Hauspoet« verbirgt sich eine, zumindest in dieser Zeit, tiefgreifende Missachtung ihrer schriftstellerischen Begabung. Luise durfte zu allen Gelegenheiten ihr Gedicht beisteuern, aber niemand schien ernsthaft daran zu denken, dass aus dem »gescheiten Kind« (Alexander Büchner) einmal eine bekannte Autorin werden könnte. Eine Ermutigung, das fraglos vorhandene Talent zielgerichteter einzusetzen, hat es offenbar nicht gegeben. Dem Vater war schon ein Dichter im Haus zu viel. Luise dagegen blickte zu Georg auf. Sie hing, wie Ludwig sich erinnerte, »mit innigster Liebe« an ihrem fast acht Jahre älteren Bruder. Georg war ihr bewundertes Vorbild. Seine politische Radikalität erkannte sie erst später, aber sie ließ sich davon nicht abschrecken. Ganz im Gegenteil. Ihr Bruder hatte in jungen Jahren schon das erreicht, was sie (noch heimlich) anstrebte. Sein erstes Theaterstück war bereits erschienen, an weiteren Werken saß er oder hatte sie schon vollendet. Mit ihm fühlte sie sich geistesverwandt, mehr als mit ihren anderen Geschwistern oder ihren Eltern. Der überraschende Tod Georgs war für die ganze Familie ein tiefer Schock. Aber für Luise bedeutete er mehr als nur den Verlust eines geliebten Bruders. Ludwig Büchner schreibt in seinem Nachruf, dass der Tod Georgs »die trübsten und durch Nichts ganz zu zerstreuenden Schatten in ihr erstes Jugendalter« warf »und damit auch zum Theil in ihr ganzes späteres Leben«[15]. Ihre intellektuelle und emotionale Beziehung zu ihrem Bruder hat Luise Büchner in ihrem Romanfragment »Ein Dichter« offenbart. In dem Text, der zu ihren Lebzeiten nicht veröffentlicht wurde, geht es vordergründig um einen dilettierenden Autor und seine geduldige Gattin. Die beiden werden der Familie Brandeis gegenübergestellt, die deutliche Züge der Büchners trägt. Die Lichtgestalt in dem unvollendet gebliebenen Schlüsselroman ist der siebzehnjährige Ludwig Brandeis, der sich unschwer als Georg Büchner identifizieren lässt. Luise schildert ihn als »eine schlanke Gestalt mit fast mädchenhaften Zügen«[16], als nachdenklichen Jüngling mit hohen Idealen, der im Mittelpunkt eines Kreises von Gleichgesinnten steht:

»In dieser Jugend klopfte ein warmes, feuriges Herz; ihnen war dies nicht bloß so hingesprochen, sie empfanden dabei, was gewitterschwül sich schon seither anfing über die Welt zu lagern, und die

Luise durfte zu allen Gelegenheiten ihr Gedicht beisteuern, aber niemand schien ernsthaft daran zu denken, dass aus dem »gescheiten Kind« (Alexander Büchner) einmal eine bekannte Autorin werden könnte.

Blitze, die aus ihren Augen zuckten, sie galten nicht bloß einer poetischen Phrase, einem rednerischen Erguß, sie galten der Wirklichkeit und dem Leben, und als sie sich scheidend die Hände reichten, schlossen sie sich fest zusammen wie noch nie, und als wollten sie damit einen geheimen Bund besiegeln, der der Gemeinheit, der Unterdrückung und Knechtschaft auf ewig den Krieg erklärte.«[17]

Die Szene spielt, nachdem Ludwig Brandeis auf der Abschlussfeier seines Gymnasiums eine gefeierte Rede über den römischen Staatsmann Cato gehalten hatte, der als überzeugter Republikaner und Gegner Caesars in den Freitod gegangen war. Georg Büchner hatte tatsächlich als siebzehnjähriger Gymnasiast eine »Rede zur Vertheidigung des Cato von Utika« gehalten, allerdings schon im Herbst 1830 und nicht Anfang April 1833 wie in dem Romanfragment. Luise Büchner wählte das spätere Datum, um die Abschlussfeier an den Frankfurter Wachensturm heranzurücken, mit dem eine kleine Gruppe Verschwörer die Revolution in Deutschland hatte auslösen wollen. Die originale Cato-Rede spitzte Luise politisch zu. So heißt das Ende bei Georg Büchner:

»Noch steht Katos Namen neben der Tugend und wird neben ihr stehn, so lange das große Urgefühl für Vaterland und Freiheit in der Brust des Menschen glüht! –«[18]

Bei Luise Büchner wird daraus:

»Wir reichen ihm kniend die Krone des freiesten Mannes dar, und sein Beispiel soll die Nachwelt, soll die Jugend begeistern, ihm nachzustreben in der hingebendsten Liebe zu der Freiheit, im unversöhnlichsten Haß gegen die Unterdrückung! –«[19]

Der Selbstmord als bewusster politischer Akt zieht sich wie ein Leitmotiv durch den Text von Luise Büchner. Nach der blutigen Niederschlagung des Wachensturms fliehen drei der Beteiligten nach Darmstadt und werden verhaftet. Einer von ihnen versucht sich im Gefängnis das Leben zu nehmen. Daraus entspinnt sich zwischen Ludwig Brandeis und seiner Schwester Gustchen (in der sich Luise selbst porträtiert haben könnte) ein Dialog, der auch deutlich machen soll, wie ähnlich die beiden Geschwister dachten:

»›O Gustchen (...) du bist zwar nur ein Mädchen, aber kannst du es nicht empfinden, dass es groß und herrlich ist, für eine Idee zu leiden

Der Selbstmord als bewusster politischer Akt zieht sich wie ein Leitmotiv durch den Text von Luise Büchner. Nach der blutigen Niederschlagung des Wachensturms fliehen drei der Beteiligten nach Darmstadt und werden verhaftet. Einer von ihnen versucht sich im Gefängnis das Leben zu nehmen.

und selbst zu sterben? Dieser Student, der sich mit eigener Hand den Tod geben wollte, als er den Schergen der Gewalt verfiel, ist ein Märtyrer, ein wahrer Freiheitsheld!‹
›Ja, das ist er‹, antwortete Gustchen mit gehobener Stimme, ›O Ludwig, wenn wir ihn sehen, wenn wir etwas für ihn tun könnten!‹ Fest umschlossen hielten sich die beiden Geschwister und sahen einander in die strahlenden Augen, in denen Tränen glänzten.«[20]
An diese Szene schließt sich ein essayistischer Text an, in dem Luise Büchner mit den politischen Verhältnissen im deutschen Vormärz ins Gericht geht. »Der damalige Polizeistaat«, schreibt sie, »war gewiß doch mehr das Produkt der Unwissenheit, der Unbildung, der kindischen Furcht vor den Studierten als der persönlichen Böswilligkeit der Fürsten. Dieses ganze, unter der Knechtschaft erzeugte und erzogene Geschlecht konnte sich nicht an den scharfen Luftzug der freien Bewegung gewöhnen, es war mehr dumm als böse«.[21] Luise Büchner hat ihren Roman, den sie, wie Jan-Christoph Hauschild vermutet, in den sechziger Jahren (des 19. Jahrhunderts) begann, nicht vollendet, obwohl sie am Ende des Fragments den weiteren Gang der Handlung skizzierte. Danach wäre Ludwig Brandeis aus politischen Gründen geflohen und schließlich (wie Georg) gestorben. Gustchen hätte ihn bis zuletzt gepflegt und sich noch am Totenbett mit dem »treueste(n) Freund des Bruders«[22] verlobt. Enden wollte Luise mit dem Revolutionsjahr 1848. Das Fragment nahm Ludwig Büchner 1878 nur deshalb in die »Nachgelassenen Schriften« seiner Schwester auf, weil es die Jugendgeschichte von Georg behandelte. Über die politische Bedeutung des Textes verlor er in seiner kurzen Anmerkung kein Wort. Und dabei könnte es gerade die positive Darstellung revolutionärer Ideen und ihrer Verkünder gewesen sein, die Luise zögern ließen, an dem Roman weiterzuarbeiten und ihn zu veröffentlichen. Aber gerade deshalb ist das Fragment ein wichtiges Zeugnis für das Denken von Luise Büchner jenseits gesellschaftlicher und politischer Konventionen. Die vorliegenden Passagen machen deutlich, dass sie in ihrem Bruder nicht nur den Menschen und Dichter verehrte, sondern auch den Revolutionär, der bereit war, seine Ideale zu leben. Als Frau war ihr dieser Weg verschlossen, wenn sie sich nicht ganz an der Rand der Gesellschaft begeben wollte. Auch wenn sie, wie Margarete

»Der damalige Polizeistaat«, schreibt sie, »war gewiß doch mehr das Produkt der Unwissenheit, der Unbildung, der kindischen Furcht vor den Studierten als der persönlichen Böswilligkeit der Fürsten. Dieses ganze, unter der Knechtschaft erzeugte und erzogene Geschlecht konnte sich nicht an den scharfen Luftzug der freien Bewegung gewöhnen, es war mehr dumm als böse«.

Dierks schreibt, »die Grenze ihres Bekennermutes zum politischen Liberalismus und sozialen ›Umsturz‹ gesehen«[23] hat, verteidigte sie immer wieder die demokratischen Ideen des Vormärz. In welchem Zwiespalt sie dabei lebte, machen ihre Vorträge zur jüngeren deutschen Geschichte deutlich, die sie ab 1860 zunächst in ihrer Wohnung und dann im Alice-Lyzeum hielt. Eine dieser Vorlesungen, die zehnte, widmete sich dem Vormärz in Deutschland und speziell im Großherzogtum Hessen(-Darmstadt). Anschaulich geißelte Luise Büchner Willkür und Wahnsinn, die damals den Alltag bestimmten. Die »dunkelsten Blätter der deutschen Geschichte aus den 30ger Jahren« seien in Darmstadt gefüllt worden. »Nirgends sonst gab sich, und man war doch schon hart genug, eine solche inquisitorische und grausame Verfolgungswuth, wie sie jetzt hier anbrach, kund. Mitten in der Nacht, weil man denn doch die Aufregung im Volke fürchtete, wurden achtbare Familienväter aus den Betten geholt und in das Gefängnis gebracht; in den meisten Fällen mussten sie bald wieder freigegeben werden, aber man stelle sich die Scenen des Schmerzes, der Verzweiflung in den Familien vor, die so hervorgerufen wurden. Fast jeder junge Mann stand unter polizeilicher Ueberwachung, und wo ein Verfolgter sich seinem Schicksal durch Flucht entzog, wurde ihm ein entehrender Steckbrief nachgesendet. Keiner war sicher, ob er, schuldig oder unschuldig, sich noch am nächsten Tag in Freiheit befinden werde.«[24]

»Nirgends sonst gab sich, und man war doch schon hart genug, eine solche inquisitorische und grausame Verfolgungswuth, wie sie jetzt hier anbrach, kund. Mitten in der Nacht, weil man denn doch die Aufregung im Volke fürchtete, wurden achtbare Familienväter aus den Betten geholt und in das Gefängnis gebracht.«

Mit besonderer Bitterkeit attackierte sie den Darmstädter Untersuchungsrichter Georgi (dem schon Alexander Büchner 1848 eine Erzählung »gewidmet« hatte). Er war verantwortlich für den Tod von Friedrich Ludwig Weidig, der zusammen mit ihrem Bruder Georg den »Hessischen Landboten« verfasst hatte. Weidig wird ausführlich gewürdigt, auch die revolutionäre Flugschrift findet Erwähnung, aber bei Luise Büchner heißt sie »Der hessische Beobachter«. Das irritiert in einer ansonsten sorgfältig gearbeiteten Vorlesung, zumal sich ein Exemplar des »Hessischen Landboten« im Besitz von Ludwig Büchner befand und Auszüge daraus 1850 in der ersten Werkausgabe ihres Bruders veröffentlicht worden waren. Wir müssen also davon ausgehen, dass Luise Büchner hier bewusst den Namen verändert hat. Diesen Verdacht stützt eine andere Beobachtung. Obwohl ihr Bruder

Georg zu dem Verschwörerkreis um Weidig gehörte und maßgeblichen Anteil an dem Zustandekommen der in jeder Beziehung radikalen Flugschrift hatte, erwähnt sie ihn mit keiner Silbe. Offenbar wollte sie, aus welchen Gründen auch immer, ihren Bruder nicht mit den staatsfeindlichen und damit auch gegen den Großherzog gerichteten Aktivitäten in Verbindung bringen. Vielleicht hatte sie Sorge, das Andenken an ihren Bruder durch die Erwähnung zu gefährden. Wir wissen es nicht. Aber abgesehen von diesem Akt bewusster Selbstzensur ist die Vorlesung über den Vormärz ein mutiger Text. Und es überrascht nicht, wenn Karl Gutzkow, der literarische Mentor ihres Bruders Georg, sie nach der Buchveröffentlichung fragte: »Wird Ihnen doch dies energische Buch, das ein außerordentlich Glück machen muß, in Ihrem Alice-Kreis nicht schaden?«[25] Gutzkow spielte dabei auf die Kronprinzessin und spätere Großherzogin Alice an, mit der Luise Büchner eng zusammenarbeitete. Die Tochter der englischen Königin Victoria galt als aufgeschlossen und fortschrittlich. So fiel die Antwort von Luise Büchner wie erwartet aus: »Bei meiner Prinzessin schadet mir das Buch nicht, die denkt selbst viel zu liberal (...) In Russland hat man das Buch verboten, so schreibt mir mein Verleger«.[26] Das war auch nicht verwunderlich, denn die russische Zarin stammte aus dem Darmstädter Fürstenhaus. Und in Sankt Petersburg sah man es gar nicht gern, wenn über die Heimat der Herrscherin negativ berichtet wurde. In Darmstadt dagegen, wo der Sohn des von Luise Büchner angegriffenen Großherzogs bis 1877 regierte, konnte relativ offen über die politischen Verfolgungen des Vormärz geschrieben werden. Selbst das deutsche Kronprinzenpaar, das Luise vom Darmstädter Hof her kannte und dem sie ihr Buch geschickt hatte, reagierte positiv. Die Kronprinzessin, eine Schwester von Alice, ließ Luise wissen, »ihre Tochter Charlotte lese gegenwärtig das Buch mit ihrem Lehrer«[27]. Mehr könne sie nicht mehr verlangen, schrieb Luise voll Befriedigung an Gutzkow. Offenbar gab es so etwas wie einen liberalen Konsens, der auch vor Standesgrenzen nicht Halt machte. Allerdings wusste Luise Büchner genau, wie weit sie gehen konnte. Auf die Idee, sich in die aktuelle Politik einzumischen oder regierende Fürsten zu kritisieren, wäre sie nicht gekommen.

Großherzogin Alice von Hessen und bei Rhein (1843 – 1878).

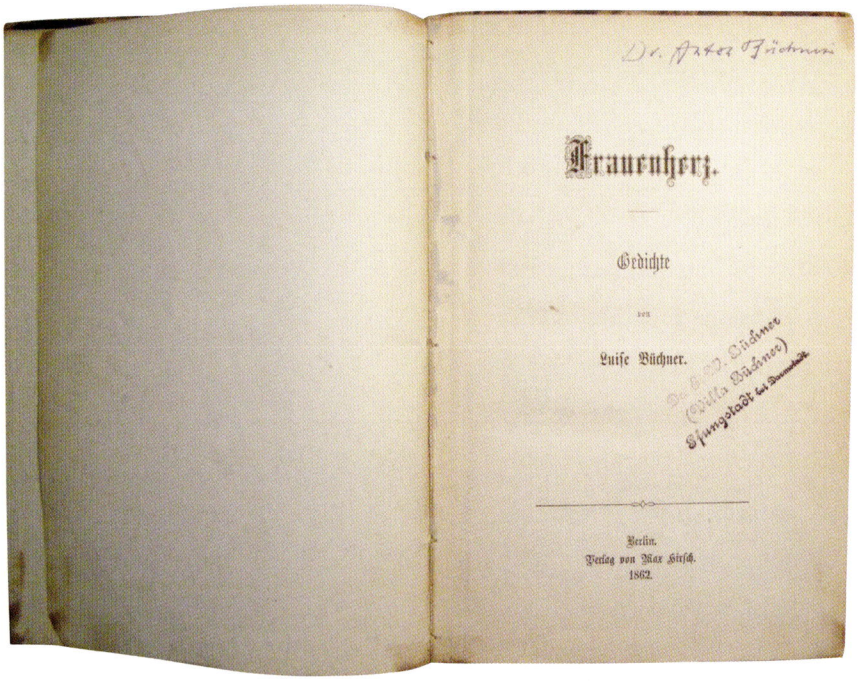

Titel von »Frauenherz«,
Berlin (Hirsch) 1862.

Ihr Geschichtsbuch bleibt trotzdem eine große Leistung, die auch eindrucksvoll die historische Bildung einer Frau dokumentiert, der Gymnasium und Universität verwehrt geblieben waren. Was sie wusste, hatte sie sich im Selbststudium mühsam erarbeiten müssen. Sicher erhielt sie Anregungen von ihren Eltern, vor allem ihrer Mutter, und ihren Brüdern, die auf dem Pädagog die großen klassischen Texte kennen lernten und zuhause auch die jungdeutschen Autoren lasen. Regelmäßig ging sie in die Hofbibliothek, die sie 1867 in einem Gedicht als »Des Geistes ew'ger Quell«[28] rühmte. Sie entlieh sich Bücher und kopierte sie teilweise. Ihr »Literarisches Exzerptbuch«, das sie zwischen 1839 und 1844 führte, bewahrt heute die Universitäts- und Landesbibliothek in Darmstadt auf. Es gibt Einblick in den Lektürekanon der jungen Luise. Der Bogen spannt sich dabei von Goethe bis Gutzkow, von Hölderlin bis Freiligrath und von Brentano bis Herwegh. Die Klassiker stehen neben den Protagonisten des literarischen Vormärz. Ergänzt wird die Zusammenstellung von französischen, englischen und amerikanischen Schriftstellern, deren Werke sie in deutscher Übersetzung oder in der Originalsprache wiedergibt. Es fällt auf, dass Luise Büchner großes Gewicht auf zeitgenössische

Was sie wusste, hatte sie sich im Selbststudium mühsam erarbeiten müssen. Sicher erhielt sie Anregungen von ihren Eltern, vor allem ihrer Mutter, und ihren Brüdern, die auf dem Pädagog die großen klassischen Texte kennen lernten und zuhause auch die jungdeutschen Autoren lasen.

Autoren legte. Wir können also davon ausgehen, dass sie mit spätestens 24 Jahren über einen breiten literarischen Bildungsfundus verfügte, der zunächst nur im Familienkreis zur praktischen Anwendung gelangte, wenn die »Hauspoetin« ihre Brüder bedichtete, etwa den von einer schweren Krankheit genesenen Wilhelm oder den neunzehnjährigen Ludwig, der sich zum Studium nach Gießen verabschiedete. Gerade das letzte Gedicht, das mit den Zeilen beginnt »Du ziehst hinaus in's reiche Leben, mein Auge schaut Dir sehnend nach«[29], ist voller Melancholie. Luise freut sich für ihren Bruder, dass er in »des Wissens Reich« dringen darf, aber das, was sie positiv beschreibt, gilt negativ für sie. Sie muss zuhause bleiben, während sich ihre Brüder mit Lehre und Studium auf ihre spätere Berufstätigkeit vorbereiten.

Die Geschwister lebten in großer Harmonie miteinander. Von Zwietracht und Streit ist nichts bekannt. Selbst um das Erbe der Eltern kam es, wie den entsprechenden Unterlagen im Hessischen Staatsarchiv in Darmstadt zu entnehmen ist, nicht zu Auseinandersetzungen. Luise wohnte zeitweilig im Haus von Ludwig, ging mit Wilhelm zusammen auf Reisen und besuchte Alexander fast regelmäßig in Frankreich. Trotzdem ist nicht zu übersehen, dass sie lange als kleine Schwester behandelt wurde, der die Brüder nichts Großes zutrauten. Ein Beispiel: Als Ludwig daranging, die erste Werkausgabe seines Bruders Georg zusammenzustellen, da band er den 23-jährigen Alexander in die redaktionelle Arbeit ein, nicht aber seine ältere Schwester. Luise durfte lediglich die Handschrift von »Leonce und Lena« kopieren. Sie will sich auch dagegen gewehrt haben, dass Ludwig den Briefwechsel zwischen Georg Büchner und Wilhelmine Jaeglé in der Ausgabe veröffentlichte[30]. Sie hatte einen Teil der Briefe von der früheren Verlobten Georgs erhalten und ahnte, dass eine ungenehmigte Publikation zu einer tiefgehenden Verstimmung führen könnte. Aber Ludwig hörte nicht auf sie. Ihm war es wichtiger, biografische Lücken zu füllen.

Luise muss das als Geringschätzung empfunden haben, aber statt in noch tieferer Melancholie zu versinken, zu der sie in ihren jungen Jahren neigte, machte sie ihren Brüdern Konkurrenz, ohne dass die es so empfunden hätten. Im selben Jahr, als Ludwig mit »Kraft und Stoff« einen Sensationserfolg landete, brachte sie ihr Buch »Die

Anonym: »Die Frauen und ihr Beruf«, Frankfurt (Meidinger) 1855.

Frauen und ihr Beruf« heraus, mit dem sie über Nacht berühmt wurde. Die anspruchsvollen Aufsätze ihres literarisch hoch gebildeten Bruders Alexander regten sie zu eigenen Essays über Themen der deutschen und französischen Kulturgeschichte an. Und selbst dem Unternehmer und Politiker Wilhelm hatte sie etwas entgegenzusetzen. Mit ihren Vorträgen zur Frauenfrage drang sie in die Politik vor, und mit dem von ihr mitinitiierten Alice-Bazar schuf sie eine vorbildliche und erfolgreiche Verkaufsorganisation für von Frauen hergestellte Handarbeiten.

Die Anerkennung, die Luise durch ihre vielfältigen Aktivitäten genoss, ist ihren Brüdern natürlich nicht verborgen geblieben. Aus der kleinen Schwester wurde eine geschätzte Mitstreiterin. Die Geschwister begegneten sich nun auf Augenhöhe. Und manchmal ordneten sich die Brüder sogar ihrer Schwester unter. Zum Beispiel in der von Luise herausgegebenen Anthologie »Dichterstimmen«, für die Alexander einen ganz wesentlichen Beitrag leistete. Auf dem Titelblatt wird er aber nicht genannt, noch nicht einmal im Inhaltsverzeichnis, sondern nur am Ende seines langen Essays über die ›französischen und englischen Poesien‹ auf Seite 326. Die Wertschätzung, die Ludwig ihr entgegenbrachte, wird nicht nur in dem schon zitierten Nachruf deutlich. Sie manifestiert sich noch mehr in den beiden Werkausgaben mit zum Teil unveröffentlichten oder noch nicht in Buchform erschienenen Texten seiner Schwester, die er unmittelbar nach dem Tod Luises zusammenstellte.[31] Darin findet sich u. a. das Romanfragment »Ein Dichter«. Es ist zu vermuten, dass Luise ihrem geliebten und bewunderten Bruder Georg auch literarisch nacheifern wollte, ohne seinen Genius je erreichen zu können. Wie sehr sie ihn verehrte und wie intensiv sie danach strebte, seine »Geistesschwester« zu sein, offenbart ein Gedicht, das sie nach dem Besuch seines Grabes in Zürich schrieb:

Die Anerkennung, die Luise durch ihre vielfältigen Aktivitäten genoss, ist ihren Brüdern natürlich nicht verborgen geblieben. Aus der kleinen Schwester wurde eine geschätzte Mitstreiterin.

Luise Büchner, ca. 1870.

»Nach langem, langem Sehnen
An deinem Grab ich stand,
Nach vielen bitt'ren Tränen
Sah ich dies Stückchen Land,
Das Alles kalt bedecket,
Woran voll Zärtlichkeit,
Seit Leben ihm erwecket,
Das Kind hing allezeit!

Das Kind – o Schmerz! ich habe
Dich anders nicht gekannt,
Stiegst jetzt du aus dem Grabe,
Du hätt'st mich kaum erkannt.
Doch wie ich so hier stehe,
wird Eins mir wunderbar,
Trotz allem Schmerz und Wehe,
Im tiefsten Innern klar.

Zu früh mir hingeschwunden
Warst du mein Lebensstern,
Nach dem in allen Stunden
Ich sah zum Himmel gern;
Sein Strahl ward meine Leuchte,
Zog meinen Geist voran,
Zum Guten, Schönen zeigte,
Zur Wahrheit mir die Bahn.

Und dass in ew'ger Treue
Ihm stets gefolgt mein Herz,
Daß hier steh' ohn' Reue,
Dies sänftigt meinen Schmerz;
Daß tief mir im Gemüte
Dasselbe Feuer macht,
Das deine Brust durchglühte
Mit seltner Liebesmacht.

So fühl ich mit Entzücken,
Stünd'st eben du vor mir,
Als Geistesschwester drücken
Würd'st du an's Herz mich dir!
Die Hände segnend breiten
Auf meine Stirne bleich,
Mich wie in Kinderzeiten
Anlächelnd mild und weich. –

Muß wieder von ihm gehen,
Dem schmerzlich teuren Ort,
Doch was mir dort geschehen,
Wirkt mutig in mir fort!
Daß so du in mir lebest
Für alle Ewigkeit,
Zum Höchsten mich erhebest –
Dies ist Unsterblichkeit!«[32]

Das Gedicht, das mit Messias-Symbolik nicht geizt und das Grab des Bruders zu einem heiligen Ort erklärt, nahm Luise Büchner 1862 in ihre erste und einzige Lyriksammlung »Frauenherz« auf.

Das Gedicht, das mit Messias-Symbolik nicht geizt und das Grab des Bruders zu einem heiligen Ort erklärt, nahm Luise Büchner 1862 in ihre erste und einzige Lyriksammlung »Frauenherz« auf. Die Zusammenstellung eigener Gedichte stieß bei der Kritik, wie Cordelia Scharpf für ihre Dissertation[33] ermittelte, auf keine positive Resonanz. Wohlwollende Rezensenten bestätigten ihr ein gewisses Talent, andere sahen in der Sammlung ein ›Werk des Dilettantismus‹. Trotzdem erzielte der Band bis 1870 drei Auflagen. Denn die Autorin war unterdessen eine bekannte Schriftstellerin.

Gutzkows Verdienst ist herausragend, auch wenn er zum Teil heftig in die Texte eingriff, um sie vor der Zensur zu retten.

Karl Gutzkow (1811 – 1878).

Es hatte lange gedauert, bis die ersten Zeilen von ihr gedruckt worden waren. Luise hatte schon früh den Kontakt zu den Autoren ihrer Zeit gesucht. 1844 war sie mit Hoffmann von Fallersleben und Franz von Dingelstedt zusammengetroffen[34], für sie offenbar sehr beglückende Erlebnisse. Wichtig wurde für sie die Freundschaft mit Karl Gutzkow, einem der umtriebigsten Schriftsteller, Zeitschriftenherausgeber und Kritiker seiner Zeit. Er war der Erste gewesen, der das Genie ihres Bruders Georg erkannt hatte. 1835 druckte er – selbst erst 24 Jahre alt und damit kaum älter als sein Autor – in dem von ihm redigierten Literaturblatt der Zeitschrift »Phönix« das Drama »Danton's Tod« ab (und vermittelte es an den Verlag Sauerländer), im »Telegraph für Deutschland« veröffentlichte er 1838 das Lustspiel »Leonce und Lena« und 1839 die Novelle »Lenz«. Sein Nachruf auf Georg Büchner im »Frankfurter Telegraph« war die erste bedeutende Würdigung des Dichters. Gutzkows Verdienst ist herausragend, auch wenn er zum Teil heftig in die Texte eingriff, um sie vor der Zensur zu retten. Denn mit ihr hatte er seine eigenen Erfahrungen gemacht. 1835 (also in dem Jahr, in dem er »Danton's Tod« herausbrachte) wurde sein Roman »Wally, die Zweiflerin« wegen ›verächtlicher Darstellung des Glaubens der christlichen Religionsgemeinschaft‹ verboten – und mit ihm überhaupt alle Schriften des »Jungen Deutschland«. Gutzkow musste für zweieinhalb Monate ins Gefängnis. Mit Gutzkow kam Luise einem Mann nahe, der ihren Bruder Georg zwar nie persönlich getroffen hatte, ihm aber trotzdem sehr nahe gewesen war.

Sie dürfte ihn und seine Frau Amalie (Klönne), wie Cordelia Scharpf vermutet[35], 1842 kennen gelernt haben. Vielleicht wurde der Kontakt von einer gemeinsamen Freundin vermittelt. Mit Amalie blieb Luise Büchner bis zu deren Tod 1848 eng verbunden. Ludwig Büchner schreibt in dem schon öfter zitierten Nachruf auf seine Schwester, dass sie »in einer innigen Freundschaft mit der liebenswürdigen Amalie (...) einigen Ersatz für ihren schweren Verlust fand«[36]. Er spielte dabei auf den frühen Tod von Georg an. Das scheint weit hergeholt, zeigt aber, wie die Freundschaft in der Familie gesehen wurde. Amalie Gutzkow habe, so Ludwig Büchner weiter, »die jüngere Freundin mit liebevoller Wärme« an sich herangezogen. Auch mit Bertha Meidinger, der Cousine Amalies, die Karl Gutzkow nach dem Tod seiner ersten Frau 1849 heiratete, verband sie bald eine innige Freundschaft. Bertha war die Schwester des Frankfurter Verlegers Carl Meidinger, bei dem Alexander Büchner 1853 seine Übersetzung von Byrons »Childe Harold's Pilgrimage« herausbrachte und Ludwig Büchner seinen Bestseller »Kraft und Stoff« zwei Jahre später publizierte. Luise stand nun mit zwei bedeutenden Persönlichkeiten in Kontakt, die ihr den Schritt in die Öffentlichkeit ermöglichen konnten. Wie Cordelia Scharpf nachwies, hat Luise Büchner vor 1855 nichts veröffentlicht. Dafür startete sie dann gleich mit einem Paukenschlag. Wie es zu ihrem Erstling kam, ist nicht genau zu ermitteln. Es existieren zwei Versionen von der Geschichte. Sicher ist, dass Luise im richtigen Augenblick zugriff. Die »Frauenfrage« war damals ein Thema, über das mehr oder weniger heftig diskutiert wurde. Und ein Verleger wie Meidinger ahnte, dass mit einem Buch über weibliche Erziehung und Bildung Geld zu verdienen sei. Trotzdem gehörte Mut dazu, einer Debütantin das nötige Vertrauen zu schenken. Vielleicht werden ihm Gutzkow und seine Schwester Bertha zugeredet haben, es mit einer Autorin zu versuchen, deren Eigenständigkeit im Denken außer Frage stand. Auf der anderen Seite überrascht auch Luises Mut, die bis dahin eher familiären Ruhm als Hauspoetin erworben hatte und sich nun auf gesellschaftspolitisches Terrain vorwagte. Wie leicht hätte sie die (männliche) Kritik in Grund und Boden verdammen können. Aber es kam anders. »Die Frauen und ihr Beruf«, 1855 zunächst anonym, aber ab der zweiten Auflage mit dem vollen Namen der Autorin erschienen, wurde über Nacht ein Bestseller und bestimmte fortan das weitere Leben von Luise Büchner. Wir

Die »Frauenfrage« war damals ein Thema, über das mehr oder weniger heftig diskutiert wurde. Und ein Verleger wie Meidinger ahnte, dass mit einem Buch über weibliche Erziehung und Bildung Geld zu verdienen sei.

werden noch ausführlicher darauf eingehen. Neben diesem Buch und ihren zahlreichen weiteren Publikationen zu frauenpolitischen Themen hatte ihre literarische Produktion kaum eine Chance, obwohl sie ihre Erzählungen, Essays, Reiseberichte und Rezensionen in den angesehensten Blättern platzieren konnte. Gutzkow war ihr dabei ein hilfreicher Freund, der aber in seinen Zeitschriften auch nicht alles druckte, was ihm Luise anbot. In der bis heute vollständigsten Bibliographie, die Cordelia Scharpf 2004 zusammenstellte[37], sind die Artikel im Einzelnen aufgeführt. Es ist ein Querschnitt durch die Zeitungs- und Zeitschriftenpublizistik nach 1850. Luise Büchner veröffentlichte u. a. in der »Neuen Frankfurter Zeitung«, der »Kölnischen Zeitung«, der »Darmstädter Zeitung«, Cottas »Morgenblatt für gebildete Leser«, den »Unterhaltungen am häuslichen Herd«, im »Frankfurter Museum«, in der »Didaskalia« und zahlreichen anderen Blättern. Auch wenn sie gelegentlich Absagen von Redakteuren erhielt, die sie nicht gefreut haben dürften, erweckt die bunte Publikationsliste nicht den Eindruck, als ob sie um jede Veröffentlichung hätte kämpfen müssen. Ihre Erzählungen, die sie zum Teil auch gesammelt in Buchform herausbrachte, müssen bei Lesern und vor allem Leserinnen beliebt gewesen sein, sonst wären sie kaum so oft erschienen. Was Cordelia Scharpf über die Erzählungen in dem 1861 veröffentlichten Band »Aus dem Leben« schreibt, gilt für die meisten der literarischen Texte von Luise Büchner und für ihren einzigen vollendeten Roman »Das Schloss zu Wimmis«, den sie 1864 herausbrachte. Im Mittelpunkt stehen, so Cordelia Scharpf, meist »junge und ältere Frauen oder deren Verhältnisse im Umgang mit Männern – sei es während einer kurzen Phase der Wahl eines Ehemannes oder während eines längeren Lebensweges (…) Sie sind in überschaubaren sozialen Umfeldern – Familien, Freundeskreis, Dorf- oder Kirchengemeinden – integriert. Sie erfüllen zumeist ihre Aufgaben diesen Umfeldern gegenüber als ledige oder verheiratete Frauen oder treffen zum Teil selbstbestimmt ihre Entscheidungen darüber, wie sie ihr Leben führen wollen«.[38]

Luise Büchner veröffentlichte u. a. in der Neuen Frankfurter Zeitung, der Kölnischen Zeitung, der Darmstädter Zeitung, Cottas Morgenblatt für gebildete Leser, den Unterhaltungen am häuslichen Herd, im Frankfurter Museum, in der Didaskalia und zahlreichen anderen Blättern.

Nicht wenige der Erzählungen von Luise Büchner lesen sich wie die literarischen Umsetzungen ihrer frauenpolitischen Schriften. Mit Ausnahmen natürlich. Auf eine, die Novelle »Der lederne Bräutigam«, weist Cordelia Scharpf hin. Es ist die humorvoll geschriebene Geschichte eines skurrilen Onkels, die Luise Büchner in Gouda, der holländischen Heimat ihres richtigen Onkels Willem, angesiedelt hat. Nicht selten griff sie in ihren Erzählungen, Essays und Reportagen auf ihre Reiseerlebnisse zurück, etwa aus der Schweiz oder aus Frankreich, wo sie ihren Bruder Alexander gelegentlich besuchte. Luise reiste gern. Sie brauchte die Ortwechsel ebenso zum Leben wie ihre schriftstellerische Tätigkeit. Die Enge des provinziellen Darmstadt war ihr nur zu bewusst, aber jede Veränderung hätte auch die Trennung von ihrer Familie bedeutet. So blieb sie, wie sie Karl Gutzkow 1868 schrieb, »Hier in Darmstadt auf einem verlorenen Posten«[39] sitzen. Ihr Erfolg als Autorin gab ihr Halt und verlieh ihr die Energie, die sie zur Durchsetzung ihrer frauenpolitischen Ziele benötigte. Ihr literarisches Werk, zu dem auch noch dramatische Versuche zählen, ist heute so gut wie vergessen, und es fällt schwer, Gründe für eine Wiederentdeckung zu finden. Ihre »Weihnachtsmärchen« allerdings erreichen bis heute ihr Publikum, wenn auch ein kleines. Sie erschienen erstmals 1865. Entstanden sind sie, berichtet Ludwig Büchner, »aus winterabendlichen Erzählungen, mit denen die Verfasserin die beiden ältesten Kinder ihres Bruders Ludwig, Mathilde und Georg, denen auch das Büchlein gewidmet ist, zu unterhalten pflegte. Dasselbe reiht in sehr glücklicher Weise den heidnischen, aus Naturdienst entstandenen Ursprung des Weihnachtsfestes an dessen gegenwärtige christliche Bedeutung an«[40]. Luise Büchner lebte damals zusammen mit ihrer Schwester Mathilde und der Familie ihres Bruders Ludwig im elterlichen Haus in der Grafenstraße. Die beiden Kinder ihres Bruders waren ihr, wie sie gern betonte, eine große Freude. Ihre Weihnachtsmärchen sind in der Tat stark von der Verschmelzung heidnischer Bräuche mit der christlichen Tradition geprägt. So wird das Christkind von einem Storch zu Frau Holle in den Odenwald gebracht, um künftig Jahr für Jahr die Kinder zu erfreuen. Und der Nikolaus ist auch kein Heiliger, sondern »der Knecht« für das Christkindchen und zugleich Frau Holles Gehilfe »für die Menge von Geschäften, die es auf Weihnachten gibt«[41]. Die Weihnachtsmärchen zeigen eine Nähe Luises zu den Gedanken ihres Bruders Ludwig, die sie in ihrem zu Lebzeiten unpubliziert gebliebenen Aufsatz

Ihre Weihnachtsmärchen sind stark von der Verschmelzung heidnischer Bräuche mit der christlichen Tradition geprägt. So wird das Christkind von einem Storch zu Frau Holle in den Odenwald gebracht, um künftig Jahr für Jahr die Kinder zu erfreuen.

»Der Materialismus-Schrecken« von 1859 verteidigt hatte. »Was ist denn poetischer«, fragt sie darin, »als die große freie Humanität, die der Materialismus jedem seiner Anhänger als erste Pflicht gegen Andere vorschreibt? Was ist denn sittlicher als die moralische Notwendigkeit zur höchsten Ausbildung seiner Kräfte, die er jedem seiner Anhänger zur ersten Pflicht gegen sich selbst macht?«[42]
Im selben Jahr, in dem sie diesen Aufsatz schrieb, veröffentlichte sie zusammen mit ihrem Bruder Alexander die Anthologie »Dichterstimmen aus Heimath und Fremde. Für Frauen und Jungfrauen«, die trotz ihres biederen Titels und ihrer noch biedereren Aufmachung mit Goldschnitt und Engelsharfe poetische Schmuggelware enthält. Luise hat darin die Autoren verewigt, deren Texte schon ihr literarisches Exzerptbuch füllten. Einen herausragenden Platz nehmen die Vormärz-Autoren ein: Karl Gutzkow, Franz von Dingelstedt, Ferdinand Freiligrath, Hoffmann von Fallersleben, Georg Herwegh und, mit mehr Gedichten als andere vertreten, Heinrich Heine. Zwischen Nikolaus Lenau und Adolph Stöber findet sich auch ein Gedicht ihres Bruders Georg. Es ist »Rosetta's Lied« aus »Leonce und Lena«:

»Dichterstimmen« von Luise Büchner, Halle (Gesenius) 1859.

»O meine müden Füße, ihr müsst tanzen
In bunten Schuhen,
Und möchtet lieber tief
Im Boden ruhen.

O meine heißen Wangen, ihr müsst glüh'n
Im milden Kosen,
Und möchtet lieber blüh'n –
Zwei weiße Rosen.

O meine armen Augen, ihr müsst blitzen
Im Strahl der Kerzen,
Und schlieft im Dunkeln lieber aus
Von euren Schmerzen.«[43]

Es ist der einzige Text ihres Bruders geblieben, den Luise Büchner in ihren Büchern veröffentlichte. Die »Dichterstimmen« waren wieder ein großer Erfolg und erlebten bis 1876 fünf Auflagen. Luise Büchner war eine bekannte und geschätzte Autorin. Das hieß aber nicht, dass ihr die Manuskripte aus der Hand gerissen wurden. Mit welchen Mühen sie bisweilen zu kämpfen hatte, Redaktionen vom Abdruck ihrer Texte zu überzeugen, das belegt der in Teilen erhaltene Briefwechsel mit Karl Gutzkow. Gerhard K. Friesen hat ihn 1996/97 publiziert. Im Gegensatz zu ihrem Bruder Ludwig, den er als Kompilator abwertete, schätzte Gutzkow Luise und hatte ihr Buch »Die Frauen und ihr Beruf« positiv besprochen, allerdings, wie Friesen anmerkt, »etwas herablassend«[44]. Gutzkow, mit dem sich eine tiefer gehende, aber nicht immer unproblematische Freundschaft entwickelte, konnte sich, bei aller Hilfsbereitschaft, sehr reserviert geben, wenn Luise ihm Texte schickte oder die Besprechung eines neuen Buches von ihm wünschte. Sie selbst war nur zu gern bereit, als Freundschaftsdienst die neuen Romane Gutzkows positiv zu rezensieren. Zu einer ernstlichen Verstimmung kam es, als Luise den Auftrag der sehr populären Zeitschrift »Über Land und Meer« erhielt, ein Lebensbild Gutzkows zu verfassen. Der Porträtierte, dem der Verleger den Text vor der Veröffentlichung zugeschickt hatte, veränderte ihn stark und verlangte von Luise, dass er (wie damals nicht unüblich) anonym erscheinen sollte. Er begründete das mit dem Schluss, an den Luise ein »Hamlet«-Zitat gesetzt hatte: »Nehmt Alles in Allem – er ist ein Mann!« Es möchte nicht gut wirken, meinte er, »wenn unter einer Biographie, die in einer für mich sehr erhebenden Weise mit dem Zugeständniß, ich wäre ein Mann, schließt, der Name einer Frau steht«.[45] Luise antwortete rasch und entschieden. Es sei ihr peinlich, »dass Sie mich die Änderungen nicht selber vornehmen ließen, ich hätte mich darin gern allen Ihren Wünschen gefügt, nun aber ist es mir als ob der Artikel nicht mehr mir gehörte«. Auch mit dem Weglassen ihres Namens war sie nicht einverstanden, zum einen, weil sie sich nach der Einstellung des für sie wichtigen »Morgenblatts« durch diesen herausgehobenen Artikel neue Auftraggeber versprach, und zum anderen aus prinzipiellen Erwägungen: »Daß unter dem Schlußsatze: Er ist ein Mann! ein Frauenname steht, genirt mich nicht, und kann ich die Unzulänglichkeit dessen schon principiell nicht zugeben. Warum soll was Frauenarbeit ist, nicht auch für Frauenarbeit

»Daß unter dem Schlußsatze: Er ist ein Mann! ein Frauenname steht, genirt mich nicht, und kann ich die Unzulänglichkeit dessen schon principiell nicht zugeben. Warum soll was Frauenarbeit ist, nicht auch für Frauenarbeit gelten?«

Luise Büchner, ca. 1875, aus: »Dichterstimmen«.

gelten? Hat man einer Frau die Aufgabe gestellt u. sie zur Ausführung fähig gehalten, so mag die Welt auch wissen, dass eine Frau den Aufsatz geschrieben.«[46]

Der Aufsatz ist schließlich nicht erschienen und wurde erst von Ludwig Büchner in die »Nachgelassenen Schriften« aufgenommen.

Der Briefwechsel mit Karl Gutzkow ist ein wichtiges Dokument, das Auskunft über die Arbeit, die Gefühle und das Denken von Luise Büchner gibt – auch über ihre Verirrungen. Während des Deutsch-Französischen Krieges ließ sich die ansonsten Besonnene (wie auch ihr Bruder Ludwig) vom Nationalrausch anstecken und zu törichten Äußerungen hinreißen. So schrieb sie am 7. August 1870, nach dem Sieg der deutschen Truppen bei Forbach, an Karl Gutzkow:

»Lieber Freund, Victoria! Victoria! und noch einmal Victoria!

(...)

Welche Tage haben wir erlebt, seit dem Sonntag vor 4 Wochen, an dem Sie Abends im Mondenschein zu mir in den Garten kamen und den Krieg für unmöglich erklärten. Mir ist als habe ich seitdem 3 Jahre erlebt, so erfüllt sind diese Wochen von Arbeit, Sorge, Aufregung, Furcht und Hoffnung. Am Tage hatte man nicht viel Zeit zum Nachdenken, aber Abends im Bett hatte ich das Gefühl, als stünde ich vor einem unermeßlichen Abgrund, in dem ich alle Schätze der Civilisation, Alles, was uns bis jetzt liebevoll an's Leben knüpfte, verschwinden sah. Und wie leicht hätte es kommen können, ohne den Sieg der deutschen Waffen. Daß unsere Lage so nahe am Kriegsschauplatz keine beneidenswerthe war, mögen sie glauben. Ein glücklicher Coup der Franzosen und wir hätten sie Hier, in Frankfurt, Hanau u. noch weiter. Vom ersten Tage an empfand ich die tiefste Enttäuschung darüber, dass man der germanischen Rasse, afrikanische Regimenter, Kabylen u. Beduinen gegenüberstellen wollte. Wer dieses Volk in Paris gesehen, konnte sich vorstellen, wie es sich benehmen würde.«[47]

»Und wie leicht hätte es kommen können, ohne den Sieg der deutschen Waffen. Daß unsere Lage so nahe am Kriegsschauplatz keine beneidenswerthe war, mögen sie glauben. Ein glücklicher Coup der Franzosen und wir hätten sie Hier, in Frankfurt, Hanau u. noch weiter.«

Zur gleichen Zeit lebte ihr Bruder Alexander im französischen Exil, und sie selbst konnte mit ihren »Bildern aus Frankreich« und ihrem Porträt der Marat-Mörderin Charlotte Corday als Freundin dieses Landes gelten. Aber der Siegestaumel und die Hoffnung auf einen deutschen Nationalstaat schienen ihre Sinne zu verwirren, sonst hätte sie sich zu solchen Äußerungen ebenso wenig hinreißen lassen wie zu ihren kriegspoetischen Ergüssen, die sie unter dem Titel »O Straßburg« in der »Darmstädter Zeitung« veröffentlichte.

Es ist keine Frage, dass Luise eine Verfechterin der deutschen Einheit war und dass sie dem deutschen Kaiserhaus, speziell dem liberalen Kronprinzenpaar, nahestand. Für Wilhelm I. dürfte sie allerdings keine Sympathien empfunden haben. Sie war keine radikale Revolutionärin, auch wenn sie die Vormärz-Revolutionäre verteidigte, sondern eine bürgerliche Kämpferin, die Veränderung in kleinen Schritten anstrebte. Das zeigt sich am deutlichsten an ihren frauenpolitischen Aktivitäten. Luise Büchner war keine Feministin im heutigen Sinn. Die volle politische und gesellschaftliche Gleichstellung der Frau, wie sie in den USA, Großbritannien oder Frankreich gefordert wurde, war nicht ihr vorrangiges Ziel. Ihr Programm hatte sie bereits 1855 in ihrem ersten Buch »Die Frauen und ihr Beruf« festgelegt. Obwohl sie den Text mehrfach überarbeitete und ergänzte, in Vorträgen weiterentwickelte und in Aufsätzen differenzierte, blieb sie ihren Grundsätzen bis zu ihrem frühen Tod treu. Das ist bemerkenswert, denn ihr Buch, das bis 1884 fünf Auflagen erreichte, hatte sie mit noch nicht einmal 34 Jahren geschrieben. Es war das Ergebnis ihres eigenen familiären Emanzipationsprozesses. Sie schrieb auch über die Defizite, die sie selbst als Mädchen und junge Frau schmerzlich empfunden hatte. Das macht das Buch so authentisch, auch wenn uns heute manche Passagen sehr fremd anmuten. Luise Büchner ging davon aus, dass es zwei Welten gab, eine männliche und eine weibliche, die nie ganz zusammenkommen konnten. »Die geistige Constitution der Frau«, heißt es gleich zu Beginn ihres Buchs, »ist von der des Mannes so wesentlich verschieden, dass alle Bestrebungen, diese Verschiedenheit zu verneinen und den Frauen das nämliche Feld der Wirksamkeit zu erringen, immer und mit Recht als thöricht und unwahr bezeichnet werden mussten«.[48] Was sie damit meinte, erläuterte sie wenig später unter der Überschrift »Ueber die Erziehung für das Haus«:

»Es liegt in der Natur der Sache, und wir finden es fast bei allen Völkern wieder, auf welcher Kulturstufe sie stehen oder stehen mochten, dass die kleinen, täglich wiederkehrenden Sorgen um den Haushalt dem weiblichen, also dem schwächeren Theile der Bevölkerung, zufal-

Sie schrieb auch über die Defizite, die sie selbst als Mädchen und junge Frau schmerzlich empfunden hatte.

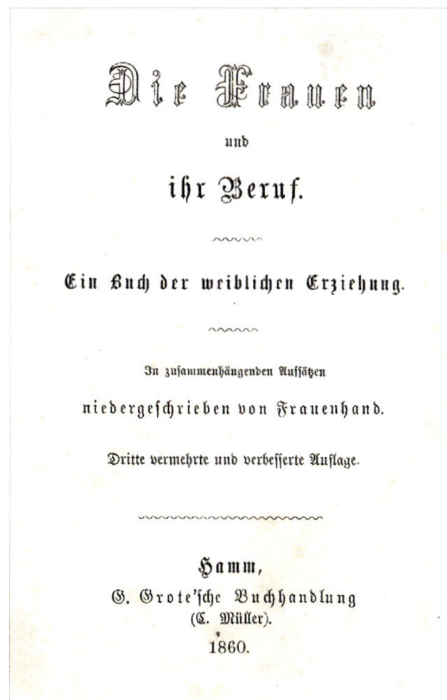

Die Frauen

und

ihr Beruf.

Ein Buch der weiblichen Erziehung.

In zusammenhängenden Aufsätzen

niedergeschrieben von Frauenhand.

Dritte vermehrte und verbesserte Auflage.

Hamm,

G. Grote'sche Buchhandlung

(C. Müller).

1860.

»Die Frauen und ihr Beruf« von 1860.

»Das Einzige, was der verheiratheten Frau zu beneiden ist und von den Mädchen wohl am bittersten entbehrt wird, ist nicht die Liebe des Gatten, nicht die gesicherte Lebensstellung, es ist der süße Name der Mutter, welchen des Mädchens Ohr niemals vernimmt. Das ist es, was das weibliche Herz am schmerzlichsten vermisst – die Freude eines Kinderumgangs und dessen ungestörten Besitz.«

len, wahrend sich der Mann den schwereren Arbeiten unterzieht. Dieß Verhältnis ist zu natürlich, um sich jemals ändern zu können, und alle schon aufgestellten Theorien von der Emancipation des Weibes, werden es nicht dahin bringen, dass der Mann zu Hause koche oder nähe, während die Frau draußen auf der Bank des Richters Recht spricht, oder die Kanzel besteigt. Es ist eine totale Verkennung unserer Zeit, wenn man glaubt, die Frau, wenn auch nur die gebildete Frau, von den Pflichten der Häuslichkeit frei sprechen zu dürfen. Man entzieht ihr damit den eigentlichen Boden, in dem ihr ganzes Wesen wurzelt und wirft sie auf ein Gebiet, wo sie zuweilen geduldet ist, aber niemals herrschen kann noch wird.«[49]

Das war die Basis, von der aus Luise Büchner ihr Programm entwickelte. In Männern sah sie dabei keine Gegner, sondern im besten Fall Mitstreiter. Auch das unterschied sie von Teilen der Frauenbewegung. Ihr Forderungskatalog beginnt mit der »Gleichberechtigung des Mädchens mit dem Knaben in der Erziehung«. Das war, wie wir schon an ihrer eigenen Biographie gesehen haben, eines ihrer Grundanliegen, und hier forderte sie »eine völlige Gleichstellung beider Geschlechter«.[50] Den Mädchen sollten die gleichen schulischen Bildungschancen geboten werden wie den Jungen, wobei sie bei den Lehrinhalten weiterhin differenzierte und einen speziellen weiblichen Unterricht forderte.

Die zweite große Themenbereich in ihrem Buch ist, der Titel deutet es schon an, die Berufstätigkeit der Frau, die damals alles andere als selbstverständlich war und von vielen Frauen überhaupt nicht gewünscht wurde. Entsprechend ihren Vorstellungen von einer männlichen und einer weiblichen Welt, sah sie für Frauen nur ein sehr begrenztes Spektrum von Berufstätigkeiten, vor allem im sozialen Bereich, in der Hauswirtschaft und in der Heimarbeit. Erst später, nach ihren Besuchen in der in diesem Punkt fortschrittlicheren Schweiz, konnte sie sich Frauen auch als Studentinnen und Ärztinnen vorstellen.

Über allem aber schwebte für sie die Ehe als geheiligte Institution. »Die ganze gesellschaftliche Stellung der Frau«, so Luise Büchner, »ihre höhere Bildung beruht einzig und allein auf der Familie, mithin auf der Ehe, aus welcher Erstere sich entwickelt«[51]. Das hätte im

Umkehrschluss bedeutet, dass einer unverheirateten Frau – wie Luise Büchner – gesellschaftliche Anerkennung und höhere Bildung verwehrt geblieben wären. Aber so wollte sie ihre These nicht verstandnen wissen und nahm einen offensichtlichen Widerspruch in Kauf, wenn sie schrieb:

»Das Einzige, was der verheiratheten Frau zu beneiden ist und von den Mädchen wohl am bittersten entbehrt wird, ist nicht die Liebe des Gatten, nicht die gesicherte Lebensstellung, es ist der süße Name der Mutter, welchen des Mädchens Ohr niemals vernimmt. Das ist es, was das weibliche Herz am schmerzlichsten vermisst – die Freude eines Kinderumgangs und dessen ungestörten Besitz.«[52]

Ungewollt offenbarte sie damit eine ihrer großen Sehnsüchte, die größte vielleicht. Eigener Nachwuchs blieb ihr verwehrt. Die heiß geliebten Kinder ihres Bruders Ludwig waren nur ein unvollkommener Ersatz.

Hier verlassen wir ihr Buch »Die Frauen und ihr Beruf« und damit auch ihre theoretischen Überlegungen, die uns Luise Büchner eher in die Ferne rücken als näherbringen. Spannender ist es, das zu beobachten, was sie in die Praxis umsetzte. Und hier liegt ihre wirkliche Leistung. Darmstadt war ihr Mikrokosmos, ihr Ort, an dem sie das erproben konnte, was sie in ihren öffentlichen Auftritten propagierte. In Prinzessin Alice fand sie eine einflussreiche Mitstreiterin, die ähnlich dachte und fühlte. Auf ihre Initiative hin wurde im Juni 1867 der »Alice-Frauenverein für Krankenpflege« gegründet. Er basierte auf Erfahrungen, die man in Darmstadt während des Preußisch-Österreichischen Krieges 1866 gemacht hatte, als unter der Leitung von Ludwig Büchner in der Woogsturnhalle ein Lazarett eingerichtet worden war. Zwar beteiligten sich viele Frauen an der Versorgung der Verwundeten, wahrscheinlich auch Luise Büchner, aber es fehlten ausgebildete Krankenschwestern. Die Ziele des Vereins waren deshalb »die Hebung des Berufs der weltlichen Krankenpflege auf eine den Anforderungen der ärztlichen Wissenschaft entsprechende Stufe, die weitere Verbreitung einer besseren Würdigung und Anerkennung der Bedeutung der Krankenpflege und hierdurch die Eröffnung eines neuen Feldes der weiblichen Erwerbstätigkeit«[53].

Das war natürlich ganz im Sinn von Luise Büchner, die über die ers-

Darmstadt war ihr Mikrokosmos, ihr Ort, an dem sie das erproben konnte, was sie in ihren öffentlichen Auftritten propagierte. In Prinzessin Alice fand sie eine einflussreiche Mitstreiterin, die ähnlich dachte und fühlte.

ten Erfolge in der Zeitschrift des »Allgemeinen Deutschen Frauenvereins« und, als Ko-Referentin des berühmten Rudolf Virchow, auf der Berliner »Frauen-Vereins-Conferenz« berichtete. Ganz im Sinn ihres Buches »Die Frauen und ihr Beruf« wurde Ende 1867 der »Verein zur Förderung der weiblichen Industrie« gegründet, der sich später »Alice-Verein für Frauenbildung und -Erwerb« nannte. Prinzessin Alice übernahm die Präsidentschaft, Luise Büchner wurde Vize-Präsidentin. Der Verein hatte es sich zum Ziel gesetzt, einen »permanenten Bazar« einzurichten, »in welchem neu gefertigte weibliche Arbeiten – unnütze Spielereien ausgenommen – ausgestellt und möglichst im Interesse der Arbeiterinnen verkauft werden, was dadurch erzielt werden soll, dass der Bazar nur so viel Gewinn für sich beansprucht, als zu seiner Erhaltung nothwendig ist«.[54] Bis dahin waren die Strick-, Stick-, Näh- und Häkelarbeiten von Frauen nur schlecht bezahlt worden. Der »Alice-Bazar« bot nun eine faire Verkaufsmöglichkeit und stellte bei Auftragsarbeiten sogar das Material. Der Zuspruch war offenbar groß. Der Bazar bot gerade ärmeren Familien ein willkommenes Zubrot. 1872 konnte Luise Büchner auf der Generalversammlung des Verbandes der Frauenbildungs- und Erwerbsvereine in Darmstadt stolz verkünden, dass in einem Jahr 113 Frauen 1533 Arbeiten für den Bazar gefertigt hatten.

Als ihr vorrangiges Ziel hatte Luise Büchner schon 1855 die verbesserte Ausbildung von Mädchen und jungen Frauen genannt.

Detail von Luises Grabstein.

Der Bazar war aber nicht die einzige Aktivität des Vereins. Als ihr vorrangiges Ziel hatte Luise Büchner schon 1855 die verbesserte Ausbildung von Mädchen und jungen Frauen genannt. 1870 entstand, nachdem Luise Büchner über Jahre in ihrer Wohnung Vorlesungen gehalten hatte, das Alice-Lyzeum »als eine Art Volkshochschule mit Abendkursen für Mädchen und Frauen, die sich fortbilden wollten«.[55] Daraus entwickelte sich 1874 die Alice-Schule als »Industrieschule für Mädchen«, der ein Jahr später ein Seminar für Handarbeitslehrerinnen (an Volksschulen) angegliedert wurde. Luise Büchner war die leitende Kraft dieser für die damalige Zeit ungewöhnlichen Bildungseinrichtung, die 1877 bereits 60 Schülerinnen zählte. Schon 1874 war auf ihre Anregung hin der Handarbeitsunterricht für Mädchen in hessischen Schulen zur Pflicht geworden.

Die praktischen Erfahrungen in Darmstadt machten Luise Büchner zur begehrten Rednerin auf Konferenzen, auch wenn sie als bürger-

Luises Grab auf dem Darmstädter Alten Friedhof. Im Vordergrund die Grabsteine für die Eltern, die Schwester Mathilde und Wilhelms Sohn Ernst und dessen Frau.

lich-gemäßigte Reformerin oft genug in Konflikt mit radikaler eingestellten Frauen geriet. Schon 1865 war sie auf der Gründungskonferenz des »Allgemeinen Deutschen Frauenvereins« in Leipzig in den Vorstand gewählt worden. Weitere Ehrenämter in Frauenvereinigungen folgten. 1873 beauftragt sie das preußische Kultusministerium mit einem Gutachten zur angestrebten Reform der mittleren und höheren Töchterschulen. Luise Büchner war zur anerkannten Autorität in Bildungsfragen geworden.

In ihren letzten Lebensjahren reiste sie viel, nicht nur als prominente Vertreterin von Frauenvereinen und -verbänden, sondern auch mit ihren Geschwistern. Mit ihrem Bruder Wilhelm, den sie gern in Pfungstadt besuchte, verbrachte sie im Sommer 1874 drei Wochen in St. Moritz. Ein Jahr später war sie wieder in der Schweiz, um mit Wilhelm und Ludwig an der Gedenkfeier für ihren Bruder Georg teilzunehmen und die Umbettung des Toten zu begleiten. Von Mathilde ist in den Berichten darüber keine Rede. Sie blieb in Darmstadt und hütete das Haus. Für Luise war sie trotzdem weiterhin eine, wenn nicht *die* zentrale Bezugsperson. Das macht auch ein Dokument deutlich, das im Hessischen Staatsarchiv in Darmstadt aufbewahrt wird: das gemeinsame Testament der beiden. Es birgt keine Sensationen, zeigt aber noch einmal, wie eng Mathilde und Luise miteinander verbunden waren. Auch in der Stunde ihres Todes konnte sie auf Mathilde zählen. Laut Jenny Hirsch, einer Weggefährtin Luises, soll sie zu ihrer Schwester gesagt haben:

»Mein Werk ist vollbracht, das was ich angestrebt habe, ist erreicht, ich kann jetzt ruhig sterben. Ich hatte nur noch einen Wunsch, über die Stellung der Frau ein Drama zu schreiben, doch dies ist mir versagt.«[56]

Luise Büchner starb am 28. November 1877 im Alter von 56 Jahren in Darmstadt. Selbst in England erschienen Nachrufe, die ihr Engagement in der Frauenbewegung würdigten. An sie erinnert in Darmstadt die Luise-Büchner-Bibliothek des Deutschen Frauenrings. Mathilde Büchner verbrachte auch die letzten Jahre bis zu ihrem Tod am 30. August 1888 im Haus ihres Bruders Ludwig. Wie sie lebte, so ist sie auch gestorben. Ohne Aufsehen.

»Mein Werk ist vollbracht, das was ich angestrebt habe, ist erreicht, ich kann jetzt ruhig sterben. Ich hatte nur noch einen Wunsch, über die Stellung der Frau ein Drama zu schreiben, doch dies ist mir versagt.«

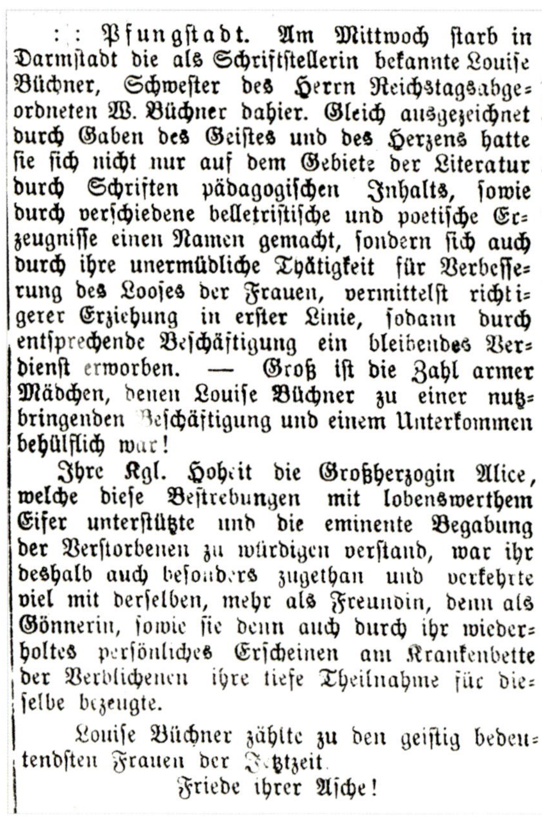

: : Pfungstadt. Am Mittwoch starb in Darmstadt die als Schriftstellerin bekannte Louise Büchner, Schwester des Herrn Reichstagsabgeordneten W. Büchner dahier. Gleich ausgezeichnet durch Gaben des Geistes und des Herzens hatte sie sich nicht nur auf dem Gebiete der Literatur durch Schriften pädagogischen Inhalts, sowie durch verschiedene belletristische und poetische Erzeugnisse einen Namen gemacht, sondern sich auch durch ihre unermüdliche Thätigkeit für Verbesserung des Looses der Frauen, vermittelst richtigerer Erziehung in erster Linie, sodann durch entsprechende Beschäftigung ein bleibendes Verdienst erworben. — Groß ist die Zahl armer Mädchen, denen Louise Büchner zu einer nutzbringenden Beschäftigung und einem Unterkommen behülflich war!

Ihre Kgl. Hoheit die Großherzogin Alice, welche diese Bestrebungen mit lobenswerthem Eifer unterstützte und die eminente Begabung der Verstorbenen zu würdigen verstand, war ihr deshalb auch besonders zugethan und verkehrte viel mit derselben, mehr als Freundin, denn als Gönnerin, sowie sie denn auch durch ihr wiederholtes persönliches Erscheinen am Krankenbette der Verblichenen ihre tiefe Theilnahme für dieselbe bezeugte.

Louise Büchner zählte zu den geistig bedeutendsten Frauen der Jetztzeit.

Friede ihrer Asche!

Artikel über Luises Tod im »Pfungstädter Anzeiger« am 30. November 1877.

Der Kraft-und-Stoff-Büchner: Ludwig Büchner, eine herausragende Figur des 19. Jahrhunderts

Wenn in der zweiten Hälfte des 19. Jahrhunderts und auch noch zu Beginn des zwanzigsten der Name Büchner fiel, dachte kaum jemand an Georg. Zwar gab es mittlerweile Ausgaben seiner Werke, die aber waren lückenhaft, nach heiklen Kriterien bearbeitet, voller editorischer Kapriolen.
Mit dem Namen Büchner verband man zuallererst einmal Ludwig, den berühmten Autor eines der ersten deutschen Sachbuchbestseller, »Kraft und Stoff«. Seit seinem Erscheinen im Jahre 1855 hatte das Buch innerhalb von fünfzig Jahren allein in Deutschland 21 Auflagen, gleich drei im ersten Jahr. Es wurde in zahlreiche Sprachen übersetzt, es wuchs von Auflage zu Auflage, wurde um immer neue Vorworte und Einleitungen, Erwiderungen und Erklärungen vermehrt und geriet mit seinem klaren, kämpferischen Ton an den Fronten der wichtigsten sozialen und ideologischen Kämpfe zu einem Katechismus für die einen, für die andern zu einem Werk des Teufels. Nicht etwa, weil es der materialistischen Philosophie, die sich mit den Linkshegelianern, mit Marx und Engels als ideologisches Sturmgeschütz der sozialistischen Bewegungen entwickelt hatte, eine andere Variante entgegengesetzt hätte. Sondern weil es in den rapiden gesellschaftlichen, wirtschaftlichen und vor allem naturwissenschaftlichen Veränderungen nach der gescheiterten Revolution von 1848/49 auf kühne und dabei äußerst populäre Weise Erklärung und Halt zu bieten schien. An der wütenden Polemik von Marx und Engels gegen diesen Vertreter des »Reiseprediger-Materialismus« konnte man Verbreitung und Wirkung von »Kraft und Stoff« recht gut ablesen. Karl Marx war über diesen erfolgreichen Herrn so erbost, dass er ihm das

Ludwig Büchner, ca. 1840.

Recht absprach, sich mit Aristoteles zu befassen. Wie sehr ein Buch verbreitet ist, ob es in die Tiefen gründlicher Rezeption gelangt, das lässt sich gut an Legenden und Mythen ablesen. Ludwig Büchner ging in die publizistische Öffentlichkeit des 19. Jahrhunderts als »der Kraft-und-Stoff-Büchner« ein, der mindestens so bekannt war wie heute der Verhaltensforscher Konrad Lorenz oder der Hirnforscher Wolf Singer. Der unmittelbare Einfluss von Büchern wird aber auch gern überschätzt. Dafür bot der Fraktionsvorsitzende des Zentrums, Peter Spahn, in der Reichstagssitzung vom 12. Januar 1895 ein schönes Beispiel. Es ging gegen die Sozialdemokratie. Herr Spahn warf ein: »Meine Herren, ob die Philosophen Stirner[1] und Nietzsche unter den Sozialdemokraten wie überhaupt unter unserem Volk viel verbreitet sind, weiß ich nicht; ich bezweifle es, aber das Buch von Büchner ›Kraft und Stoff‹ ist in unserer Bevölkerung sehr verbreitet, und wir wissen aus dem Geständniß zweier französischen Anarchisten, daß sie durch die Lektüre dieses Buches zu Anarchisten geworden sind.«[2]

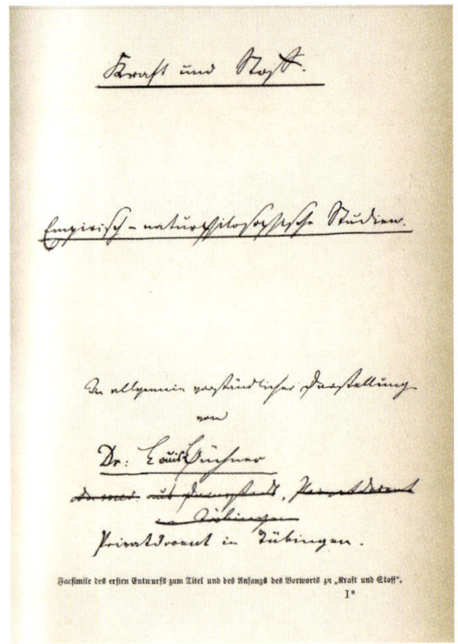
Kraft und Stoff.

Empirisch-naturphilosophische Studien.

In allgemein verständlicher Darstellung

von

Dr. Louis Büchner

Privatdocent in Tübingen.

Facsimile des ersten Entwurfs zum Titel und des Anfangs des Vorworts zu „Kraft und Stoff".

1*

Faksimile von Ludwigs Manuskript-Titel von »Kraft und Stoff« (1855).

Welch bedeutende Rolle Ludwig Büchner und mit ihm der Zoologe, Geologe und Politiker Carl Vogt sowie der Physiologe Jacob Moleschott im gebildeten Publikum in Europa spielten, zeigt auch ihre Erwähnung in Dostojewskijs äußerst populärem Roman »Böse Geister« – besser bekannt als »Die Dämonen« – von 1872:

»... dafür hatte er in seinem Zimmer auf drei Ständern, wie auf drei Kirchenpulten, die Bücher von Vogt, Moleschott und Büchner aufgelegt und vor jedem Pult Kirchenkerzen aus Wachs angezündet.«[3] Wie sehr Ludwig Büchner Zeit seines Lebens vom immensen

Carl Vogt (1817 – 1895), dessen Wahl in das Paulskirchenparlament von 1848 Ludwig und Alexander in Gießen unterstützten. Seine »Natürliche Schöpfungsgeschichte« von 1849 beeinflusste Ludwigs »Kraft und Stoff«.

Erfolg seines frühen Hauptwerks überzeugt war, darauf weist Christoph Kockerbeck in seinem »Briefwechsel« hin: »In dem Aufsatz ›Kraft und Stoff. Eine Selbst-Kritik‹ (1873) hält er sich sogar zugute, die umwälzenden wissenschaftlichen Fortschritte der zweiten Jahrhunderthälfte gleichsam ›anticipirt und vorausgesehen‹ zu haben«.[4] Und er zitiert Büchner, dessen Hauptwerk mit seinem Namen immer mehr verschmolz: »Denn es wird sich schwerlich in der Geschichte der Wissenschaft eine philosophische oder wissenschaftliche Theorie ausfindig machen lassen, welche in ihrer Gesamtheit so sehr die wissenschaftliche Zukunft anticipirt und vorausgesehen hat wie diejenige des Verfassers von ›Kraft und Stoff‹. Kaum war das Buch erschienen, so folgte Schlag auf Schlag eine ganze Reihe der wichtigsten wissenschaftlichen Entdeckungen, welche ohne Ausnahme die in demselben niedergelegten Ansichten bestätigten oder rechtfertigten, und von denen in früherer Zeit jede einzelne hingereicht haben würde, um einem ganzen Jahrhundert zur höchsten Ehre zu gereichen.«[5] Mit dem neuen Jahrhundert hatte sich dieses Hausbuch vor allem der bildungshungrigen, organisierten Arbeiter erledigt. 1932 gab der ebenfalls sehr erfolgreiche Wissensvermittler Wilhelm Bölsche, Freidenker wie Ludwig Büchner, eine vorläufig letzte Ausgabe heraus. Da aber klang die Einleitung des Herausgebers wie eine fast wehmütige Erinnerung an vergangene Zeiten, zumal Bölsche den Autor bei »Kongressen freidenkerischer Richtung« in den achtziger und neunziger Jahren des 19. Jahrhunderts kennen und schätzen gelernt hatte. Man sah dort »einen schlichten älteren Herrn«, der »eine gewisse Autorität genoß, die er als in der Ordnung hinnahm, ohne sie doch aufdringlich zu fordern«.[6]

Friedrich Karl Christian Ludwig (auch Louis) Büchner kam am 29. März 1824 in Darmstadt zur Welt. Das Haus des Stadtphysikus und Hospitalarztes, des Obermedizinalrats Dr. Ernst Karl Büchner und seiner Ehefrau Caroline Luise stand am Markt. Mag Ludwig später als erfolgreicher Arzt und Autor, als sozial und politisch in vielfältigster Weise engagierter, einflussreicher Zeitgenosse die Geschwister – bevor Georg das 20. Jahrhundert eroberte – an internationalem Ruhm überflügelt haben, so wäre es vollkommen verfehlt, ihn aus dem sozialen, vor allem aber emotionalen Geflecht seiner Familie

Jacob Moleschott (1822 – 1893).

»… dafür hatte er in seinem Zimmer auf drei Ständern, wie auf drei Kirchenpulten, die Bücher von Vogt, Moleschott und Büchner aufgelegt und vor jedem Pult Kirchenkerzen aus Wachs angezündet.«

herauszulösen. Über das ›Phänomen Büchner‹, eine literarisch, sozial und politisch herausragende Familie, ein einzigartiger, familiärer Mikrokosmos des 19. Jahrhunderts, lässt sich am Beispiel Ludwigs besonders gut erzählen. Dabei muss man gewiss achtgeben, die Geschwister nicht am späten Weltruhm Georgs zu messen, den zunächst niemand voraussehen konnte. Wohl aber bleibt der mit noch nicht ganz 24 Jahren gestorbene Dichter für die Familie durch den frühen Tod im Exil eine traumatische Bürde. Jede, jeder, Vater und Mutter und alle Geschwister, waren durch das kurze, radikale Leben und den elenden Tod in Zürich auf eigene Weise zutiefst verstört, und manche haben ihre Erinnerung als Autoren, als Herausgeber, in Erzählungen und anderen Texten bewahrt.

Ludwig war elf Jahre jünger als Georg. Wie schwer dürfte es ihm gefallen sein, sich ein Bild des Bruders zu machen, der im Darmstädter Elternhaus vor allem als »verlorener Sohn« präsent blieb. Umso bedeutsamer waren da gewiss Georgs Briefe, das wichtigste Medium der Kommunikation, das einzig Konkrete in einem diffusen Gemenge aus Hoffnungen, Vermutungen und Ängsten.

Ludwig war elf Jahre jünger als Georg. Wie schwer dürfte es ihm gefallen sein, sich ein Bild des Bruders zu machen, der im Darmstädter Elternhaus vor allem als »verlorener Sohn« präsent blieb.

Aus Ludwigs Schulzeit sind keine besonderen Vorkommnisse bekannt. Wenige Sätze dazu finden sich in einer »Selbstbiographie«, die Ludwig Büchner unter dem Pseudonym Karl Ludwig[7] 1885 als Schlussteil eines merkwürdigen Buches herausgebracht hat. »Der neue Hamlet. Poesie und Prosa aus den Papieren eines verstorbenen Pessimisten« heißt dieses Werk, das dann 1901 in Gießen noch einmal unter Büchners Klarnamen mit dem Zusatz erschien: Herausgegeben von Prof. Dr. Ludwig Büchner, Verfasser von »Kraft und Stoff«. Nun wurde es überhaupt erst zur Kenntnis genommen. Alexander Büchner spekulierte über Ludwigs Motive, das Buch zunächst anonym erscheinen zu lassen: »(...) vielleicht war der Grund auch sein gewohnheitsmäßiges Zaudern und Zögern zwischen Entschluß und That, mit einem Wort, seine weltschmerzliche Hamletstimmung, welche ihn zurückhielt.«[8] Es finden sich dort vermischte Gedichte, Dramenfragmente, Anmerkungen zu Politik und Gesellschaft, einige bedenkenswerte Aufsätze und eben jenes autobiografische Fragment. Der »alte 48er« war inzwischen nicht zu Kreuze gekrochen. Im Erscheinungsjahr des »Neuen Hamlet« trat der Monist und Freidenker aus der Landeskirche des Großherzogtums Hessen aus, und dafür berief er sich auf das bekannte Schiller-Wort: »Welche Religion ich bekenne? Keine von allen, die Du mir nennst. – Und warum keine? Aus Religion!« Er war auch nicht bei den Sympathisanten von Kaiser und Krone gelandet, wenn man vom kurzfristigen Taumel im Krieg von 1870/71 einmal absieht. Noch vierzig Jahre später jedenfalls hat er unter dem Rubrum »Kämpfen« in den »Neuen Hamlet« ein paar auf 1848 datierte freiheitliche Gedichte aufgenommen. Zum Beispiel:

»Lasset doch in diesen Tagen
Euer Dichten, Euer Reimen,
Eure ew'gen Liebesklagen,
Euer schwärmerisches Träumen!

Wollt Ihr mit dem Monde reden
Und der Blumen Duft besingen,
Währenddem in blut'gen Fehden
Tausende nach Freiheit ringen?

(...)

Feige Feder werd' zum Schwerte!
Klagen werden Kriegs=Gesänge!
Seufzer auf der Liebsten Fährte
Werden Sturmes=Glockenklänge!

Sind die Stürme dann verflogen,
Und die Freiheits=Glocken läuten,
Mögt mit Liedern Ihr den Bogen
Eurer Harfe neu besaiten.«

Ludwig Büchner, ca. 1850.

Merkwürdig aber bei diesem Buch ist ein unüberhörbarer melancholisch-pessimistischer Grundton. Hier scheint Ludwig Büchner zum einen seinen intimen poetischen Interessen, zum anderen der in den Tageskämpfen des Mediziners, Publizisten, Volksaufklärers unterdrückten Traurigkeit zum Ausdruck verholfen zu haben. Ohne über eine signifikante Familienpsychologie spekulieren zu wollen, fällt aber doch der melancholische Schatten auf, der zumindest Georg, Ludwig und Luise lebenslang begleitet zu haben scheint. Jedenfalls haben sie sich dementsprechend geäußert. Übrigens taten die Geschwister sich gern auch zu Werbegemeinschaften zusammen. So begegnet man in den Anzeigen des Verlages von Emil Roth in Gießen am Schluss des »Neuen Hamlet«, im publizistischen Kielwasser des erfolgreichen Bruders Ludwig, dem »Tollen Jahr« von Alexander Büchner.[9] Überhaupt pflegte man die jeweiligen Verlagskontakte innerhalb der Familie fleißig zu nutzen.

Über Ludwigs Schulzeit heißt es in dieser »Selbstbiographie«, dass die »erwachenden Kräfte des Geistes in den Schraubstock der Erziehung und Bildung eingeschraubt und zusammengepresst« wurden.

Über Ludwigs Schulzeit heißt es in dieser »Selbstbiographie«, dass die »erwachenden Kräfte des Geistes in den Schraubstock der Erziehung und Bildung eingeschraubt und zusammengepresst« wurden. Der Lehrer der privaten Elementarschule, in die Ludwig mit sieben Jahren gesteckt wurde, war ein ›Schulmonarch‹, der mit Prügeln nicht geizte. Auch Vater Büchner hatte so seine Methoden, der gefürchteten Verweichlichung seiner Kinder entgegenzuwirken. Er nahm den zwölfjährigen Knaben Ludwig aus Gründen der Abhärtung mit zu einer öffentlichen Hinrichtung. Vielleicht war das schon als Stimulanz für spätere gerichtsmedizinische Interessen gedacht?

Ab 1835 besuchte Ludwig – wie Georg vor ihm und die männliche Jugend der besseren Kreise von Darmstadt – das Alte Pädagog, das 1629 von Landgraf Georg II. als erste weiterführende Schule Darmstadts gegründet worden war. 1842 absolvierte er ein glänzendes Maturitätsexamen, ging dann aber nicht gleich nach Gießen zur ›Zwangsuniversität‹[10] des Großherzogtums, sondern verbrachte ein Jahr auf der polytechnischen Schule in Darmstadt, weil ihm sein künftiger Beruf unklar war. Im Mai 1843 schreibt er sich in Gießen für Philosophie ein, kommt damit aber nicht zurecht. Nun greift der Vater ein. Wie so oft ist die leitende und lenkende Hand des Vaters spürbar. Er glaubt genau zu wissen, was seine Söhne brauchen. Vor allem sollen sie Französisch lernen; denn bei aller Loyalität gegenüber dem großherzoglichen Regiment verehrt er, der ehemalige Sanitätssoldat in Napoleons Armee, stets noch den 1821 gestorbenen Kaiser. Also wird Ludwig wie seinerzeit Georg nach Straßburg geschickt, wo er Vorlesungen in französischer Sprache hört, sich aber auch nicht wohlfühlt, und so kommt er, von Heimweh geplagt, nach Darmstadt zurück. Man muss sich die große Familie als einen Organismus mit erheblichen Bindekräften vorstellen. Wie oft äußern die Kinder sich voller Zärtlichkeit und Liebe über die Mutter und mit großem Respekt über den strengen, auf ein ordentliches Fortkommen der Kinder mit großer Energie bedachten Vater. Als hätte Ludwig darauf gewartet, erneuert er nun, im April 1845, seine Immatrikulation in Gießen, jetzt allerdings für das Fach Medizin und gemeinsam mit dem drei Jahre jüngeren Bruder Alexander, der sich für die Rechtswissenschaften einschreibt. Es scheint, dass Ludwig die Nähe seines »kleinen Bruders« immer wieder gesucht hat.

Über Ludwig Büchner wissen wir auch deshalb einiges, weil Alexander nach Ludwigs Tod am 1. Mai 1899 der von ihm posthum herausgegebenen Aufsatzsammlung »Im Dienste der Wahrheit« ein biografisches Porträt Ludwigs vorangestellt hatte.[11] Wenn auch inzwischen mehr als fünfzig Jahre vergangen waren und Alexanders Erinnerung wohl in einigen Punkten trügt, so bekommen wir durch seine Schilderung doch ein konturenreiches Bild der in den Kämpfen des Vormärz außerordentlich aktiven Brüder.

Im Sommer 1846 spielt Ludwig gemeinsam u. a. mit Wilhelm Liebknecht eine führende Rolle beim Auszug der Gießener Studenten nach Staufenberg, einem Höhepunkt der studentischen Vormärzproteste. Beide Brüder waren 1846 Mitglieder der von Ludwig, Wilhelm Liebknecht und anderen gegründeten Fortschrittsverbindung »Alemania«, einer Korporation, die sich gegen die verbreiteten Missstände im studentischen Verbindungswesen wandte und für die Freiheit der Lehre eintrat, aber nur kurze Zeit bestand. Im Sommersemester 1847 ist Ludwig wieder in Straßburg. Die Zeitläufe beschleunigen sich im Revolutionsjahr 1848. Ludwig und Alexander schreiben für August Beckers Tageszeitung »Der jüngste Tag«. Sie schlagen dort Carl Vogt als Abgeordneten für das Frankfurter Vorparlament vor. In Gießen führt Ludwig als Hauptmann einen bewaffneten Haufen an. Alexander schreibt: »In gleicher Zeit organisierten wir eine mit alten Jagdflinten und Piken bewaffnete Volkswehr, welche in Rotten eingeteilt wurde. Die Rotte unseres Quartiers hieß die ›Wallthorrotte‹, für welche Bruder Ludwig als Hauptmann gewählt wurde. Er exerzierte

Titel von »Im Dienste der Wahrheit«, Gießen (Roth) 1900.

Über Ludwig Büchner wissen wir auch deshalb einiges, weil Alexander nach Ludwigs Tod am 1. Mai 1899 der von ihm posthum herausgegebenen Aufsatzsammlung »Im Dienste der Wahrheit« ein biografisches Porträt Ludwigs vorangestellt hatte.

uns in Gemäßheit seiner sehr geringen militärischen Kenntnisse höchst unvollkommen ein, und als wir eines Tags an einer Mauer zur Linken hinmarschierten, hieß es plötzlich: ›linksum Marsch!‹ worauf wir die Wand zwar nicht einrannten, aber vor derselben wie die Ochsen am Berge stehen blieben und in ein nicht enden wollendes Gelächter ausbrachen.«[12] Legendär wurde eine für Ludwig hochgefährliche Episode am 18. September 1848. Bei der Reise von Gießen nach Darmstadt führte er ein altes französisches Jagdgewehr mit sich, das der Vater als Andenken an seine Franzosenzeit aufgehoben hatte. Da machte es sich gar nicht gut, dass er in Frankfurt in die dort ausgebrochene Revolution an dem Tag geriet, an dem Fürst Felix Lichnowsky und General von Auerswald getötet wurden. Hätte ihn eine österreichische Militärstreife mit der Flinte erwischt, er wäre womöglich auf der Stelle erschossen worden. Bei aller revolutionären Unerfahrenheit spricht es aber doch für seinen kühlen, überlegenen Kopf, dass er das Gewehr zu einem unauffälligen Bündel verschnürte und es seinem Vetter Becker anvertraute, der als Pfarrer der Nikolaikirche offenbar zu solch subversiver Komplizenschaft bereit war. Ludwig reiste dann tags darauf unbewaffnet nach Darmstadt weiter.

Für Ludwigs außergewöhnliche Belastbarkeit spricht, dass er bei allem Engagement in den demokratischen Kämpfen im Sommer 1848 sein medizinisches Doktorexamen mit »magna cum laude« absolvierte.

Für Ludwigs außergewöhnliche Belastbarkeit spricht, dass er bei allem Engagement in den demokratischen Kämpfen im Sommer 1848 sein medizinisches Doktorexamen mit »magna cum laude« absolvierte. Auch für den Bruder Alexander war das Revolutionsjahr 1848 zugleich das Jahr der Promotion. Das Thema von Ludwigs Dissertation lautete: »Beiträge zur Hall'schen Lehre zu einem excitomotorischen Nerven-System«. Gewiss fällt sofort auf, dass auch Georgs Doktorarbeit von Nerven handelt, vom Nervenssystem der Flussbarbe. (»Sur le système nerveux du barbeau«). Das bedeutet aber nicht, Ludwig sei hier bewusst in Georgs wissenschaftliche Fußstapfen getreten. Es heißt allerdings, dass beide über damals brisante Fragen der Naturwissenschaften gearbeitet haben, die auf der Tagesordnung standen. Überhaupt darf man nicht davon ausgehen, Georg habe seinen Geschwistern in seinen revolutionären Gedanken, Schriften und Tätigkeiten als unmittelbares Vorbild oder gar öffentlich verehrter Held gedient. Abgesehen von der Gefahr, sich zu Zeiten des Vormärz

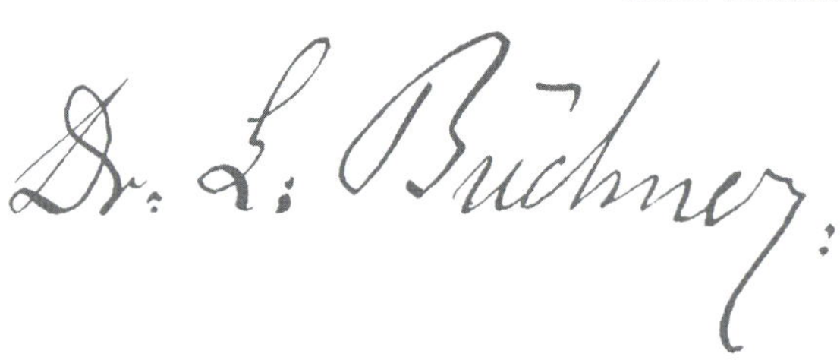

und auch danach zu Georg Büchners Ansichten und Absichten zu bekennen, war die Liebe zum Bruder und die Achtung vor ihm mehrfach gebrochen, und nach diesen Brüchen kann man in den Schriften der Geschwister suchen. Zum einen war die Erinnerung an Georgs politische Ansichten, an Exil und Tod von der eigenen Trauer wie von Schmerz und Kummer der Eltern gefärbt, zum andern blickten die älteren, durchaus arrivierten Herren später mit den in solcher Lage typischen distanziert-gemischten Gefühlen auf ihre »revolutionären Jugendsünden« zurück. Georg war immer präsent, das zeigen die vielen Widmungen und publizistischen Bemühungen um den Bruder. Man kämpfte aber immer um ein stabiles Andenken, um ein Bild, das mit der eigenen Lebensgeschichte in Einklang zu bringen wäre. Es mögen auch Schuldgefühle eine Rolle gespielt haben. Die Geschwister waren sich immer der herausragenden Statur des Bruders bewusst. Schließlich – so konnte man es auch betrachten – war er ein Opfer seiner radikalen Lebens- und Denkweise, hatte er sich für etwas mit Leib und Seele eingesetzt, woran man sich selbst nicht immer gern erinnerte. Er blieb die Wunde der Familie.

Das kommt in Alexanders biografischer Skizze über Ludwig zum Ausdruck. Einerseits schwelgt er in Erinnerungen an die gemeinsame revolutionäre Studentenzeit, auf der anderen Seite aber heißt es dazu: »In unserer sonst sehr loyalen Familie hatten wir jüngeren leider die Tradition des als Demagogen flüchtig gewordenen Bruders Georg.«[13] Und: »Der älteste Sohn Georg wurde schon noch ganz jung als Dichter durch das Trauerspiel ›Dantons Tod‹ berühmt, starb aber frühzeitig als politischer Flüchtling in der Schweiz. Dieses Verhängnis warf einen trüben Schatten auf das bisher so glückliche Familienleben; unsere Mutter war eine schöne, lebenslustige Frau von rheinischem Frohsinn gewesen, und ihre Heiterkeit kehrte erst allmählich wieder zurück.«[14]

Dadurch, dass Ludwig von Alexander auch wegen seines ›schönen blonden Lockenkopfs‹ und seiner ›Aufgewecktheit‹ als Liebling der Mutter und der Damen beschrieben wird, kommt ihm in der Familie nach Georgs Tod wohl eine starke Rolle als Trostfigur zu, als lebendiges Gegenbild zum düster geendeten Georg. Die von Alexander konstatierte »Hamletstimmung« trat deutlicher wohl erst später hervor.

Georg war immer präsent, das zeigen die vielen Widmungen und publizistischen Bemühungen um den Bruder. Man kämpfte aber immer um ein stabiles Andenken, um ein Bild, das mit der eigenen Lebensgeschichte in Einklang zu bringen wäre.

Ludwig kehrt nach bestandenem Examen erst einmal ins Elternhaus zurück und arbeitet in der Praxis des Vaters.
In der Folgezeit beginnt der junge Mann – er ist jetzt 25 Jahre alt – mit einer Karriere, die ihn auf fast beispiellose Weise an den Themen und Tendenzen, an den sozialen Bewegungen und technisch-naturwissenschaftlichen Umwälzungen des 19. Jahrhunderts teilhaben lässt. Er wird als Arzt, als Popularphilosoph, als rastloser Publizist und gemeinnützig tätiger Aufklärer, als Freidenker, Verbandspolitiker, Abgeordneter und selbstständiger »liberaler Sozialist« in die Kämpfe des Jahrhunderts verwickelt sein. Niemals wird er dabei seine demokratisch-republikanischen Grundsätze verraten, und seien seine Positionen noch so randständig, eigenwillig und in den späteren Jahren – vor allem in Fragen der Ästhetik – ausgesprochen bieder und rückwärtsgewandt. Ludwig Büchners publizistische Produktivität, sein permanenter Hunger nach öffentlicher Wirkung, mag auch eine Methode gewesen sein, das Scheitern der revolutionären Demokratiebewegung zu verarbeiten. Samuel Lee, der dem »bürgerlichen Sozialismus« Ludwig Büchners seine Dissertation gewidmet hat, formuliert es so:

Er wird als Arzt, als Popularphilosoph, als rastloser Publizist und gemeinnützig tätiger Aufklärer, als Freidenker, Verbandspolitiker, Abgeordneter und selbstständiger »liberaler Sozialist« in die Kämpfe des Jahrhunderts verwickelt sein.

»In tiefer Verzweiflung über die politischen Zustände verwandelte Büchner seinen Eifer für die Revolution in Kampfgeist gegen die Weltanschauung und Ideologie der Reaktion. Seine eifrige und schwärmerische Kampftätigkeit gegen die christliche Staatsreligion und idealistische Philosophie und seine Bemühung um die materialistische Weltanschauung und die freigeistige Erziehung lassen sich nur in diesem Zusammenhang richtig verstehen.«[15] Erst einmal tritt er dem Verein hessischer Ärzte bei, dem er mit einer dreijährigen Unterbrechung zwischen 1852 und 1855 bis an sein Lebensende angehören wird. Die Weiterbildung nimmt er selbst in die Hand. Er lernt für einige Zeit bei dem seit 1849 in Würzburg pathologische Anatomie unterrichtenden Rudolf Virchow, dem Begründer der modernen Pathologie und Kämpfer für eine soziale Medizin. Er besucht danach Wien, Amsterdam, Rotterdam, Prag und entkommt so der Stickluft der Reaktion zu Hause und übrigens auch den polizeilichen Nachforschungen in Darmstadt für eine Weile. Eines seiner großen Interessengebiete ist die sich gerade als seriöses Fach etablierende forensische Medizin. Mit »Ein Superarbitrium über einen merkwürdigen Fall von Körperverletzung« oder »Zur gerichtlich-medicinischen Beurtheilung von Schußwunden« sind solche Fachartikel überschrieben. Das trifft sich mit den Interessen des Vaters, die schon Georg geteilt hatte. Er arbeitet auch für eine in Baden erscheinende gerichtsmedizinische Zeitschrift, was ihm die Ehrenmitgliedschaft des badischen Ärztevereins einträgt.

Kaum hat er mit seiner beruflichen Tätigkeit begonnen, schaut er auch schon über die Ränder seines Terrains hinaus und engagiert sich vielfältig. Fixpunkt bleibt aber erst einmal die väterliche Praxis. Jetzt wohnen in dem geräumigen Haus in der Grafenstraße 37 Mutter und Vater Büchner, die für die Kinder ungemein wichtige Großmutter Luise Philippine Reuß, Mathilde und Luise und Ludwig.

Und in diesem Haus macht sich Ludwig mit Hilfe seiner Schwester Luise und Alexander daran, die »Nachgelassenen Schriften« von Georg Büchner zu edieren. Jan-Christoph Hauschild hat im zweiten Band der »Büchner-Studien« die Geschichte dieser Edition akribisch dargestellt.[16] Zunächst geht er auf Karl Gutzkow als Bearbeiter und Herausgeber einiger Schriften von Georg Büchner ein, befasst sich dann mit den – gescheiterten – Editionsplänen von Minna Jaeglé und anderen, um dann auf die »Nachgelassenen Schriften« von 1850 zu kommen. Ludwig und Alexander waren nach ihren Examina im Sommer 1848 ins Elternhaus zurückgekehrt. Das bedeutete zunächst einmal, dass sie wieder unter die Augen des mittlerweile 62-jährigen Vaters gelangten, und der hatte kaum ein Interesse daran, die Schriften seines radikalen Sohnes publiziert zu sehen. Aber auch die politischen Verhältnisse nach der März-Revo-

Rudolf Virchow (1821 – 1902).

lution waren einer Werkausgabe alles andere als förderlich. Im Gegenteil ist zu fragen, warum die Zensur das Erscheinen einer Ausgabe nicht verhinderte, die der radikaldemokratische Publizist und als Demagoge verurteilte Wilhelm Schulz als »Labsal für schwer geprüfte Demokraten«[17] bezeichnete. So scheint es, als habe sich die politische Courage der Brüder Alexander und Ludwig in der Editionsarbeit fortgesetzt. Ludwig trug bei der Arbeit die Hauptlast. Er schrieb auch die einleitende Biografie seines Bruders Georg. Der Name des Herausgebers wurde der Zeitumstände wegen verschwiegen. Der politischen Situation waren gewiss auch die tiefgreifenden Streichungen im »Hessischen Landboten« und die Fortführung der ebenfalls politisch motivierten Zensur im »Danton« durch Karl Gutzkow geschuldet. Anders verhielt es sich beim Drama »Woyzeck«. Minna Jaeglé hatte der Familie Büchner die Handschriften überlassen, Ludwig und Alexander haben sie transkribiert, was des kaum lesbaren, mit blasser Tinte geschriebenen Textes wegen eine äußerst schwierige Angelegenheit gewesen sein muss. Ludwig teilt darüber in der Einleitung der »Nachgelassenen Schriften« mit, der Zustand des Manuskripts habe eine Veröffentlichung nicht erlaubt: »(…) die einzelnen Scenen, die entziffert werden konnten, sind durch das Ausfallende so wenig unter einander in Zusammenhang zu bringen, daß nichts davon in der Sammlung mitgetheilt werden konnte.«[18] Hauschild kann aber belegen, dass die Entscheidung, den »Woyzeck« nicht aufzunehmen, weniger am Zustand des Manuskripts als an Ludwigs Geschmack und ästhetischem Empfinden gelegen hat. ›Viel Triviales‹ sei darin enthalten und ›Cynismen‹, kurz, auch der als anstößig empfundene Inhalt war daran schuld. Solche Feststellungen sollen und wollen aber keinesfalls den Mut, die editorische Leistung und die Arbeit an der Erinnerung an Georg Büchner schmälern. Hauschild betont: »Die Furcht des Herausgebers vor nachträglichen Sanktionen durch die Polizei- und Zensurbehörden war nicht unbegründet. Gerade in Sachen ›Majestätsbeleidigung‹ war man 1850, im ersten Jahr der Reaktion, besonders hellhörig.«[19] So bleibt die erste Edition der Werke und Briefe Georg Büchners bei allen Eingriffen, Fortlassungen und Fehlern eine beherzte, ungemein fleißige Arbeit der Geschwister, welchen Anteil sie neben Ludwig daran immer gehabt haben mögen.

Ludwig trug bei der Arbeit die Hauptlast. Er schrieb auch die einleitende Biografie seines Bruders Georg. Der Name des Herausgebers wurde der Zeitumstände wegen verschwiegen.

Ludwig Büchner, ca. 1875.

Ludwig war 1850 mit 26 Jahren kaum älter als Georg bei seinem Tod. Den Kämpfen und Wirren der Revolution kaum entronnen, setzten Ludwig und in geringerem Maße auch Alexander die »revolutionäre« Arbeit mit anderen Mitteln fort. Hätte es für das Gedächtnis und die Aktualisierung des Werks des 1837 gestorbenen Bruders eine produktivere Tätigkeit geben können als die Edition und damit auch die Rettung seines Werks? Und welch wichtiger Beitrag war Ludwigs biografische Skizze Georgs zu einer Zeit, als viele der Weggefährten Georgs noch am Leben waren und Auskunft erteilen konnten. Jan-Christoph Hauschild kommt das Verdienst zu, die heikle Editionsarbeit der Geschwister in allen Einzelheiten dokumentiert zu haben. Er hat übrigens damit nicht nur Ludwig Büchner gegen viele Angriffe verteidigt, die ihn als bornierten oder gar bösartig agierenden Herausgeber schmähten, er hat auch Georgs Braut Minna Jaeglé zu ihrem Recht verholfen: »Minna Jaeglé hat jedenfalls im Jahre 1850 das Originalmanuskript von ›Danton's Tod‹ für die ›Nachgelassenen Schriften‹ zur Verfügung gestellt: sollte das nicht genügen, das bisherige Bild von der kooperationsfeindlichen, prüden Matrone anzuzweifeln? Für den überwiegenden Teil der Ausgabe gilt, daß Minna Jaeglé ihr Erscheinen erst ermöglicht hat.«[20] Die »Nachgelassenen Schriften« erschienen in einer Auflage von 800 Exemplaren – nimmt Hauschild an. Davon wurden vielleicht 300 verkauft, was man aus Unterlagen des Verlages schließen kann. Welch erbärmlicher Beginn der Georg-Büchner-Rezeption im 19. Jahrhundert.

Am 21./22. Mai 1851 brannte es im Hinterhaus der Grafenstraße. Dabei ging wohl ein beträchtlicher Teil des handschriftlichen Nachlasses von Georg Büchner für immer verloren. Von Oktober 1834 bis Mitte Januar 1835 hatte Georg in der Wohnung in der Grafenstraße Quellenwerke zur Französischen Revolution studiert; dann begann er mit der Niederschrift von »Danton's Tod«. Alexander berichtet, Georg habe sein Manuskript unter anatomischem Lernmaterial verborgen für den Fall, dass der Vater plötzlich kontrollierend zur Stelle wäre. Als Ludwig mit Luise und Alexander wohl in denselben Räumen zwölf bis dreizehn Jahre nach Georgs Tod an der Edition der »Nachgelassenen Schriften« arbeiteten, lebte der Georgs Werk gegenüber äußerst misstrauische Vater noch, auch die Bedingungen konspi-

So bleibt die erste Edition der Werke und Briefe Georg Büchners bei allen Eingriffen, Fortlassungen und Fehlern eine beherzte, ungemein fleißige Arbeit der Geschwister, welchen Anteil sie neben Ludwig daran immer gehabt haben mögen.

rativer Arbeit hatten sich nicht grundlegend verändert. Welch beklemmende Kontinuität und welche Nähe der Geschwister zu ihrem Bruder, dessen nachgelassenes Werk in geradezu allegorischer Weise fragmentiert war und dem die noch so kurze Rezeptionsgeschichte schon so zugesetzt hatte.

Der Kontakt der Familie zur Verwandtschaft in Straßburg, zu Eduard Reuß etwa oder zu Georgs Freunden Baum und Böckel war nach Georgs Tod nicht abgerissen. Auch besuchte Minna Jaeglé gelegentlich die Büchners in Darmstadt. Ludwig hatte bei seinen Aufenthalten in Straßburg Berührungen mit Georgs Kreisen. So bestand bei allen politischen Veränderungen durch die fehlgeschlagene Revolution und das Ende der Paulskirchen-Demokratie ein Kontinuum an Kommunikation und Beziehungen. Die »Nachgelassenen Schriften« verkörpern dies am besten.

Karl Gutzkow war um die Jahreswende 1834/35 nach Frankfurt am Main gekommen, um für die Zeitung »Phönix« das Literatur-Blatt zu betreuen.

Nicht nur im selben Haus hat Ludwig an den »Nachgelassenen Schriften« des Bruders gearbeitet, auch bei der Wahl des Verlages konnte an die Tradition angeknüpft werden. Dabei spielte Karl Gutzkow die wichtigste Rolle. Er war um die Jahreswende 1834/35 nach Frankfurt am Main gekommen, um für die Zeitung »Phönix« das Literatur-Blatt zu betreuen. Die Zeitung gehörte zum J. D. Sauerländer's Verlag, der von Johann David Sauerländer am 1. Juni 1816 in Frankfurt gegründet wurde und bis heute unter diesem Namen fortgeführt wird. Bekanntlich vermittelte der seinerzeit als eine Art Talentsucher tätige und als Gründer des »Jungen Deutschland« hervorgetretene Gutzkow den noch völlig unbekannten Georg Büchner an den Frankfurter Verlag. Und dies gleich derart umfassend, dass man aus heutiger Sicht sagen kann, Gutzkow habe Georg Büchner als Autor, von dessen besonderen Fähigkeiten er überzeugt schien, »aufbauen«, durchsetzen wollen. Und dies, obwohl die beiden einander wohl niemals persönlich begegneten.

Es ging Schlag auf Schlag. Vom 26. März bis zum 7. April 1835 erschien im »Phönix« Georg Büchners Drama »Danton's Tod« in Fortsetzungen, am 11. Juli kam das Stück als Buch in einer Auflage von 400 Exemplaren heraus, und im Oktober meldete das »Börsenblatt« als Band VI der ebenfalls im Sauerländer-Verlag erscheinenden »Sämmtlichen Werke« von Victor Hugo, Büchners Übersetzungen

Nº 73. 1835.

Phönix.

Frühlings-Zeitung für Deutschland.

Donnerstag, 26. März.

Danton's Tod.

Von

Georg Büchner.

Erster Act. Erste Scene.

Hérault-Séchelles, einige Damen (am Spieltisch), Danton, Julie, seine Gattin (etwas weiter weg Danton auf einem Schemel zu den Füßen Julie's.)

Danton. Sieh die hübsche Dame, wie artig sie die Karten dreht! Ja, wahrhaftig, sie versteht's; man sagt, sie halte ihrem Manne immer das Coeur und andern Leuten das Carreau hin. Ihr könntet Einen noch in die Lüge verliebt machen.

Julie. Glaubst du an mich?

Danton. Was weiß ich? Wir wissen wenig von einander. Wir sind Dickhäuter, wir strecken die Hände nach einander aus; aber es ist vergebliche Mühe, wir reiben nur das grobe Leder an einander ab, — wir sind sehr einsam.

Julie. Du kennst mich, Danton.

Danton. Ja, was man so kennen heißt. Du hast dunkle Augen und lockiges Haar und einen feinen Teint, und sagst immer zu mir: lieber Georg! Aber (er deutet ihr auf Stirn und Augen) da, da, was liegt hinter dem? Geh', wir haben grobe Sinne. Einander kennen? Wir müßten uns die Schädeldecken aufbrechen und die Gedanken einander aus den Hirnfasern zerren. —

Eine Dame (zu Hérault.) Was haben Sie nur mit Ihren Fingern vor?

Hérault. Nichts.

Dame. Schlagen Sie den Daumen nicht so ein, es ist nicht zum Ansehen.

Hérault. Sehen Sie nur, das Ding hat eine ganz eigne Physiognomie. —

Danton. Nein, Julie, ich liebe dich wie das Grab.

Julie (sich abwendend.) O!

Danton. Die Leute sagen, im Grab sei Ruhe, und Grab und Ruhe seien eins. Wenn das ist, lieg' ich in deinem Schooß schon unter der Erde. Du süßes Grab, deine Lippen sind Todtenglocken, deine Stimme ist mein Grabgeläute, deine Brust mein Grabhügel und dein Herz mein Sarg. —

Dame. Verloren!

Hérault. Das war ein verliebtes Abentheuer, es kostet Geld, wie alle andere.

Dame. Dann haben Sie Ihre Liebeserklärungen, wie ein Taubstummer, mit den Fingern gemacht.

Hérault. Ei, warum nicht? Man will sogar behaupten, gerade die würden am leichtesten verstanden. Ich zettelte eine Liebschaft mit einer Kartenkönigin an, meine Finger waren in Spinnen verwandelte Prinzen. Sie, Madame, waren die Fee; aber es ging schlecht, die Dame lag immer in den Wochen, jeden Augenblick erwischte sie einen Buben. Ich würde meine Tochter dergleichen nicht spielen lassen, die Herren und Damen fallen so seltsam durcheinander und die Buben kommen gleich hinten nach.

(Camille Desmoulins und Philippeau treten ein.)

Hérault. Philippeau, welche trübe Augen! Hast du dir ein Loch in die rothe Mütze gerissen? Hat der heilige Jakob ein böses Gesicht gemacht? Hat es während des Guillotinirens geregnet? Oder hast du einen schlechten Platz dabei bekommen und nichts sehen können?

Camille. Du parodirst den Socrates. Weißt du auch, was der Göttliche den Alcibiades fragte, als er ihn eines Tages finster und niedergeschlagen fand? Hast du deinen Schild auf dem Schlachtfeld verloren, bist du im Wettlauf oder im Schwertkampf besiegt worden? Hat ein Andrer besser gesungen oder besser die Cither geschlagen? Welche klassischen Republikaner! Nimm einmal unsere Guillotinenromantik dagegen!

Philippeau. Heute sind wieder zwanzig Opfer gefallen. Wir waren im Irrthum, man hat die Hebertisten nur auf's Schaffot geschickt, weil sie nicht systematisch genug

»Danton's Tod«. Erstdruck im »Phönix« vom 26. März 1835.

der Dramen »Lucretia Borgia« und »Maria Tudor«. Georg Büchner war demnach dabei, sich als junger vielseitiger Autor unter der Kuratel von Karl Gutzkow in der vordersten Linie der Literatur des Vormärz zu etablieren.

Wie sehr die Büchner-Familie in die demokratisch-literarische und publizistische Öffentlichkeit des 19. Jahrhunderts integriert war, wird auch an der Freundschaft von Luise Büchner und Karl Gutzkow deutlich, die sich in einem intensiven Briefwechsel zwischen 1859 und 1876 dokumentierte. Luise war spätestens seit 1844 sehr eng mit Gutzkows erster Frau Amalie befreundet, so dass bei der Arbeit an den »Nachgelassenen Schriften« Ludwig und Luise in kommunikativer Nähe zu den Spuren standen, die Georg hinterlassen hatte.[21]
Im Oktober 1850 erschienen dann die »Nachgelassenen Schriften« bei Sauerländer, fünfzehn Jahre nach Georgs furiosem Debüt in diesem Verlag. Und spätestens mit dieser Ausgabe ist dafür gesorgt, dass

Georg Büchner nicht gänzlich verloren geht, wo doch nach 1848 aus der literarischen Öffentlichkeit die revolutionären Töne rasch verschwanden. Es sollte dann 29 Jahre dauern, bis eine neue, die erste ›kritische Ausgabe‹ der Werke Georg Büchners erschien. Und wieder im Frankfurter Verlag J. D. Sauerländer. Dass im Kaiserreich Georg Büchners Bekanntheit und Popularität nicht gerade gewachsen sind, sieht man schon allein daran, dass von dieser Ausgabe bis 1892 nur 268 Exemplare verkauft wurden.[22] Ohne die Hilfe von Ludwig und Luise Büchner und ihre Bereitschaft, den bis dahin in Darmstadt aufbewahrten Nachlass von Georg Büchner dem aus Czernowitz/Bukowina stammenden Karl Emil Franzos zu übergeben, wäre es zu dieser Ausgabe gewiss nicht gekommen. Jan-Christoph Hauschild untersucht die Mitwirkung Ludwig Büchners an dieser Ausgabe – mittlerweile »Rechtsnachfolger« von Georg Büchner – ebenso gründlich wie bei den »Nachgelassenen Schriften«. Noch sehr viel mehr als bei der Ausgabe von 1850 muss hier von einem »editorischen Schlachtfeld«[23] gesprochen werden. Aufwand und Ertrag stehen in einem grotesken Missverhältnis. Für die beschämend geringe Auflage hätte es jahrelanger Streitereien zwischen Karl Emil Franzos, Ludwig Büchner und dem Verlag wahrlich nicht bedurft. Und nach allem, was Hauschild aufführt, trifft Franzos daran die meiste Schuld.

Georg Büchner's

Sämmtliche Werke

und

handschriftlicher Nachlaß.

Erste kritische Gesammt-Ausgabe.

Eingeleitet und herausgegeben

von

Karl Emil Franzos.

Mit Portrait des Dichters und Ansicht des Züricher Grabsteins.

Frankfurt am Main.

J. D. Sauerländer's Verlag.

1879.

Titel der ›Franzos‹-Ausgabe von Georgs Werken. Sauerländer 1879.

Ludwig war nach seinen medizinischen Fortbildungsreisen in die väterliche Praxis in der Grafenstraße eingetreten. Auf Wunsch des Vaters verfasst er jetzt gerichtsmedizinische Gutachten und publiziert sie u. a. in der »Vereinten deutschen Zeitschrift für die Staatsarzneikunde«, in der bereits der Vater veröffentlicht hatte. 1852 wechselt er nach Tübingen, wo er ab dem 8. September für zwei Jahre Assistenzarzt an der Medizinischen Klinik wird. Dort habilitiert er sich im August 1854 zum Privatdozenten und bekommt die Erlaubnis, Vorlesungen zu halten. Bis zu seinem Lebensende wird er von jetzt ab immer auch Aufsätze, Rezensionen, naturwissenschaftliche Bücher publizieren. An der Tübinger Klinik macht er sogenannte Od-Experimente, um herauszufinden, ob die von Freiherr Karl von Reichenbach (1788–1869) begründete Od-Lehre zu halten sei. Im ›Od‹ sieht er »eine bisher unbekannte Naturkraft, ein Dynamid, in ihren Gesetzen und Erscheinungsweisen ähnlich der

Electricität, dem Magnetimus, der Wärme und eigentlich zwischen diesen Dreien mitten drin stehend, doch aber durch ein besonderes Verhalten bestimmt von ihnen unterschieden«.[24] Das wird Ludwig Büchners letzte Arbeit sein, die dem zurückliegenden 18. Jahrhundert zugewandt ist und mehr an den Natur-Magnetismus von Franz Anton Mesmer erinnert als an die medizinisch-chemischen Revolutionen des 19. Jahrhunderts. Ludwig macht nie nur eine Sache. Er ist nun Privatdozent, er schreibt mehr oder weniger heimlich Gedichte (die er später im »Neuen Hamlet« veröffentlicht), experimentiert mit dem Od, denkt über den methodischen Rang des therapeutischen Experiments nach, korrespondiert mit naturwissenschaftlichen Kapazitäten, arbeitet als Journalist und ist sehr unglücklich, weil er – man mag es nicht glauben – wohl unter Heimweh leidet. Das so überaus anregende und behütende Elternhaus fehlt dem 30-jährigen Junggesellen. Die Mutter, so scheint es, hält als Agentin der Familienharmonie die Fäden in der Hand. Sie bittet den jüngeren Bruder Alexander, ihrem »Liebling« Ludwig in der fremden Umgebung beizustehen. Ausdrücklich ist von Ludwigs Schwermut die Rede. Alexander schreibt: »(...) seine Briefe nach Hause ließen eine beständige Unbefriedung und Unsicherheit durchblicken und man sah daraus, daß er sich vollständig vereinsamt (...) fühlte. Aber unsere gute Mutter wußte hier sogleich Rat für ihren Liebling, wobei ich die Zeche zu bezahlen hatte und gern bezahlte.«[25] Alexander berichtet in der biografischen Skizze nach Ludwigs Tod über zwei gemeinsame Jahre in Tübingen voller Arbeit und Abenteuer mit Ausflügen ins schwäbische Umland, Frauen-Bekanntschaften, gemeinsamen journalistischen Projekten und immer wieder intensiven Gesprächen. Beide Brüder aber sind nebenher mit einem Hauptwerk beschäftigt. Der weltgewandte, viel und gern reisende Alexander sitzt an einer Geschichte der englischen Poesie, Ludwig aber bereitet eine echte Überraschung vor. Es muss die Offenbarung seiner lange geheim gehaltenen Schrift »Kraft und Stoff« wie ein Blitz zuerst in den Mikrokosmos der Familie, dann in die lesende Öffentlichkeit eingeschlagen sein. Weil hier eine kräftige Zäsur in Ludwigs Leben und im Dasein der Familie zu verzeichnen ist, soll Alexander ausführlicher zu Wort kommen.

Das so überaus anregende und behütende Elternhaus fehlt dem 30-jährigen Junggesellen. Die Mutter, so scheint es, hält als Agentin der Familienharmonie die Fäden in der Hand. Sie bittet den jüngeren Bruder Alexander, ihrem »Liebling« Ludwig in der fremden Umgebung beizustehen.

»Mittlerweile hatte ich mich wie meine ältere Schwester Luise als Schriftsteller versucht, und wir erwarteten, daß sich Ludwig als Familienschöngeist zeigen würde. Allein er blieb verschlossen wie das Grab. Da trat er eines Morgens mit einem dicken Pack Papiere unter dem Arm in mein Zimmer und eröffnete mir, er habe sich gleichfalls im Papierschwärzen versucht. ›Aha‹ sagte ich, ›kommt die Familienkrankheit auch bei dir zum Ausdruck? *Il n'en était que temps!* Was hast Du denn da für Makulatur unter dem Arm? Ist's ein Zeitroman nach Alexander Dumas und Eugène Sue oder ein Kot und Blut duftendes Drama nach Viktor Hugos Mache?‹ (Wie feinfühlig gegenüber Georgs Hugo-Übersetzung! Anm. der Autoren). Denn etwas anderes konnte ich bei meinem bis dahin ganz schöngeistig veranlagten Bruder nicht erwarten. ›Nein‹, sagte er, ›es sind naturphilosophische Studien‹ und einen ganz ›dogmatischen‹ Ton annehmend fuhr er fort: ›derartige Dinge ziehen heute. Das Publikum, entmutigt durch die kürzlichen Niederlagen der nationalen und liberalen Bestrebungen, wendet sich mit Vorliebe den mächtig aufblühenden naturwissenschaftlichen Forschungen zu, in welchen es eine Art von neuem Widerstand gegen die triumphierende Reaktion erblickt; siehe Vogt, Roßmeßler, Moleschott, welche alle gute Verleger finden. Ich bitte Dich nun diese Manuskripte zu lesen und mir zu sagen, ob Du glaubst, daß ich einen Buchhändler dafür kriegen und auf einen, wenn auch geringen Erfolg hoffen kann.‹ ›Was ist denn der Titel?‹ fragte ich dazwischen; ›Kraft und Stoff‹ war die Antwort. ›Kraft und Stoff‹ rief ich aufspringend! ›Der Titel allein ist Gold wert und jeder Verleger nimmt und bezahlt Dir das Buch unbesehen‹.«[26]

Wie recht er hatte! Alexander liest das Manuskript wie elektrisiert, sie schicken es an den jungen Verleger Meidinger nach Frankfurt, und einer der ganz großen Bucherfolge des 19. Jahrhunderts nimmt seinen Lauf. Der Untertitel lautet zunächst: »Empirisch-naturphilosophische Studien« und später: »Naturphilosophische Studien auf tatsächlicher Grundlage«. Nach wenigen Wochen erscheint eine neue Auflage, bis 1904 werden 21 Auflagen gezählt und 17 Übersetzungen. Ludwig Büchner ist jetzt und bleibt Zeit seines Lebens der »Kraft-und-Stoff-Büchner«. Noch 1963 schrieb Wilhelm Büchners jüngster Enkel Anton Büchner vielleicht mit berechtigtem Stolz in seiner Familienbiographie:

»›Was ist denn der Titel?‹ fragte ich dazwischen; ›Kraft und Stoff‹ war die Antwort. ›Kraft und Stoff‹ rief ich aufspringend! ›Der Titel allein ist Gold wert und jeder Verleger nimmt und bezahlt Dir das Buch unbesehen‹.«

»Ludwigs Name war mit einem Schlag in aller Leute Mund.«[27] Gern wird, um die unglaubliche Wucht dieses Erfolgs zu betonen, das schon von Alexander bemühte Byron-Zitat angeführt: »›Ich schlief als gewöhnlicher Mensch ein und wachte als berühmter Mann auf‹.« Der Historiker und Verfasser populärer Biographien Peter Berglar hielt aus Anlass des 150. Geburts- und 75. Todestages Ludwig Büchners in Darmstadt einen Vortrag, den er dann unter dem bezeichnenden Titel: »Der neue Hamlet – Ludwig Büchner in seiner Zeit« veröffentlichte. Auch er sieht in »Kraft und Stoff« ein Grundwerk des 19. Jahrhunderts. Er versucht zu erklären, wie in diesem Buch die wichtigsten philosophisch-naturwissenschaftlichen Probleme um die Mitte des 19. Jahrhunderts zwar nicht luzide und originell analysiert wurden, wie das Werk selbst aber als Teil der gewussten und gefühlten Umwälzungen, der Erschütterungen der ohnehin schon zerbrochenen Gewissheiten, zum Artikulationsort einer neuen Weltsicht wurde. Als Erbe der Aufklärung, des Humanismus und der Französischen Revolution läuft durch »Kraft und Stoff« immer die Spur eines Entwicklungs-Optimismus und der Überzeugung, die Menschen seien auch ohne Gott und Religion in der Lage, vernünftige, ethisch einwandfreie Verhältnisse zu schaffen. Die große religiöse Lücke aber wird gefüllt durch eine Popularreligion des Materialismus.[28] Der gehorcht nicht irgendwelchen geschichtsphilosophischen Aufwärtsentwicklungen, sondern nur sich selbst, den ewigen Bedingungen der Reproduktion des Lebens. Es gibt nur dieses: »Kraft« und »Stoff«. Beides ist so miteinander verzahnt, »daß man eines als des andern Funktion bezeichnen könnte, nichts existierte, was nicht unter solch energetischen Materiebegriff subsumierbar wäre, also auch kein Gott, keine Seele, (diese nichts anderes als physiologisch faßbare Gehirnfunktion) – dieses Buch, die wirksamste Werbung für den Darwinismus (…) verstrickte den Autor nicht nur in nie abreißende Kontroversen, sondern zwang ihn auch zu lebenslänglicher Selbstreproduktion«.[29]

Alexander Büchner war ein kluger Interpret des Wirkens seines Bruders Ludwig. In der nun schon mehrmals zitierten Einleitung zu Ludwigs Aufsatzsammlung »Im Dienste der Wahrheit« erinnert er in einer kräftigen, bildreichen Sprache an das politische Ambiente in

»Ich schlief als gewöhnlicher Mensch ein und wachte als berühmter Mann auf.«

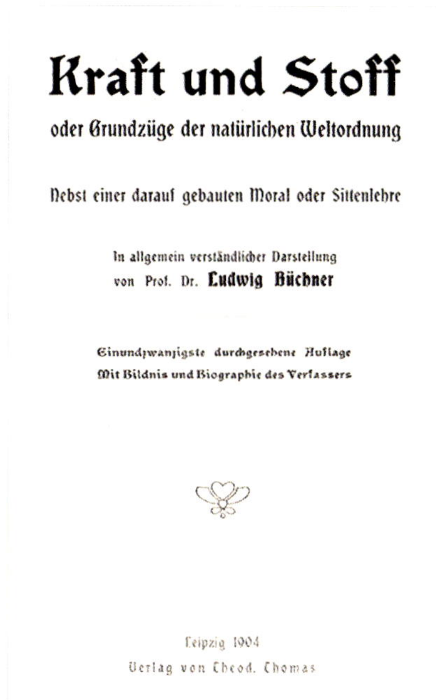
Kraft und Stoff
oder Grundzüge der natürlichen Weltordnung
Nebst einer darauf gebauten Moral oder Sittenlehre
In allgemein verständlicher Darstellung
von Prof. Dr. Ludwig Büchner
Einundzwanzigste durchgesehene Auflage
Mit Bildnis und Biographie des Verfassers
Leipzig 1904
Verlag von Theod. Thomas

Titel der 21. Auflage von »Kraft und Stoff«, Leipzig (Thomas) 1904.

den Jahren nach der gescheiterten deutschen Revolution.
»Nur wenige Überlebende vermögen sich jener Zeit der dumpfen Versunkenheit und klaglosen Verzweiflung zu erinnern, welche der Niederlage aller nationalen und einheitlichen Anläufe aus den 48. und 49. Jahren folgte. Und um damals seine Stimme im Sinne der freien Forschung zu erheben, mußte man einen ehernen Mut (...) haben. Was wußte denn das große Publikum von den erst entstehenden Errungenschaften der Naturwissenschaft? Die große Masse lebte in ihrem stumpfen Autoritäts- und Bibelglauben dahin. Von Stoffwechsel, Übertragungen der physischen Kräfte von einem Körper auf den andern, von vergleichender Anatomie und Anthropologie, von fossilen Entdeckungen des Urmenschen und der Urtiere wußte man nichts oder wollte nichts davon wissen, da solches in offenbarem Widerspruch mit dem so bequemen Inhalt der Bibel stand, deren naive Schöpfungsgeschichte keinem Hohlkopf Nachdenken erregte. In diese Froschpfütze nun fiel der Balken ›Kraft und Stoff‹ plötzlich mitten hinein. Was Wunder, wenn ein allgemeines Gequake entstand.«[30]
Man spürte überall das neue Tempo der industriellen Revolution, der naturwissenschaftlichen Entdeckungen und Anwendungen. Nur der alte, durch enttäuschte revolutionäre Hoffnungen zusätzlich verrutschte Überbau aus Kirche, Obrigkeitsstaat und muffiger Moral passte nicht mehr. Es war die Zeit erbitterter Kämpfe um die Lösung des oder der »Welträtsel« nach dem Abdanken metaphysischer Erklärungen und umfassender Religionskritik. Größer noch als Ludwig Büchners populäre, scheinbar so sehr einleuchtende Antworten waren die Fragen, die sich überall stellten. Sein großer Wurf erledigte en passant eine ganze Menge eigentlich schwierigster, ältester Fragen. Freier Wille? Eine Illusion, im Gehirn wirken allerhand chemische und elektrische Energien, die den Geist als Funktion der Hirn-Materie erscheinen lassen. Religion? Wird bald nicht mehr notwendig sein. Fortschritt? Wird vor allem durch das Voranschreiten der Naturwissenschaften garantiert.[31] Hier kann nun eine recht eigenartige Quelle zitiert werden. Es findet sich in der erwähnten Büchner-Ausgabe von Karl Emil Franzos ein Beitrag zur Familie Büchner. Er kann als nützliches Hintergrundmaterial gelesen werden. Da der namentlich nicht gekennzeichnete Aufsatz teilweise von Ludwig Büchner, jedenfalls aus

»In diese Froschpfütze nun fiel der Balken ›Kraft und Stoff‹ plötzlich mitten hinein. Was Wunder, wenn ein allgemeines Gequake entstand.«

der Familie stammt, kann man ihn auch ganz anders lesen. Er strotzt vor Selbstlob und Eigenwerbung. Soll hier der Schatten, den Georg vor allem mit der neuen Ausgabe doch immer noch wirft, in verräterischen Übertreibungen der eigenen Wichtigkeit, in einer ungelenk narzisstischen Diktion verdrängt werden? So lesen wir dort über »Kraft und Stoff«: »Diese Arbeiten (zur gerichtlichen Medizin, die Autoren) sowie die Lectüre von Moleschott's ›Kreislauf des Lebens‹, gaben ihm die Idee zu seinem so bekannt gewordenen Buch ›Kraft und Stoff. Empirisch=naturwissenschaftliche Studien‹, in welchem er den kühnen Versuch unternahm, die bisherige theologisch=philosophische Weltanschauung auf Grund moderner Naturerkenntniß umzugestalten«. Es folgen schwelgerische Auslassungen über den Erfolg des Buches.

Es war die Zeit erbitterter Kämpfe um die Lösung des oder der »Welträtsel« nach dem Abdanken metaphysischer Erklärungen und umfassender Religionskritik.

Dass die Brüder in Tübingen die Marktchancen von »Kraft und Stoff« erwogen, bevor das Manuskript an den Verleger geschickt wurde, zeigt auch, wie sehr man sich der intellektuellen Tendenzen und Strömungen nach der 48er-Revolution bewusst war. Der Darmstädter Philosoph Gernot Böhme betont in seinem Ludwig-Büchner-Porträt im Katalog zur Georg-Büchner-Ausstellung von 1987,[32] dass der Autor von »Kraft und Stoff« zu einer Schicht ›republikanischer bis radikaler Intellektueller‹ gehörte, die ihr helles politisch-gesellschaftliches Bewusstsein nach der gescheiterten Revolution behielten, um zu scharfsichtigen Beobachtern der Verhältnisse zu werden. Er rückt Ludwig in dieser Hinsicht in eine Reihe mit Rudolf Virchow, Carl Vogt und Karl Marx. Ein großer Teil der revolutionären Intellektuellen emigrierte, vor allem in die USA, nicht wenige resignierten und wurden brave Beamte oder Geschäftsleute, einige aber verstanden sich als gestaltende Teile jener Energie, die nunmehr das Jahrhundert bewegte, der angewandten Wissenschaft. Ludwig Büchner bemerkte allerdings kaum, dass der neue Materialismus im Dienst der unterschiedlichen Fraktionen der entstehenden Arbeiterbewegung zur neuen Popularreligion wurde. Zwar lernte er dann die Protagonisten der Arbeiterbewegung allesamt kennen, er ließ sich als liberaler, selbstständiger Intellektueller aber kaum für deren Interessen einsetzen.
Von Tübingen aus begann also Ludwig seine Karriere als Jahrhundert-Figur. Als hätte man sich verabredet, publizierten auch Luise

und Alexander in diesem Jahr wichtige Werke. Im Frankfurter Meidinger Verlag erschien im Oktober 1855 das Buch von Luise Büchner, mit dem sie ein Leben lang identifiziert wurde: »Die Frauen und ihr Beruf: Ein Buch der weiblichen Erziehung. In zusammenhängenden Aufsätzen niedergeschrieben von Frauenhand«. Zunächst anonym veröffentlicht, wurde ab der zweiten Auflage im Jahr darauf die »Frauenhand« als diejenige von Luise Büchner enthüllt. Ein wenig gemein könnte man sagen, hier hätten sich ehemalige 48er zu erfolgreichen Familienunternehmen zusammengetan. Die Büchners und die Gutzkow/Meidingers waren nun nicht nur durch Freundschaften, sondern auch in profitablen Buchprojekten verbunden.

Alexander schließlich, der als Ludwigs antidepressive Stütze nach Schwaben gekommen war, legte in diesem goldenen Büchner-Jahr seine »Geschichte der englischen Poesie. Von der Mitte des 14. bis zur Mitte des 19. Jahrhunderts« vor. Mit 368 Seiten ein Beleg für den immensen Fleiß, der Alexander bei allen Ablenkungen immer zu eigen war. Überhaupt scheint dieser publizistische Eifer eine Familieneigenschaft gewesen zu sein. Wie sich noch vielfältig zeigen sollte, konnte der kommunikative Erfolg durch familiäre Synergien noch gesteigert werden. Man gab einander heraus, kommentierte und rezensierte sich gegenseitig, arbeitete gemeinsam an Anthologien und war sich wohl dessen bewusst, dass es dem eigenen Fortkommen nicht schadete, ein oder eine Büchner zu sein.

Man gab einander heraus, kommentierte und rezensierte sich gegenseitig, arbeitete gemeinsam an Anthologien und war sich wohl dessen bewusst, dass es dem eigenen Fortkommen nicht schadete, ein oder eine Büchner zu sein.

So fulminant sich der Erfolg von »Kraft und Stoff« anließ, so fundamental verstießen die materialistischen Thesen gegen die Grundsätze und Konventionen der sich nach 1848 wieder stark fühlenden Obrigkeit. Was man da lesen musste, ließ die schwäbischen Beamten erschauern. Geeignet, »die Herzen der studierenden Jugend Württembergs zu vergiften«. Die Todesstrafe ist abzulehnen, eine Seele gibt es nicht, das Töten der Leibesfrucht kann unter Umständen gerechtfertigt werden, das Hirn ist auch nur ein Körperteil. Vor allem aber erleidet die Religion ein trauriges Schicksal: Sie stirbt aus. Sie wird durch ein Gesetz ersetzt, dem die Menschen ihre religiösen Empfindungen widmen dürfen. Wenn der ›liebe Gott‹ durch Naturwissenschaften und Aufklärung erst einmal vom Himmel geholt sein wird, dann darf man das geheimnisvolle Weltgesetz an Gottes Statt schau-

Charles Darwin (1809 – 1882).

Die Todesstrafe ist abzulehnen, eine Seele gibt es nicht, das Töten der Leibesfrucht kann unter Umständen gerechtfertigt werden, das Hirn ist auch nur ein Körperteil. Vor allem aber erleidet die Religion ein trauriges Schicksal: Sie stirbt aus.

dernd anerkennen. In der achten Auflage von »Kraft und Stoff« heißt es, die Religion könne, wenn der persönliche Gott erst einmal entthront sei, eine ›höhere Weihe und Durchgeistigung‹ erfahren »indem der Gedanke einer obersten oder höchsten Weltregierung nicht mehr in der bisherigen Form einer persönlichen (...) Macht, sondern nur noch als das oberste Gesetz selbst, aus dem alle Erscheinungen auf eine unerkennbare Weise fließen, aufgefaßt werden kann«[33]. Das alles las sich wie ein Katalog radikaler, gefährlicher und unzumutbarer Frechheiten. Erstaunt darf man zur Kenntnis nehmen, dass derlei Provokationen in den staatlichen Bildungsbürokratien auch heute noch zu zünden vermögen. Ludwig Büchner bekam im August 1855 die Quittung, verlor seine Lehrbefugnis und kehrte wieder einmal nach Darmstadt zurück. Jetzt aber als gemachter Mann, denn auf den universitären Rahmen war der Erfolgsdenker nicht mehr angewiesen.

Dass er als provokanter Mediziner und populärer Wissenschaftler unter den Ärzten durchaus Sympathien genoss, zeigt die Tatsache, dass er noch im selben Jahr zum Ehrenmitglied und korrespondierendem Mitglied des Vereins badischer Ärzte für Staatsarzneikunde ernannt wurde. Es gibt da bei Ludwig Büchner einen sehr produktiven Hauptwiderspruch, der bei aller Vielfalt seiner Ämter, Tätigkeiten und intellektuellen Sprünge eine Art stabile Lebenslinie bildet. Mag er mit den Führern der Arbeiterbewegung gestritten haben, mit Darwin in England anregend diskutiert, mit den anderen Häuptern des populären Materialismus Carl Vogt, Jacob Moleschott und Ernst Haeckel[34] manche Kontroverse ausgetragen, mag er sich vehement zur Sozialen Frage geäußert haben, die Frauenfrage und die Judenfrage meist ohne jeden falschen Zungenschlag zu klären versucht haben, immer blieb er ein fleißiger Heros der sozialen Praxis, des helfenden Engagements. Für die Arbeiterbildung, die medizinische Aufklärung, die sozialen und intellektuellen Bedürfnisse der kleinen Leute hat er gewiss mehr getan als mancher politischer Kopf, der sich nur in Linienkämpfen verzehrte.

Nach dem Rauswurf in Tübingen 1855, der seine universitäre Laufbahn beendet, beginnt seine Existenz als eine Leitfigur auf dem für das 19. Jahrhundert bezeichnenden Mischterrain von sozialen, weltanschaulich-naturwissenschaftlichen und politischen Problemen. Immer behält er dabei die nationale Entwicklung im Blick. Kaum aber lässt er sich zu nationalem Pathos hinreißen, wohl mit der Ausnahme des Deutsch-Französichen Krieges von 1870/71, an dem er in Frankreich und zu Hause als Sanitäter und Arzt teilnahm. Bei ihm – so scheint es – haben sich die politischen Energien der 48er-Bewegung in einen menschenfreundlichen Materialismus verwandelt, in die Hoffnung, alle sozialen Kämpfe durch ein mäßigendes, mehr liberales als sozialistisches Vertrauen auf den Fortschritt zu befrieden. Wenn der sich nur das naturwissenschaftliche Weltwissen in Dienst nehmen würde.

Ludwig Büchner blieb nun bis zu seinem Lebensende als Arzt und Gelehrter in Darmstadt. Seine Prominenz wuchs beständig. Er war sich der Tatsache, der berühmteste Büchner zu sein, durchaus bewusst. Aber den bedeutenden Bruder Georg vergaß er nicht. 1857 erschien seine in didaktischer Absicht als Dialog gefasste Grundsatzschrift »Natur und Geist. Gespräche zweier Freunde« in Frankfurt am Main. Diese Summe seiner damaligen Einsichten widmete er dem Bruder:

Ludwig Büchner blieb nun bis zu seinem Lebensende als Arzt und Gelehrter in Darmstadt. Seine Prominenz wuchs beständig. Er war sich der Tatsache, der berühmteste Büchner zu sein, durchaus bewusst. Aber den bedeutenden Bruder Georg vergaß er nicht.

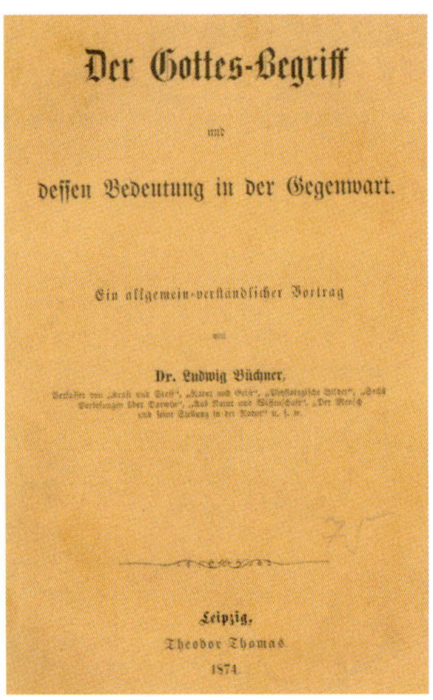
Der Gottes-Begriff

und

dessen Bedeutung in der Gegenwart.

Ein allgemein-verständlicher Vortrag

von

Dr. Ludwig Büchner.

Leipzig,
Theodor Thomas.
1874.

Titel von »Der Gottes-Begriff ...«, Leipzig (Thomas) 1874.

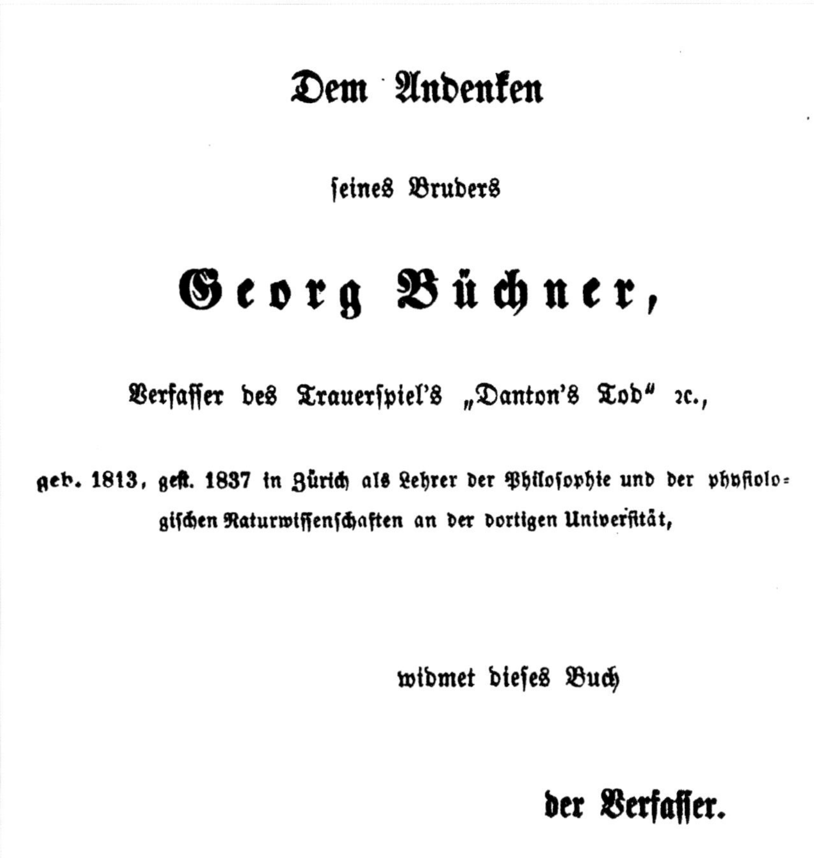
Dem Andenken

seines Bruders

Georg Büchner,

Verfasser des Trauerspiel's „Danton's Tod" rc.,

geb. 1813, gest. 1837 in Zürich als Lehrer der Philosophie und der physiologischen Naturwissenschaften an der dortigen Universität,

widmet dieses Buch

der Verfasser.

Wenn es auch ein wenig gewagt scheint, kann man Ludwigs Widmung doch als direkten Verweis auf Georgs Lehrgebiete verstehen. »Natur und Geist« spiegeln sich in »Philosophie und physiologischen Naturwissenschaften«. Hier könnte Ludwig sagen wollen: »Schaut mal her, was mein älterer Bruder, der eine so kurze Lebensspanne hatte, einst in Zürich begann, das führe ich nun fort oder sogar zu Ende.«

Wie hoch Ludwig nunmehr angesehen war, zeigt sich auch daran, dass er 1859 zu den Gründungsmitgliedern des von Otto Volger (1822 – 1897) in Frankfurt ins Leben gerufenen »Freien Deutschen Hochstiftes für Wissenschaften, Künste und allgemeine Bildung« gehörte. Das bis heute höchst produktiv wirkende Hochstift wurde am 100. Geburtstag von Friedrich Schiller am 10. November 1859 gegründet. Büchner war mit der Nr. 18 und mit der baldigen Ernennung zum »Ehrenmitglied und Meister« einer der wichtigsten Protagonisten. Hier sah er zunächst seine Bestrebungen vor allem auf dem Gebiet der populären naturwissenschaftlichen Aufklärung bestens

Natur und Geist.

Gespräche zweier Freunde über den Materialismus und über die real-philosophischen Fragen der Gegenwart.

In allgemeinverständlicher Form von Dr. Louis Büchner.

Frankfurt a. M.

Titel von »Natur und Geist«, Frankfurt (Meidinger) 1857.

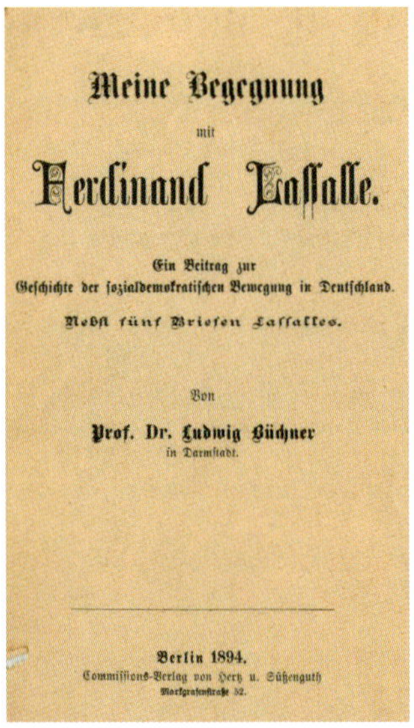

Meine Begegnung

mit

Ferdinand Lassalle.

Ein Beitrag zur
Geschichte der sozialdemokratischen Bewegung in Deutschland.
Nebst fünf Briefen Lassalles.

Von

Prof. Dr. Ludwig Büchner
in Darmstadt.

Berlin 1894.
Commissions-Verlag von Herz u. Süßenguth
Markgrafenstraße 32.

Titel von »Meine Begegnung mit Ferdinand Lassalle«, Berlin 1894.

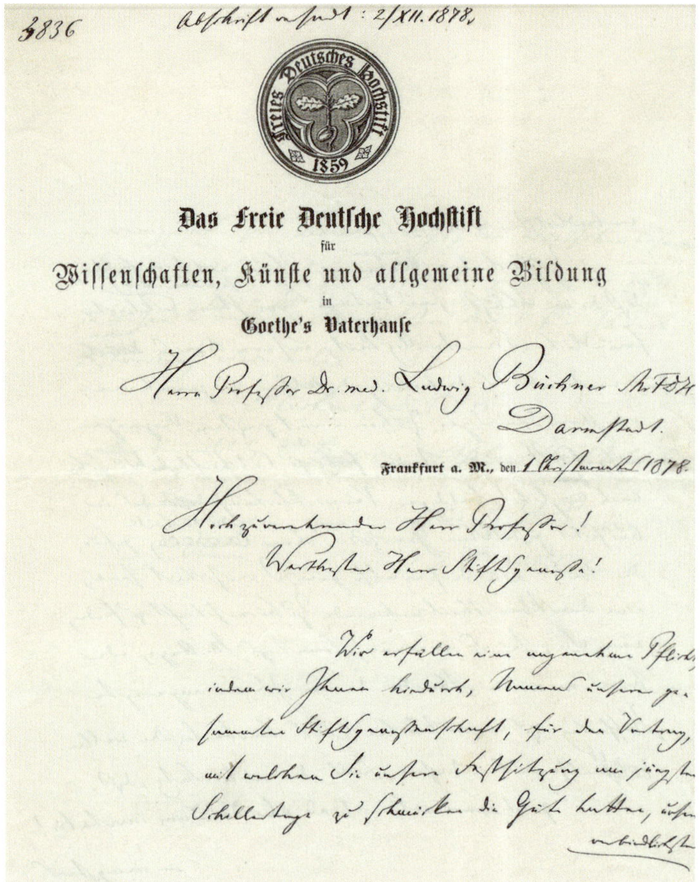

3836 Abschrift ... : 2/XII.1878.

Das Freie Deutsche Hochstift
für
Wissenschaften, Künste und allgemeine Bildung
in
Goethe's Vaterhause

Herrn Professor Dr. med. Ludwig Büchner St.F.D.H.
Darmstadt.

Frankfurt a. M., den 1 Christmonat 1878.

Hochzuverehrender Herr Professor!
Werthester Herr Stiftsgenosse!

Wir erfüllen eine angenehme Pflicht, indem wir Ihnen hierdurch, Namens unserer gesammten Stiftsgenossenschaft, für den Vortrag, mit welchem Sie unsere Stiftsitzung am jüngsten Schillertage zu schmücken die Güte hatten, unseren verbindlichsten

Brief Otto Volgers an Ludwig Büchner (1878).

verwirklicht.[35] Später, 1882/83 setzte er sich dafür ein, das Hochstift in eine unabhängige Hochschule für allgemeine Bildung zu verwandeln, was aber scheiterte. Stattdessen beteiligte er sich 1883 an der Einrichtung des ebenfalls bis heute bestehenden »Vereins für Wissenschaft, Kunst und Literatur« in Darmstadt. In seiner Vaterstadt konnte Büchner authentisch demonstrieren, was er unter gesellschaftlichem Fortschritt verstand. Es war ihm nicht um große, utopische Entwürfe, geschweige denn abstrakte Kämpfe für Parteiprogramme zu tun. Fortschritt hieß unmittelbare Verbesserung der Lebensumstände durch Bildung und Aufklärung in genossenschaftlicher Solidarität. Das lässt sich exemplarisch an seinem Engagement für den 1863 gegründeten »Arbeiter-Bildungsverein in Darmstadt«, der Keimzelle der Darmstädter Sozialdemokratie, zeigen.
Dazu heißt es in dem Standardwerk »Darmstadts Geschichte«: »Führender Kopf und erster Präsident des politisch zunächst an die

Fortschrittspartei angelehnten Vereins, der bereits nach wenigen Wochen über 300 Mitglieder zählte, war der Arzt Louis Büchner (...) Büchner hielt den Darmstädter Verein in zum Teil persönlicher Auseinandersetzung mit Ferdinand Lassalle und seinem Allgemeinen Deutschen Arbeiterverein auf der anfangs gemäßigteren Linie des ›Verbands der Arbeiterbildungsvereine‹ (...) Neben der politischen Tätigkeit des Vereins (...) der Geselligkeit (...) sind besonders die sozialen Aktivitäten hervorzuheben.«[36] Hinzu kamen Kranken- und Sterbekasse, ein Konsumverein und ein Bauverein für Arbeiterwohnungen. Satzungszweck des Arbeiterbildungsvereins war »auf Gegenseitigkeit gegründete Hülfeleistung«. Undogmatische soziale Arbeit, Weltaneignung durch naturwissenschaftlich gestützte Bildung, Fortschritt in selbstbestimmten Vereinen: Das scheint die ungeschriebene Sozialcharta gewesen zu sein, der die Geschwister Büchner anhingen.

Hatte Ludwig bisher mit seinen Schwestern im Elternhaus in der Grafenstraße gewohnt, so zieht er nach seiner Heirat mit der aus Frankfurt stammenden Sophie Thomas, der Tochter eines Frankfurter Autors und Gelehrten, in die Hölgesstraße 14.

Der erste Sohn heißt Georg. Gewiss ist auch dies ein Gruß an den Bruder. Schließlich kommen noch ein Sohn und zwei Töchter hinzu, von denen die ältere Mathilde heißt.

Luise und Mathilde wohnen auch nach dem Tod der Mutter am 3. März 1858 und des Vaters am 19. Mai 1861 im Elternhaus. Der Kontakt zu Ludwigs Familie bleibt eng. In einem Nachruf auf die gestorbene Schwester wird berichtet, dass Luise Büchner an langen Winterabenden den beiden ältesten Kindern von Ludwig und Sophie Geschichten erzählte. Ihnen widmete sie schließlich auch ihre noch heute gut zu lesenden »Weihnachtsmärchen« von 1867. Aus den geschwisterlichen Widmungen der Schriften ließe sich beinahe schon eine Familienbiografie skizzieren. Man hatte einen bedeutenden Clan aus lauter schreibenden und sozial engagierten Büchners gebildet und war sich dessen sehr bewusst.

1859 war Charles Darwins »Ursprung der Arten« erschienen. Ludwig Büchner wurde bei aller Kritik im Einzelnen in Aufsätzen, Büchern und Vorträgen zum vielleicht wichtigsten populären Verbreitungshel-

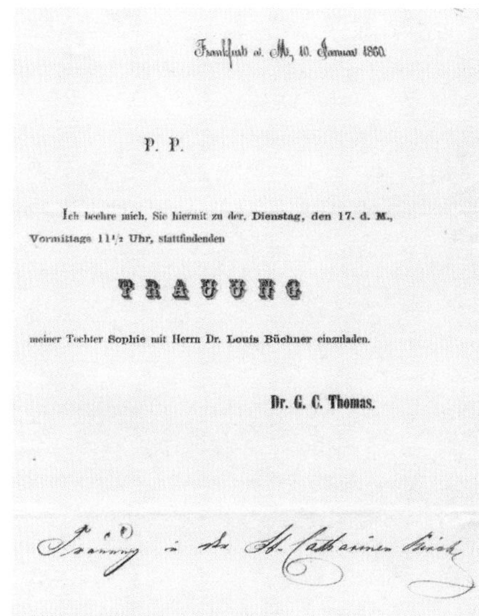
Frankfurt a. M., 10. Januar 1860.

P. P.

Ich beehre mich, Sie hiermit zu der, Dienstag, den 17. d. M., Vormittags 11½ Uhr, stattfindenden

TRAUUNG

meiner Tochter Sophie mit Herrn Dr. Louis Büchner einzuladen.

Dr. G. C. Thomas.

Vermählungsanzeige von Ludwig Büchner mit Sophie Thomas (1860).

Ludwig Büchner ca. 1860.

Titel von »Die Darwin'sche Theorie von der Entstehung und Umwandlung der Lebe=Welt ...«. 5. Aufl., Leipzig 1890.

fer dieses Jahrhundertforschers. All seine medizinisch-naturwissenschaftlichen Überzeugungen, seine aufgeklärt-humanistischen, antiklerikalen Grundsätze gipfeln 1881 in der Gründung des »Deutschen Freidenkerbundes«. Ludwig Büchner wird zum Vorsitzenden gewählt und engagiert sich für die Partei der Freisinnigen.
Er war aber auch treuer Anhänger der Turner-Bewegung, vor allem, wenn sie sich ihrer freiheitlichen Wurzeln aus der Vormärz-Zeit bewusst blieb. Er fungierte von 1862 bis 1866 als zweiter Vorsitzender des hessischen Ärzte-Vereins. Er war Stadtverordneter in Darmstadt, Abgeordneter der 2. Kammer des Großherzogtums Hessen, Mitbegründer des »Bundes für Bodenreform« und damit sind noch lange nicht alle seine Ämter, Mitgliedschaften und Tätigkeitsfelder genannt. Unter seinen Schriften ist das Kompendium »Der Mensch und seine Stellung in Natur und Gesellschaft in Vergangenheit, Gegenwart und Zukunft« von 1869 zu nennen, weil im Titel der allumfassende Anspruch von Büchners »monistischer« Weltauffassung so schön zum Ausdruck kommt. In dieser Bezeichnung erkannte er seine ganzheitliche Lehre besser als im damals schon inflationär gebrauchten »Materialismus«. Unter dem nicht gerade unbescheidenen, an Kant erin-

nernden philosophischen Fragedreiklang »Woher kommen wir? Wer sind wir? Wohin gehen wir?« werden auch gleich die wichtigsten politischen Theorien der Gegenwart abgehandelt.
Auch mit dem »Geistesleben der Tiere«[37] setzte er sich in einem 1876 in Berlin erschienen Werk auseinander. Offenbar galt ihm die perfekte Arbeitsorganisation zum Beispiel der Ameisen als Vorbild, das der Sozialdemokratie zu empfehlen sei. »Sozialdemokratie und Arbeiterleben in der Thierwelt« hieß dann auch ein Aufsatz in dem populären Blatt »Die neue Welt. Illustriertes Unterhaltungsblatt für das Volk«. An den Lebensformen der Tiere war er derart interessiert, dass er auf das Thema in einem weiteren Buch 1879 zurückam: »Liebe und Liebesleben in der Thierwelt«. Gern zitiert Ludwig Büchner im erwähnten Familienporträt von 1879/80 das Lob eines Rezensenten: »Das Interessanteste (...) was bisher aus der Feder dieses lebensvollen Autors floß, dürfte dieses neue Werk sein. Wie (...) der Autor zum Beispiel das Leben der Ameise schildert, die Ameisen=Republik, Haus= und Wegebau, die Ackerbau treibende Ameise, die Viehzucht und Milcherei des merkwürdigen Insekts, ferner den Staat der Bienen, die Jagd der Spinnen u.s.w., das macht das Buch einzig in seiner Art.« Wie eine Novelle sei das alles zu lesen, und genau das wird Ludwig Büchner gefallen haben. Der Belletrist als Wissenschaftler und umgekehrt. Das dürfte wohl sein Selbstbild gewesen sein. Und damit ist es ihm gelungen, die bei Georg so gefährlich angeschlagene »Familienkrankheit« (Alexander Büchner) der Schriftstellerei mit dem Optimismus der Naturwissenschaften glänzend zu verbinden. Das Ameisen-Beispiel – wahrlich seit je gern zitiert, um die Menschen Mores zu lehren – bringt Ludwig Büchners eigentümliche Misch-Philosophie auf den Begriff. Im Kleinsten wie im Allergrößten kann man staunend sehen, wie Natur und Vernunft, Gesellschaft und Aufwärtsentwicklung zusammengehen, wenn man nur sämtliche Finsternisse von Religion, Verblendung und Inhumanität beiseite räumt. Mit den Tier-Studien griff er ein gern diskutiertes Modethema der materialistischen Weltanschauung auf. Auch in seinem letzten Lebensjahrzehnt erscheinen mehrere grundsätzliche Schriften, in denen immer wieder aufs Neue das Verhältnis von (Natur-)Wissenschaft, Gesellschaft und Politik vermessen wird.

»Wie (...) der Autor zum Beispiel das Leben der Ameise schildert, die Ameisen=Republik, Haus= und Wegebau, die Ackerbau treibende Ameise, die Viehzucht und Milcherei des merkwürdigen Insekts, ferner den Staat der Bienen, die Jagd der Spinnen u.s.w., das macht das Buch einzig in seiner Art.«

Illustration aus Lyell's »Alter des Menschengeschlechts«.

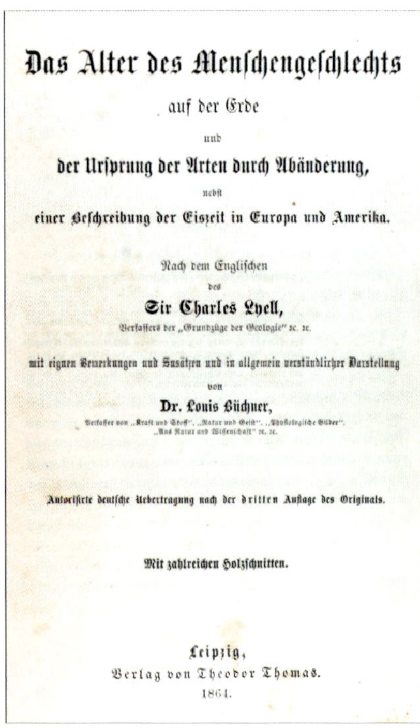

Das Alter des Menschengeschlechts
auf der Erde
und
der Ursprung der Arten durch Abänderung,
nebst
einer Beschreibung der Eiszeit in Europa und Amerika.

Nach dem Englischen
des
Sir Charles Lyell,
Verfassers der „Grundzüge der Geologie" ꝛc. ꝛc.

mit eignen Bemerkungen und Zusätzen und in allgemein verständlicher Darstellung
von
Dr. Louis Büchner,
Verfasser von „Kraft und Stoff", „Natur und Geist", „Physiologische Bilder",
„Aus Natur und Wissenschaft" ꝛc. ꝛc.

Autorisirte deutsche Uebertragung nach der dritten Auflage des Originals.

Mit zahlreichen Holzschnitten.

Leipzig,
Verlag von Theodor Thomas.
1864.

Titelblatt von Büchners Lyell-Übersetzung, Leipzig 1864.

Darin zeigt er sich als tief im populärwissenschaftlichen Optimismus verankerter Intellektueller, der nicht glauben kann, dass die Menschheit etwas anderem entgegengeht als besseren Zeiten. Mit der Menge der Bildung und des Wissens, das sich insbesondere die unteren Schichten aneignen, wächst die Zuversicht in eine vernünftige Zukunft ohne Kriege, Gewaltherrschaft und Ausbeutung. Es fehlte Ludwig Büchner ein Wahrnehmungsorgan für kommende Krisen, für künftige Katastrophen, die andere im Gründerrausch des Kaiserreichs schon ahnten. Vielleicht wollte er, ohne es zu wissen, seinen grandios pessimistischen Bruder Georg immer wieder eines Besseren, eines Fortschritts belehren, an dem er selbst nicht ganz unbeteiligt wäre. Ludwig Büchner schätzte Vorträge, direkte Überzeugungsarbeit bereitete ihm Vergnügen. Auch hielt er Kontakt mit führenden Gelehrten in aller Welt. Er besuchte Darwin in England, den er als seinesgleichen betrachtete, und erfuhr bei dieser Gelegenheit von Darwins christlicher Vergangenheit. Als hätte er selbst nicht genug geschrieben, übersetzte und bearbeitete er 1864 das Fundamentalwerk des berühmten englischen Geologen Sir Charles Lyell »Geological evidences of the antiquity of man« unter dem Titel »Das Alter des Menschengeschlechts auf der Erde und der Ursprung durch Abänderung nebst einer Beschreibung der Eiszeit in Europa und Amerika«. In ihm sah er einen Verbündeten seiner Entwicklungstheorien. 1872 hielt Büchner in Pest, Wien und Nürnberg eine Reihe von Vorträgen über naturphilosophische Gegenstände. Mit triumphalen Erfolgen.

Zwar sprach er nicht besonders gut Englisch, immerhin aber konnte er, der nichts lieber tat, als öffentlich zu sprechen, 1872/73 auf Einladung von deutsch-amerikanischen Turnergemeinden in 32 Städten der USA etwa hundert Vorträge halten, die ihm außer Ruhm und Ehre auch noch ordentliche Einkünfte bescherten.

Einmal gelang es ihm, seinen Bruder Alexander auf dessen ureigenem Terrain zu verblüffen. 1886 sprach er auf Einladung der französischen Freidenker in Paris bei der feierlichen Enthüllung eines Diderot-Denkmals auf dem Boulevard St. Germain. Und zwar in fließendem, fehlerfreiem Französisch. Da kam er gleich zwei Brüdern sehr nahe. Georgs »Danton« und dem inzwischen französischen Staatsbürger Alexander Büchner, der sich allerdings über einige aktuelle politische Anspielungen des Bruders beklagte.

»Am Sterbelager des Jahrhunderts. Blicke eines freien Denkers aus der Zeit in die Zeit« heißt Ludwig letztes, noch von ihm selbst besorgtes Buch. Und auch dort lesen wir immer noch: »Prof. Dr. Ludwig Büchner, Verfasser von ›Kraft und Stoff‹«. Dieser Hinweis auf die ›Marke‹ »Kraft-und-Stoff-Büchner«, 43 Jahre nach der Erstpublikation, weist tief ins 19. Jahrhundert zurück. Der Rückwärts-Bezug soll wohl durch die Blickrichtung nach vorn, »in die Zeit« pariert werden. Aber das Wort »Sterbelager« trifft es. Die zwölf sehr grundsätzlich gehaltenen Kapitel u. a. über Wissenschaft, Philosophie, Politik, Naturheilkunde oder die Frauenfrage sind eine Summe gelebten Lebens, ausgestandener Debatten, abgeschlossener Erfahrungen. Ludwig Büchner schlägt von innen, von sich aus, die Tür zum neuen Jahrhundert zu. Nirgends tritt diese nach rückwärts gerichtete Perspektive klarer und auch trauriger zutage als im 13. Kapitel, welches der »Litteratur« gewidmet ist. Was er dort gegen den Naturalismus, aber auch den Impressionismus in der Malerei, gegen Hauptmann, Sudermann, Ibsen, Strindberg und auch Zola zusam-

»Am Sterbelager des Jahrhunderts. Blicke eines freien Denkers aus der Zeit in die Zeit« heißt Ludwig letztes, noch von ihm selbst besorgtes Buch. Und auch dort lesen wir immer noch: »Prof. Dr. Ludwig Büchner, Verfasser von ›Kraft und Stoff‹«.

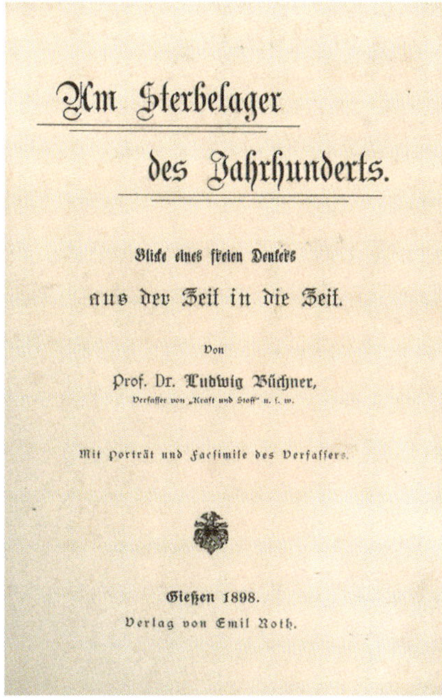

Am Sterbelager
des Jahrhunderts.

Blicke eines freien Denkers
aus der Zeit in die Zeit.

Von
Prof. Dr. Ludwig Büchner,
Verfasser von „Kraft und Stoff" u. s. w.

Mit Porträt und Facsimile des Verfassers.

Gießen 1898.
Verlag von Emil Roth.

Titel von »Am Sterbelager des Jahrhunderts«, Gießen 1898.

menschreibt, wie er auf die Schilderung des »Häßlichen, Gemeinen, Platten«, gegen »Decadence und Verfall« schimpft, zeigt seine vollkommene Blindheit gegenüber allem Neuen, allem ästhetischen Fortschritt in der Kunst. Gerade denen gilt seine Verachtung, die in seinem Bruder Georg einen Vorläufer erkannten. Ludwigs vielfältige Arbeit für das Werk und das Andenken seines Bruders hatte sich am Ende des Jahrhunderts erschöpft. Ohne ihn aber, das darf behauptet werden, wäre Georg vom neunzehnten ins zwanzigste Jahrhundert und darüber hinaus nicht gelangt. Und wesentlichen politischen, sozialen und wissenschaftlichen Anteilen des Denkens von Georg Büchner ist er treu geblieben. Die intellektuellen Bezüge zwischen Georgs Werk und Ludwigs Tätigkeit als populärer Aufklärer, Arzt und Gelehrter sind deutlich. Sie werden indes getragen von einer auf Gegenseitigkeit beruhenden Familienfreundlichkeit, einem Klima aus Anerkennung, produktiver Auseinandersetzung und beständiger Kommunikation. Das wird auf schöne Weise in den Worten deutlich, die Ludwig und auch Wilhelm anlässlich des Todes der Schwester Luise gefunden haben. Sie widmeten »der theuren Schwester« ein Gedicht:

»So gingst Du hin – zu frühe für Dein Streben,
Zu früh für Deiner Freunde weiten Kreis,
Zu frühe für Dein thatenreiches Leben,
Zu früh für uns und Deiner Mühen Preis.«

So wird auch in der Stunde des Todes des Mediums gedacht, das die Familie zusammenhielt: Kommunikation. Reden, Erzählen, Schreiben, Publizieren.

Außerdem verfasste Ludwig für sie mit Datum vom 29. November 1877 einen von brüderlicher Wärme und genauer Kenntnis ihres Lebenswerks zeugenden Nachruf in der »Darmstädter Zeitung«, in dem der Autor auch an Luises »winterabendliche Erzählungen« für seine Kinder Georg und Mathilde erinnert, aus denen dann die »Weihnachts=Märchen« wurden. So wird auch in der Stunde des Todes des Mediums gedacht, das die Familie zusammenhielt: Kommunikation. Reden, Erzählen, Schreiben, Publizieren.
Der bekannteste Büchner im 19. Jahrhundert – so hieß es am Anfang – war Ludwig. Und so sah er es auch selbst. In der kurzen Familienbiografie in der Georg Büchner-Ausgabe von 1879 von Karl Emil Franzos werden die Geschwister vorgestellt. Ziemlich kurz.

Dann steht da etwas ausführlicher: »Der bekannteste Spross der Büchner'schen Familie ist der fünfte, Dr. Ludwig Büchner, Verfasser der berühmten Schrift: ›Kraft und Stoff‹, welche Jahre hindurch die gebildete Welt in geistige Aufregung versetzt und unzählige Federn in Bewegung gebracht hat und noch bringt.« So war es wohl. So war es aber immer auch begleitet von der Wunde des älteren Bruders Georg.

Detail von Ludwigs Grabstein. Inschrift nach dem Schlusswort aus »Am Sterbelager des Jahrhunderts«.

Ludwigs Grabstein auf dem Darmstädter »Alten Friedhof«.

Eine Brücke über den Rhein – Alexander Büchner zwischen Deutschland und Frankreich

Alexander Büchner, ca. 1895.

Alexander Karl Ludwig Büchner, Georgs jüngster Bruder, wurde am 25. Oktober 1827 geboren und starb am 7. März 1904. Dass bis ins 20. Jahrhundert hinein ein Bruder des Weltliteraten Georg Büchner gelebt hat, rückt ihn zwar in unsere Nähe, lässt uns aber auch darüber staunen, wie wenig wir über diesen Bruder wissen. Wenn wir dann auch noch zur Kenntnis nehmen, dass Samuel, Alexanders einziger Sohn, erst im Jahre 1940 gestorben ist, scheint Georg Büchner, der als wichtige Figur der Literaturgeschichte in der zeitlosen Ferne des Klassikers angesiedelt ist, noch etwas näher zu kommen. Und weil die überragende Bedeutung Georg Büchners recht erst im 20. Jahrhundert erkannt wurde, erhalten wir ein merkwürdiges Familienmuster. Einerseits strikt im 19. Jahrhundert verankert und zu Hause, haben die Geschwister und deren Kinder andererseits wie Schmuggelware, die man selbst nicht genau kennt, Georgs Schriften und sein Andenken ins 20. Jahrhundert transportiert.[1] Da die Erinnerung an Georg auf vielfältige Weise fragmentiert und auch strittig war, hat man sich mit seinem Bild in der Familie und in der Geschichte stets auseinandergesetzt. Manchmal in Querelen, mit Missverständnissen und gegenseitigen Verletzungen, wie die Editionen der Werkausgaben im 19. Jahrhundert zeigen. Vielleicht auch, um fertig zu werden, klarzukommen mit der nicht enden wollenden Unruhe, die von Georg ausging. Jedenfalls aber bietet uns jedes Geschwister auf seine Weise eine ganz eigene Brücke zum Werk Georg Büchners und zu seiner Person. Und so können wir mit großem Gewinn in den wahrlich jeweils spannenden Biografien der Geschwister immer auch erfahren, wie sie mit den

Der jüngste Tag,

eine freie Zeitung aus Hessenland.

Erscheint täglich! Abonnementspreiß fl. 2 bis zum 1. Juli d. J.; die einzelne Nummer 2 Kr.; Einrückungsgebühren 2 Kr. die gespaltene Zeile. Gelder franco. Alle Postämter nehmen Bestellungen an.

Nr. 22. Gießen, Donnerstag den 30 März. 1848.

Ob Fürst, ob Volk?

Wir sind das Volk, wir sind, was Stamm am Baum
Und Wurzel, doch das Andre Krone kaum,
Wir bleiben, wenn die Krone abgeschlagen;
Doch ohne Stamm, was soll den Wipfel tragen?

Es gab eine Zeit (und theilweise gibt es eine solche noch), wo man glaubte, das Volk sei um des Fürsten willen und nicht der Fürst um des Volkes willen da. Die Herren schrieben sich damals „von Gottes Gnaden", wie sie es theilweise in unbegreiflicher Verblendung noch thun, obwohl dies sehr häufig als ein durchaus schlechtes Compliment für den bon sens des guten alten Herrgotts erscheint, zu dem man alles Zutrauen verlieren müßte, wollte man aus seinen Stellvertretern auf ihn schließen. Ueber diese patriarchalische Ansicht vom Staat ist das Volk jetzt hinaus, sie wird nur noch von Staatshämarrhoidariern, alten Tanten und von einigen Kathedern herab vertheidigt. Der Fürst ist um des Volkes willen da! das ist das Stichwort unserer Zeit, der leitende Stern an unserem politischen Horizont. Oder soll ein Einzelner die Frucht der Arbeit Vieler genießen wie bisher? soll ein Einzelner, blos aus Gründen seiner Geburt, das Recht haben, für Tausend Andere zu denken, zu reden und zu handeln (oder auch nicht zu denken, zu reden und zu handeln)? soll ein Einzelner, zufolge einer egoistischen Politik einem ganzen Volkswillen eine dessen Sympathien vielleicht widerstrebende Richtung geben dürfen? „Ich liebe die Zeit nicht," schreibt Börne, „wo die Vergessenheit von Tausenden die Ewigkeit von Einzelnen bilden mußte." Die Menschen sind dafür da, daß Einer den Andern hebt, aber nicht dafür, daß Alle Einen erheben. Der Fürst ist um des Volkes willen da, das heißt, der Fürst ist Nichts als der erste Staatsdiener, derjenige, der das schöne Recht hat, zunächst und zumeist für das Wohl Aller zu sorgen und für diese Sorge Allen verantwortlich ist. Ein Volk kann man sich am Ende auch ganz ohne Fürsten denken, dafür liefert die Geschichte die Belege, aber denke man sich einen Fürsten ohne Volk, einen Johann ohne Land (so à la duc de Neuilly), einen Wipfel ohne Baum, eine Krone ohne Haupt, einen Schwanz ohne Rumpf! Wir wollen hiermit gerade noch nicht die Republik proklamiren, wir wollen nur die Anmaßungen, die Uebergriffe Einzelner in die Rechte Aller zurückweisen, wie es jetzt allenthalben die Völker thun, und unser Grundsatz dabei ist: der Fürst ist um des Volkes willen da!

A. Büchner.

Verantwortlichkeit der Minister.

Unter dieser Aufschrift hat „die neue Zeit" einen Artikel, in welchem es u. A. heißt: Bei diesen Greueln (in Berlin) steht das Volk entrüstet da. Es fragt, sollen solche Metzeleien ferner möglich sein? Was wollen wir thun, um einen Riegel vorzuschieben, den der Arm der Gewalt nicht zerbrechen kann?

Hier gibt es denn nur ein Mittel in Monarchieen, und dies heißt „Verantwortlichkeit der Minister". Wir sehen die Minister Frankreichs mit Steckbriefen verfolgt, im Auslande das Brod des Mitleids essen, und unsere deutschen Minister unter Beweisen höchster Zufriedenheit ruhig vom Schauplatze abtreten. Die preußischen Minister, die Jahre lang Hochver-

Titel des »Jüngsten Tag«
vom 30. März 1848.

Sprengsätzen der Texte Georgs umgingen, wie sie diese blitzgefährliche und erleuchtende Literatur durch das 19. Jahrhundert transportierten. Kaum je hat es eine Familie gegeben, deren Mitglieder in ihren außergewöhnlichen Karrieren, in ihren je eigenen literarischen und wissenschaftlichen Werken selbst so markant hervortraten und dabei das Werk eines Familienmitglieds auf derart vielfältige Weise spiegelten und – mit allen Einschränkungen – auch retteten. Im 19. Jahrhundert jedenfalls ist diese Familie ganz und gar einzigartig. Ein wenig reißerisch könnte man von den »Manns« des 19. Jahrhunderts sprechen.

In den Vornamen der Büchners sind immer allerhand Beziehungen versteckt. Beim Jüngsten mag der Name Karl auf den Vater, Ludwig auf den Bruder verweisen, und ebenso häufig, wie ein Karl unter den

»Das ›tolle‹ Jahr« von 1900.

Vorfahren zu finden ist, üben die Büchners seit je heilkundliche Berufe aus. Vielleicht sollte Karl auch an den gleichnamigen, 1818 geborenen Bruder erinnern, der nach wenigen Monaten gestorben war. So hießen Ludwig und Alexander beide auch Karl. Enger hätten die beiden im Wunsch der Eltern kaum verknüpft werden können. Und wirklich: Louis und Alex, wie beide sich gern kurz zu nennen pflegten, hatten zeitweise eine fast symbiotische Beziehung. Seltsam, dass Ludwig Büchner später seinen »Neuen Hamlet« unter dem Pseudonym Karl Ludwig veröffentlichen sollte. Und warum nannte Luise in ihrer Schlüsselnovelle »Ein Dichter« den offensichtlichen Georg ebenfalls Ludwig? In einer Zeit, die wie Goethe in den »Wahlverwandtschaften« das hintergründige Spiel mit den Namen schätzte, war das wohl kein Zufall. Teils von den Eltern zusammengesteckt, teils in frei gewählter Übereinkunft kamen sich ihre Lebenslinien oft sehr nah. Nur drei Jahre auseinander, durchliefen sie ähnliche Schulkarrieren mit dem Besuch des obligaten Alten Pädagog, dem Gymnasium in Darmstadt, an dem schon Georg widerspenstige Gedanken hatte einüben können. Zwar glaubte der Vater im neunjährigen, offenbar emsig lernenden Alexander den Vorschein eines künftigen, vor allem ruhigen Gelehrten erkennen zu können, das aber dürfte seinen Kontrastwünschen geschuldet gewesen sein, nicht noch einen von Georgs überhitzter Sorte zu bekommen.

Rasch zeigte sich auch bei Alexander der in der Familie stark ausgeprägte Hang zur Doppelstrategie. Es wurde fleißig gelernt, Examina wurden ordnungsgemäß und mit guten Resultaten bestanden, am studentisch-politischen Leben aber nahm man dabei dennoch sehr intensiv teil.

Alexander immatrikulierte sich am 10. April 1845 – wie Anton Büchner schreibt – ›unwillig‹ an der Gießener Landesuniversität für das Studium der Rechtswissenschaft. Ludwig ging nach seinem Straßburger Intermezzo auch wieder an die ungeliebte Gießener Universität, und dort sollten die Brüder alsbald aktiv in den revolutionären Bewegungen mitwirken. Was Alexander dann nicht daran hinderte, im Juli 1848 zum »Doktor beider Rechte« zu promovieren.

Alexander macht es uns leicht und schwer. Er schrieb »Erinnerungen«, die 1900 in Gießen erschienen: »Das ›tolle‹ Jahr. Vor, während und danach. Von einem, der nicht mehr toll ist.« Damit verfügen wir über eine authentische Quelle, die in dieser Ausführlichkeit von den übrigen Geschwistern der Büchner-Familie nicht vorliegt. Leider aber wurde das »Tolle Jahr« mit allerhand Anekdoten-Ballast, Abschweifungen und auch Eitelkeiten angereichert, wie das »Erinnerungen« prominenter Persönlichkeiten nun einmal an sich haben, besonders, wenn auf eine revolutionäre Jugend zurückzublicken ist. Georg kommt dort kaum vor, obwohl Alexander auf vielfältige Weise am Transport seines Werkes beteiligt war, wie wir noch sehen werden. In Gießen stürzte Alexander sich ungestüm in die studentischen Sitten, wurde Mitglied zweier Verbindungen, zunächst der »Alemania«, die Ludwig Büchner mitbegründet hatte, dann der »Rhenania«. Er kritisierte das Saufen und Schlagen, wandte sich entschieden den demokratischen Traditionen der Burschenschaften zu und beteiligte sich – wieder mit Bruder Ludwig – im August 1845 am Auszug nach Staufenberg. Das war kein revolutionärer Akt des Aufbegehrens, stand aber schon auf der Kippe zum selbstbewussten Kampf gegen die Obrigkeit.[2] Anton Büchner zitiert die Kennzeichnung des vormärzlichen Alexander als eines »schreckenerregenden Demokrätzers«. Das ist im milden Licht der »Erinnerungen«, die ein halbes Jahrhundert nach der 48er-Zeit geschrieben wurden, etwas albern formuliert. Es entspricht der Tendenz im »Tollen Jahr«, die revolutionäre Betätigung in der 48er-Zeit als Jugendsünde abzutun. An den besten Stellen aber – es sind wenige – liest sich das »Tolle Jahr« wie durch die Stil-Schulen von Jean Paul und Heinrich Heine gegangen. Zwei Autoren, mit denen sich Alexander später als französischer Literaturprofessor intensiv beschäftigen sollte. Die Ereignisse im Großherzogtum um die 48er-Märzrevolution herum waren aber alles andere als milde, und mehr als einmal riskierten Alexander und Ludwig zumindest ihre Gesundheit, wenn nicht ihr Leben. Ohne Parallelen zu Georgs politischer Theorie und Praxis herbeizwingen zu wollen, fallen doch im revolutionären Engagement der Brüder Ludwig und Alexander starke Ähnlichkeiten auf. Alle drei betätigten sich als ›eingreifende‹ Autoren, die in journalistischen und literarischen Schreibweisen die revolutionären Bewegungen voranbringen wollten. Hinzu kommen Brückenfiguren wie August Becker, der schon an der Seite

Rasch zeigte sich auch bei Alexander der in der Familie stark ausgeprägte Hang zur Doppelstrategie. Es wurde fleißig gelernt, Examina wurden ordnungsgemäß und mit guten Resultaten bestanden.

Es lohnt sich, im »Tollen Jahr« über Alexanders Doppelleben als fleißiger Examenskandidat und quirliger März-Revolutionär zu lesen.

Alexander Büchner ca. 1860.

Georgs gekämpft hatte und nun, nach der Pariser Februar-Revolution aus dem Schweizer Exil in den Aufruhr nach Gießen geht.
Ausführlich berichtet Alexander im »Tollen Jahr« über August Beckers Zeitung »Der jüngste Tag«, an der beide Brüder engagiert mitarbeiteten:
»Man begreift leicht, daß wir jungen Leute in jener aufgeregten Zeit ein Organ der Presse schaffen wollten, und dafür hatten wir den rechten Mann gleich zur Hand. Es war dies ein Exdemagoge aus den dreißiger Jahren, ehemaliger Theologe und Verschwörer, Freund und Anbeter meines verstorbenen Bruders Georg, August Becker, welcher damals gefänglich eingezogen und vier Jahre lang in strenger Einzelhaft gehalten worden war (...) Da kehrte er denn nach Gießen zurück und wurde als Märtyrer allgemein bewundert. Er hatte einen großen, stachligen, fuchsroten Bart (...)« und »schloß sich sogleich an Louis und mich als Brüder seines unvergeßlichen Freundes Georg an«[3].

Alexander wirkte in nächster Nähe eines engen Freundes von Georg und betont das noch 50 Jahre später. Es war ihm auch dann noch wichtig. Mit August Becker springt aus den »dreißiger Jahren« ein Zeuge von Georgs revolutionären Betätigungen in die eigene Praxis der Brüder. Oft hatten sie Georgs »demagogische Umtriebe« als Schatten beschrieben, der das Familienleben verdunkelte. Bei aller Ambivalenz auch gegenüber ihrem eigenen revolutionären Handeln, bei aller Rücksicht auf die Ängste und Fragen der Eltern, waren sie jetzt doch Georg in einer Weise nahe, die so nie wiederkehren sollte. Es lohnt sich, im »Tollen Jahr« über Alexanders Doppelleben als fleißiger Examenskandidat und quirliger März-Revolutionär zu lesen. An diesen Stellen scheint dem alten Professor und Gelehrten noch einmal klar geworden zu sein, dass er als »Alt-48er« seinerzeit seine Existenz, die durch das absolvierte Jura-Examen und das folgende Referendariat hätte ruhig und erfolgreich in Justiz-Bahnen verlaufen können, aufs Spiel gesetzt hatte. Das »Spiel« ging für ihn zunächst böse aus. Er wurde im Mai 1851 aus dem Staatsdienst entlassen und ging dann Anfang Januar 1855 als Lehrer der neueren Sprachen ans Collège libre de Notre Dame nach Valenciennes im Norden Frankreichs. Er lebte dann bis 1900 in Frankreich. Zunächst als Exilant, dann als eingebürgerter Franzose. Und er blieb Zeit seines Lebens ein Demokrat. So teilte er – wenn auch in ruhigeren Bahnen – Georgs Schicksal als Emigrant. Es ist, als hätten die Geschwister Möglichkeiten oder auch Zwänge ausgelebt, die allesamt auch in Georgs kurzem Leben angelegt waren.

Es ist, als hätten die Geschwister Möglichkeiten oder auch Zwänge ausgelebt, die allesamt auch in Georgs kurzem Leben angelegt waren.

August Becker gab also gemeinsam mit dem Theologie- und späteren Jurastudenten Rudolf Fendt[4] die Zeitung »Der jüngste Tag« heraus. Geschickt kamen hier, in dem »für die oberhessische Umgebung bestimmten Volksblatt«, neueste Nachrichten mit Meldungen zusammen, die auf das baldige Ende der herrschenden Verhältnisse im Großherzogtum und überhaupt in deutschen Landen in apokalyptischer Manier hindeuteten. Anders als beim »Hessischen Landboten« sollen sich die Bauern und kleinen Leute in Oberhessen um die Zeitung gerissen haben. Alexander schrieb, redigierte, agierte aber auch als offenbar populärer Tribun. Am 19. Juli 1848 stand über ihn im »Jüngsten Tag«:

Delikat und für Alexander gefährlich war die Tatsache, dass der Hofgerichtsrat Konrad Georgi, der den Pfarrer Weidig in den Tod getrieben hatte, noch lebte und nunmehr dem Darmstädter Gerichtshof angehörte.

»Die gestern in Garbenteich (bei Gießen, die Autoren) stattgefundene Volksversammlung war zahlreich besucht. Man konnte gleich von vorne herein zwei Parteien unterscheiden; die republikanische Partei war unserer Schätzung nach in der Mehrheit. Eröffnet wurde die Versammlung durch den Pfarrer aus Steinbach, der früher in Lich ›Herunter mit ihm!‹ gerufen hatte, diesmal aber die purste Eintracht und Liebe predigte. Präsidirt wurde dieselbe vom Bürgermeister aus Garbenteich. Tages=Ordnung: O b R e p u b l i k o d e r M o n a r c h i e ? Der bekannte F. Fischer greift zuerst in sehr langweiliger Rede die Republikaner und den neuerlichen Protest derselben an, wobei ihm das Malheur passirt, daß die Stelle, die er angreifen will, allgemein beklatscht wird. Er behauptet: u. A.: die Republikaner seien allein Schuld daran, daß wir die Volkssouveränität mit allen ihren Folgen (also die Republik) noch nicht hätten, konnte aber diesen Satz nicht beweisen. Herr A. Büchner, mit Bravos empfangen, widerlegte den Fischer Punkt für Punkt. Die Peppler'sche Partei lärmt, weil sie die Wahrheit nicht hören kann. Büchner verläßt die Tribüne. Keller aus Gießen hält eine Rede, die nicht gehauen und nicht gestochen ist. Leistner schildert die Republikaner als gefährliche Menschen, gefährlich den Fürsten, den Aristokraten, den Adeligen, den schlechten Beamten und allen schlechten Menschen (Anhaltendes Bravo). Major Peppler sprach von der ihm gebrachten Katzenmusik und strich, wie gewöhnlich, seinen grauen Schnurrbart heraus.«[5]
Hatte man die Tageszeitung zum publizistischen Erfolg geführt, so wurde alsbald eine Art Feuilleton vermisst. Das entstand unter dem poetischen Namen »Wilde Rosen. Ein belletristisches Beiblatt zum jüngsten Tag«. In einer »Criminalgeschichte von früher« bewies Alexander außerordentliche publizistische Courage. In offen anklägerischer Manier behandelte er nämlich das elende Schicksal von Ludwig Weidig im Darmstädter Kerker.[6]

Delikat und für Alexander gefährlich war die Tatsache, dass der Hofgerichtsrat Konrad Georgi, der den Pfarrer Weidig in den Tod getrieben hatte, noch lebte und nunmehr dem Darmstädter Gerichtshof angehörte. Da er sich ganz zu Recht in Alexander Büchners Kriminalgeschichte wiedererkannte, sah er sich in seiner »Amts- und Dienstehre« verletzt und strengte gegen den mittlerweile als emsiger

Republikaner bekannten Alexander Büchner einen Prozess wegen Pressvergehens an. Der aber wurde vom Schwurgericht freigesprochen, und wieder einmal zeigte sich sein unglaubliches Geschick – er nannte es ›sprichwörtliches Glück‹ –, mit seiner scharfen und spitzen Zunge einer Falle zu entkommen, die schon zugeschnappt schien. In der Erzählung wird die aus den seinerzeit populären Räuber- und Mordgeschichten bekannte Grausamkeit auf schärfste Weise politisiert und aktualisiert. Weidigs schreckliches Schicksal war allgemein bekannt. Über den tatsächlichen Hergang seines Todes aber wusste man nichts Genaues. Dem hilft Alexander nun ab. Völlig verzweifelt hatte Weidig nach der Ablehnung all seiner Gesuche sich die Pulsadern geöffnet und war verblutet. In der ›Criminalgeschichte‹ schneidet der Untersuchungsrichter – und das ist niemand anderes als Konrad Georgi – dem Halbtoten die Kehle durch: »Am Ende sind wir hier allein – er hätte sich doch nur selbst umgebracht (…) Er zog ein Messer aus der Tasche, öffnete es und reichte es dem Richter. Dieser erfaßte es schnell und schnitt die Kehle des Wehrlosen mit fester Hand durch; dann putzte er kaltblütig die rauchende Klinge an den blutigen Kleidern seines Opfers ab und gab das Messer dem Actuar zurück. ›Bravo!‹ sagte dieser, und sie verließen den Kerker, der den letzten Athemzug eines politischen Verbrechers empfangen hatte.«[7]
Georg Büchner hatte am 20. April 1835 aus Straßburg an die Familie in Darmstadt geschrieben: »Heute Morgen erhielt ich eine traurige Nachricht; ein Flüchtling aus der Gegend von Gießen ist hier angekommen; er erzählte mir, in der Gegend von Marburg seyen mehrere Personen verhaftet und bei einem von ihnen eine Presse gefunden worden, außerdem sind meine Freunde L. (das ist A. für August, die Autoren) Becker und Klemm eingezogen worden, und der Rector Weidig von Butzbach wird verfolgt.«[8]
So treten zwei der engsten Freunde bzw. Mitstreiter Georg Büchners, August Becker und Friedrich Ludwig Weidig, dreizehn Jahre nach ihrer Erwähnung in Georgs Brief nach Hause, in einer Zeit, die von den Erinnerungen und Aktualisierungen der 30er Jahre erfüllt ist, in Alexanders Gesichtskreis. In August Becker darf Alexander den Freund und Verehrer seines Bruders sehen, in Friedrich Ludwig Weidig ein Opfer der Obrigkeit, die ihn nun selbst belangt. Wenn es ein

Alexander gerät im »Tollen Jahr« in gefährliche Situationen, wird festgenommen und wieder freigelassen, versucht wie stets, den Wünschen des Vaters nach einem gehobenen Fortkommen der Söhne zu entsprechen und zugleich wie der Bruder für eine gerechte Republik zu kämpfen.

familiengeschichtliches Gedenken gibt, in dem die große Geschichte im Kleinen sich spiegelt, dann hier. Und die wütende Geschichte in den »Wilden Rosen« kann man mit einigem Recht auch als Versuch lesen, die Schmach und die Wut des Bruders zu rächen.

Alexander gerät im »Tollen Jahr« in gefährliche Situationen, wird festgenommen und wieder freigelassen, versucht wie stets, den Wünschen des Vaters nach einem gehobenen Fortkommen der Söhne zu entsprechen und zugleich wie der Bruder für eine gerechte Republik zu kämpfen. Angesichts der Kämpfe und der Niederlage der revolutionären Bewegung im Jahre 1849 ist es keineswegs übertrieben, wenn festgehalten wird, dass Alexander wie auch Ludwig und Georg für die Abschaffung der undemokratischen Herrschaft der Könige, Fürsten und kleinen Despoten ihr Leben aufs Spiel setzten. Das wird bei Alexander sehr viel später dann in den Erinnerungen als jugendliches Aufbrausen in burlesken Bildern geschildert, das Echo der 48er Jahre aber klingt in den 80er und 90er Jahren in der Ablehnung von Bismarcks Politik und dem imperialen Auftreten des Kaisers nach. Bei Ludwig wandert der revolutionäre Furor in radikales, antiklerikales Freidenken und für die Arbeiterklasse aufbereitetes Weltwissen ein; Georgs früher Tod hängt unmittelbar mit seinem rastlosen Kampf gegen Ausbeutung und Unterdrückung zusammen. Nehmen wir Luise und Wilhelm dazu, können wir von einer Ausnahmefamilie aus lauter Demokraten sprechen zu Zeiten, in denen in Deutschland in großer Ungleichzeitigkeit gegenüber Ländern wie England, Frankreich und den USA die demokratische Entwicklung gründlich verpasst wurde.

Alexander Büchner hält sich von Juni bis Oktober 1849 aus Angst vor »neuen Maßregeln der Gerichte« in Frankfurt auf, um dort an der radikaldemokratischen »Neuen Deutschen Zeitung« von Otto Lünings mitzuarbeiten. Schließlich will er sich in Hanau der Schützenkompagnie der Turnerwehr anschließen, verpasst aber den Abmarsch Richtung Hirschhorn und gerät so am 21. Juni 1849 nicht in die Schlacht bei Waghäusel, die für die badischen Truppen, letzte Bastion der Revolution, verloren geht.

Der erwähnte Prozess wegen der Kriminalerzählung in Darmstadt wurde auf Anfang Juni 1849 angesetzt. Es spricht für Alexanders

Der Prozess wegen der Kriminalerzählung in Darmstadt wurde auf Anfang Juni 1849 angesetzt. Es spricht für Alexanders Courage, dass er zu diesem Prozess aus Gouda anreist, wohin er mit falschem Pass nach dem Scheitern der revolutionären Bewegung zu der Familie des Onkels gegangen war.

Courage, dass er zu diesem Prozess aus Gouda anreist, wohin er mit falschem Pass nach dem Scheitern der revolutionären Bewegung zu der Familie des Onkels gegangen war.
Sein juristisches Referendariat absolviert er schließlich in Langen und Darmstadt. Dann aber holt ihn die keineswegs vergangene Repression ein. Im Frühsommer 1851 war er nach London gereist, um die erste Weltausstellung zu besuchen, auf der sein inzwischen als Unternehmer erfolgreicher Bruder Wilhelm das »Familiengold«, das synthetisch produzierte Ultramarin, präsentierte.
Aber Alexanders demokratische Subversion war noch nicht wie eine Jugendmarotte zu Ende gegangen. In London hatten sich politische Flüchtlinge getroffen, die sich über den fantastischen Plan einer deutschen Republik als Teil der nordamerikanischen Union verständigen wollten. Zu ihnen war Alexander als eine Art Bote gestoßen, hatte Nachrichten von Sympathisanten aus Deutschland überbracht, was von preußischen Agenten den Justizorganen in Darmstadt gemeldet worden war.
Die Folge: Alexander wurde zum Londoner »Hochverrat gegen die Deutschen Bundesstaaten« befragt. Er bekannte sich zu seinen demokratischen Ansichten und zur deutschen Einheit und verlor am 21. September 1851 seine Anstellung im hessischen Staatsdienst.
In dieser Phase der aktiven Beteiligung an den revolutionären Bewegungen kommt einem Familienunternehmen gewiss herausragende Bedeutung zu: der Arbeit an den »Nachgelassenen Schriften« Georg Büchners, die – wahrscheinlich im November – 1850 erschienen. Unter Ludwigs Federführung machten sich auch Luise und Alexander daran, Georgs Manuskripte zu ordnen und zu transkribie-

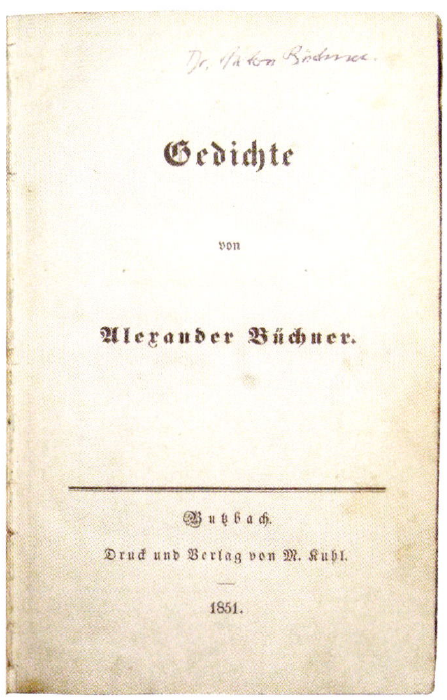
Gedichte

von

Alexander Büchner.

Butzbach.

Druck und Verlag von M. Kuhl.

1851.

Titelseite von Alexanders »Gedichte«, seiner ersten selbstständigen Veröffentlichung, Gießen 1851.

ren. Luise übernahm die Abschrift des Manuskripts von »Leonce und Lena«, Alexander half dabei mit, die »Woyzeck«-Quarthandschrift abzuschreiben. Der »Woyzeck« wurde schließlich in die »Nachgelassenen Schriften« nicht aufgenommen. Was aber bedeutete es für Alexander, als selber immer nur knapp entwischter Protagonist der demokratischen Bewegung an der Edition der Schriften seines Bruder beteiligt zu sein, der revolutionären Hauptfigur der Familie?
Der Juristerei überdrüssig wendet Alexander sich nun der schon seit Jahren nebenher praktizierten »Büchnerschen Familienkrankheit« intensiver zu, der Literatur. Ein Band mit – teils aufrührerischen – Gedichten erscheint 1851 in Butzbach. Im »Tollen Jahr« findet man eines dieser, auf 1849 datierten Gedichte:

Der Juristerei überdrüssig wendet Alexander sich nun der schon seit Jahren nebenher praktizierten »Büchnerschen Familienkrankheit« intensiver zu, der Literatur.

»Im Gefängnis.

Ich weiß 'ne Stunde, da herab
Zum Barth mir manche Thräne floß.
Doch Wehmut nicht noch Schande gab
Die Tropfen, die mein Aug' vergoß.

Und als die Zähre blutig heiß
Die trockne Wange lief entlang,
Da sprach ich in dem Herzen leis
Wohl einen Fluch, der blutig klang:

Für jede Thräne, die da fällt,
Fällt nieder ein Tyrannenhaupt;
Hinrollt es in das blut'ge Feld,
Dem seinen Pflanzer es geraubt.

Für jeden Tropfen, der da quillt,
Zahlt eines Schergen Haupt und Hand,
Der für des Fürsten silbern Bild
Verriet das teure Vaterland.«

Auf diese revolutionäre Gesinnungspoesie ließ sich wohl schwerlich eine Karriere als Dichter gründen.
Hier aber kommt ein weiteres Familienmerkmal ins Spiel. Lebensläufe lassen sich in kürzester Zeit umbauen; nicht als Jurist, nicht als Dichter sollte Alexander reüssieren, sondern als ein vielsprachiger Literaturwissenschaftler, der zu den ersten bedeutenden Komparatisten, den vergleichenden Literaturwissenschaftlern, gehören wird. Wann er sich die immensen Kenntnisse verschafft hat, ist ein Rätsel. Nachzutragen bleibt ein Semester an der Heidelberger Universität im Herbst 1846, wo der Jurastudent wohl auch beim demokratisch gesonnenen, aus Darmstadt stammenden Literaturhistoriker Georg Gottfried Gervinus, übrigens ebenfalls Schüler des Darmstädter Pädagogs, Vorlesungen gehört hatte. Auf ihn sollte er dann in Frankreich zurückkommen.
Im Herbst 1851 hört er zusammen mit seinem Freund Franz Wirth, Sohn des bekannten, 1848 gestorbenen Vormärz-Publizisten Johann Wirth, Vorlesungen an der Münchner Universität. Gleich darauf geht er nach Zürich, wo die kantonale Universität zu einer schweizerischen Landesuniversität erweitert werden soll, was aber scheitert. Am 3. Januar 1853 habilitiert sich Alexander Büchner an der Zürcher Universität für neuere Literaturgeschichte. Es fällt schwer, nicht wiederum an eine tätige Wiederholung eines biografischen Datums seines Bruders Georg zu denken. Georg hatte im September 1836 für die eingereichte Abhandlung »Sur le système nerveux du barbeau« die »philosophische Doctorwürde« verliehen bekommen und war am 5. November schließlich zum Privatdozenten ernannt worden.
Rasch sieht Alexander seine kümmerlichen Berufsaussichten in Zürich und kehrt erst einmal – wie das bei den Büchners so üblich ist – Ende 1852 ins Darmstädter Elternhaus in der Grafenstraße 39 zurück, wo zu dieser Zeit auch die Schwestern Mathilde und Luise leben. Die Bedeutung dieses Hauses für die »Kinder«, die wie Luise und Mathilde bis ins Frühjahr 1872 dort ständig wohnten, für Ludwig, der erst nach seiner Heirat mit Sophie Thomas im Jahre 1860 auszog und für Alexander, der bis zur Übersiedlung nach Frankreich auch immer wieder zurückkehrte, ist kaum zu überschätzen. Eigentlich müsste es in Darmstadt, wo das legendäre Haus in der Grafen-

Rasch sieht Alexander seine kümmerlichen Berufsaussichten in Zürich und kehrt erst einmal – wie das bei den Büchners so üblich ist – Ende 1852 ins Darmstädter Elternhaus in der Grafenstraße 39 zurück.

Wie Ludwig und Luise hat Alexander die Stoffe und Themen seiner Wissenschaft meist so dargestellt, dass sie von einem großen, nicht spezialisierten Publikum rezipiert werden konnten.

straße im Zweiten Weltkrieg zerstört wurde, ein »Familie-Büchner-Haus« geben, in dem zur Geschichte dieser Familie geforscht und in einer großen Dauerausstellung an sie erinnert wird. Ein solches Haus käme dem Geburtshaus von Georg Büchner in Goddelau und der schön renovierten Wilhelm-Büchner-Villa in Pfungstadt nicht in die Quere.

Alexander war nun 27 Jahre alt, besaß einen Doktor-Titel, war habilitiert, hatte Gedichte geschrieben, aus dem Englischen übersetzt und führte ein Leben als Privatgelehrter. Da er offenbar an festen Verhältnissen (noch) nicht interessiert war, wurde er im Frühjahr 1853 von der Mutter gebeten, seinen offenbar melancholisch veranlagten Bruder Ludwig in Tübingen zu unterstützen, und weil er außer ein paar Schreibprojekten nichts anderes plante, tat er das auch. Bei dieser Gelegenheit sollte das Bild des als streng geltenden, sich zur Darmstädter Obrigkeit vielleicht ein wenig zu loyal verhaltenden Vaters ein wenig korrigiert werden. Bei allen Klagen über die revolutionären Söhne hat er sie doch aus Gefahr und höchster Not, wo er konnte, stets zu befreien versucht. Er hatte einen guten Namen in Darmstadt und Umgebung, und oft genug war es seiner Autorität zu verdanken, wenn sich die Söhne aus sehr brenzligen Situationen retten konnten. Auch das erfährt man im »Tollen Jahr«.

In Zürich hatte sich Alexander mit einer kommentierten Übersetzung von »Childe Harold's Pilgrimage« des seinerzeit als philhellenischer Held verehrten, 1826 in Griechenland gestorbenen Lord Byron habilitiert. Nun erscheint diese Übersetzung als Buch beim »Familienverlag« der Büchners Meidinger in Frankfurt und kommt bei der Kritik gut an. So hatte sich der revoltierende Jurist als Dichter und Literaturwissenschaftler entpuppt. Die Zeit in Tübingen nutzt er intensiv mit der Arbeit an einer voluminösen »Geschichte der englischen Poesie«[9], die dann 1855 im Verlag des Darmstädter Buchhändlers Johann Philipp Diehl erscheint. Das Buch ist mit 800 Seiten sehr umfangreich, gut geschrieben und wandte sich nicht nur an ein Spezialpublikum. Auch dies scheint eine dauerhafte Familienintention gewesen zu sein. Wie Ludwig und Luise hat auch Alexander die Stoffe und Themen seiner Wissenschaft meist so dargestellt, dass sie von einem großen, nicht spezialisierten Publikum rezipiert werden konnten. Ist dies, wo es gekonnt betrieben wird, nicht auch eine Form der Demokratie, eine Art »Bildungsdemokratie«? Darin ähneln die Büchners einem Helden der Popularisierung im 19. Jahrhundert, Alexander von Humboldt, über den Alexander Büchner übrigens ebenfalls publizierte. Ein paar Sätze aus dieser Literaturgeschichte demonstrieren schon den erzählenden Ton. Über Lord Byron, bei dem Alexander sich gewiss besonders gut auskannte, lesen wir (Byron unterstützte im Jahre 1823 die politischen Bestrebungen der italienischen Patrioten.):

»Durch die Unterdrückung der constitutionellen Parthei in Neapel durch Oestreichs Waffen wurden diese Bestrebungen vernichtet und Byron beschließt ›an dem gerade auflodernden Freiheitskampf Griechenlands‹ (…) persönlich Theil zu nehmen. Mit Geld und Waffen wohlversehen ging er, im Juli 1823, mit Pietro Gamba, dem Bruder Theresa's, in zwei Schiffen von Livorno nach Cephalonia unter Segel und gelangte, nach manchen Abentheuern und Gefahren und einem längeren Aufenthalt auf dieser Insel, im Januar 1824 nach Missolunghi (Messolongi, die Autoren), wo er mit den höchsten Ehren empfangen wurde.«[10] Mit diesem Werk, das von überragenden Kenntnissen zeugte, verabschiedete sich Alexander aus Deutschland. In Tübingen hatte er Ludwig ermutigt, das Manuskript von »Kraft und Stoff« zum Verleger Meidinger in Frankfurt zu schicken. Im Januar 1855 siedelte Alexander Büchner nach Valenciennes im Norden Frankreichs über, um dort zunächst an der katholischen Privatschule »Collège libre de Notre Dame« Deutsch und Englisch zu unterrichten. Dorthin gelangte er durch die Vermittlung seines ehemaligen Mitrevolutionärs und Freundes, des Arztes Wilhelm Zimmermann, der schon zuvor ins französische Exil gegangen war.[11]

1855, das große Jahr der Bucherfolge von Luise, Ludwig und Alexander, war zugleich für die Lebenswege der Brüder ein Schlüsseljahr. Ludwig wurde wegen seines materialistisch-freigeistigen Bestsellers »Kraft und Stoff« in Tübingen die Lehrerlaubnis entzogen, Alexander, der im September 1851 aus dem Staatsdienst entlassen worden war, ging nach Frankreich. Angesichts der in den Staaten des Deutschen Bundes fortbestehenden Repression nach der niedergeschlagenen Revolution von 1848 kann man durchaus sagen, er wechselte ins Exil.

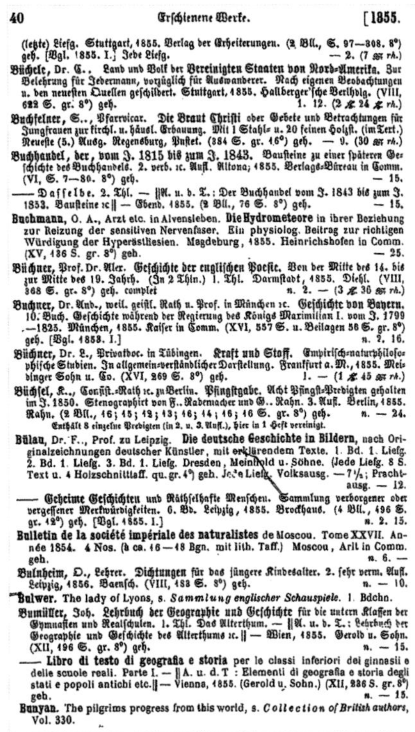

40 Erschienene Werke. [1855.

(letzte) Liefg. Stuttgart, 1855. Verlag der Erheiterungen. (2 Bll., S. 97—308. 8°) geh. [Vgl. 1855. I.] Jede Liefg. — 2. (7 ℊ rh.)

Büchele, Dr. C.. Land und Volk der **Vereinigten Staaten von Nord-Amerika.** Zur Belehrung für Jedermann, vorzüglich für Auswanderer. Nach eigenen Beobachtungen u. den neuesten Quellen geschildert. Stuttgart, 1855. Hallberger'sche Verlhdlg. (VIII, 622 S. gr. 8°) geh. 1. 12. (2 ℛ 24 ℛ rh.)

Buchfelner, S.., Pfarrvicar. **Die Braut Christi** oder Gebete und Betrachtungen für Jungfrauen zur kirchl. u. häusl. Erbauung. Mit 1 Stahl- u. 20 feinen Holzst. (im Text.) Neueste (5.) Ausg. Regensburg, Pustet. (384 S. gr. 16°) geh. — 9. (30 ℊ rh.)

Buchhandel, der, vom J. 1815 bis zum J. 1843. Bausteine zu einer späteren Geschichte des Buchhandels. 2. verb. rc. Aufl. Altona, 1855. Verlags-Büreau in Comm. (VI, S. 7—80. 8°) geh. — 15.

—— Dasselbe. 2. Thl. — ‖A. u. d. T.: Der Buchhandel vom J. 1843 bis zum J. 1853. Bausteine rc‖ — Ebend. 1855. (2 Bll., 76 S. 8°) geh. — 15.

Buchmann, O. A., Arzt etc. in Alvensleben. **Die Hydrometeore** in ihrer Beziehung zur Reizung der sensitiven Nervenfaser. Ein physiolog. Beitrag zur richtigen Würdigung der Hyperästhesien. Magdeburg, 1855. Heinrichshofen in Comm. (XV, 136 S. gr. 8°) geh. — 25.

Büchner, Prof. Dr. Alex. **Geschichte der englischen Poesie.** Von der Mitte des 14. bis zur Mitte des 19. Jahrh. (In 2 Thln.) 1. Thl. Darmstadt, 1855. Diehl. (VIII, 368 S. gr. 8°) geh. complet n. 2. — (3 ℛ 36 ℊ rh.)

Buchner, Dr. And., weil. geistl. Rath u. Prof. in München rc. **Geschichte von Bayern.** 10. Buch. Geschichte während der Regierung des Königs Maximilian I. vom J. 1799 —1825. München, 1855. Kaiser in Comm. (XVI, 557 S. u. Beilagen 56 S. gr. 8°) geh. [Vgl. 1853. I.] n. 2. 16.

Büchner, Dr. L., Privatdoc. in Tübingen. **Kraft und Stoff.** Empirisch-naturphilosophische Studien. In allgemein-verständlicher Darstellung. Frankfurt a. M., 1855. Meidinger Sohn u. Co. (XVI, 269 S. 8°) geh. 1. — (1 ℛ 45 ℊ rh.)

Büchsel, K.., Consist.-Rath rc. zu Berlin. **Pfingstgabe.** Acht Pfingst-Predigten gehalten im J. 1850. Stenographirt von F.. Rademacher und G.. Rahn. 3. Aufl. Berlin, 1855. Rahn. (2 Bll., 16; 15; 12; 13; 16; 14; 16; 16 S. gr. 8°) geh. n. — 24.

Enthält 8 einzelne Predigten (in 2. u. 3. Aufl.), hier in 1 Heft vereinigt.

Bülau, Dr. F.., Prof. zu Leipzig. **Die deutsche Geschichte in Bildern**, nach Originalzeichnungen deutscher Künstler, mit erklärendem Texte. 1. Bd. 1. Liefg. 2. Bd. 1. Liefg. 3. Bd. 1. Liefg. Dresden, Meinhold u. Söhne. (Jede Liefg. 8 S. Text u. 4 Holzschnitttaff. qu. gr. 4°) geh. Jede Liefg. Volksausg. — 7½; Prachtausg. — 12.

—— **Geheime Geschichten** und Räthselhafte Menschen. Sammlung verborgener oder vergessener Merkwürdigkeiten. 6. Bd. Leipzig, 1855. Brockhaus. (4 Bll., 496 S. gr. 12°) geh. [Vgl. 1855. I.] n. 2. 15.

Bulletin de la société impériale des naturalistes de Moscou. Tome XXVII. Année 1854. 4 Nos. (à ca. 16—18 Bgn. mit lith. Taff.) Moscou, Arlt in Comm. geh. n. 6. —

Bulnheim, O., Lehrer. **Dichtungen** für das jüngere Kindesalter. 2. sehr verm. Aufl. Leipzig, 1856. Baensch. (VIII, 183 S. 8°) geh. n. — 10.

Bulwer. The lady of Lyons, s. *Sammlung englischer Schauspiele.* 1. Bdchn.

Bumüller, Joh. **Lehrbuch der Geographie und Geschichte** für die untern Klassen der Gymnasien und Realschulen. 1. Thl. Das Alterthum. — ‖A. u. d. T.: Lehrbuch der Geographie und Geschichte des Alterthums rc.‖ — Wien, 1855. Gerold u. Sohn. (XII, 196 S. gr. 8°) geh. n. — 15.

—— **Libro di testo di geografia e storia** per le classi inferiori dei ginnasii e delle scuole reali. Parte I. — ‖A. u. d. T: Elementi di geografia e storia degli stati e popoli antichi etc.‖ — Vienna, 1855. (Gerold u. Sohn.) (XII, 236 S. gr. 8°) geh. n. — 15.

Bunyan. The pilgrims progress from this world, s. *Collection of British authors*, Vol. 330.

»Messkatalog« von 1855 mit Ankündigung von Alexanders »Geschichte der englischen Poesie« und Ludwigs »Kraft und Stoff«.

Vor kurzem erst wurde in Deutschland damit begonnen, Alexander Büchners Rolle als eines Pioniers der deutsch-französischen Literaturbeziehungen und der literaturwissenschaftlichen Disziplin der Komparatistik zu erforschen und zu würdigen.

Jean Paul (Johann Paul Friedrich Richter, 1763–1825).

Der Familie ging er damit aber keineswegs verloren. Im Gegenteil. Häufig besuchte er die Eltern und Geschwister, und der literarisch-philosophische Grenzverkehr der fleißig publizierenden, mittlerweile bekannten und berühmten Geschwister Luise und Ludwig wurde durch Alexander enorm gefördert. Es ist über diesen Aspekt der in der Familie durch den Vater tief verankerten Frankophilie bislang kaum etwas bemerkt worden. In einer Art »kleiner Komparatistik« wäre zu erforschen, wie sich die politischen Energien der 48er-Bewegung in der Büchner-Familie in den eigenen deutsch-französischen Beziehungen auch dann noch erhalten haben, als nach dem von Frankreich verlorenen Krieg von 1870/71 die Gründungspotenzen des deutschen Kaiserreichs nicht unerheblich durch den Sieg genährt und beflügelt wurden. Immerhin musste es die Familie später aushalten, dass ihr mit Alexander, der im November 1870 französischer Staatsbürger geworden war, ein »Feind« angehörte. Und an dumpfer antifranzösischer Propaganda fehlte es im frisch gegründeten Deutschen Reich wahrlich nicht.
Alexander schrieb dazu im »Tollen Jahr«:

»Ich bin ja durch jene verhängnisvollen Ereignisse eigentlich v a t e r l a n d s l o s geworden, während ich vorher Deutschland durch meine Geburt, und Frankreich durch Wahl und Adoption angehörte. Ein solches doppeltes Verhältnis war vor 1870 sehr häufig und nicht ungern gesehen, und kurz vor jener Zeit sagte mir ein Mitglied der Sorbonne die wohlwollenden Worte ›Vous êtes un pont de plus sur le Rhin.‹ Seit diese Brücke mit Gewalt gebrochen worden ist, stehe ich wie die Wanen der germanischen Mythologie in der Mitte zwischen den kriegführenden Asen und Jothen, den Streichen beider Parteien ausgesetzt, wobei es freilich die Wanen ihrerseits an kräftigen Gegenhieben nicht fehlen ließen.«[12]

Alexander blieb zunächst in Valenciennes, wechselte dann nach zwei Jahren als Deutschlehrer an das staatliche Collège Communal. Vor kurzem erst wurde in Deutschland damit begonnen, Alexander Büchners Rolle als eines Pioniers der deutsch-französischen Literaturbeziehungen und der literaturwissenschaftlichen Disziplin der Komparatistik zu erforschen und zu würdigen. In Frankreich sieht es da besser aus. Der bedeutende Baudelaire-Forscher Claude Pichois wid-

mete schon 1963 in einer Untersuchung zur Jean-Paul-Rezeption in Frankreich Alexander Büchner ein eigenes Kapitel.[13]
Büchner hatte 1862 gemeinsam mit seinem Freund, dem Valenciener Privatgelehrten Léon Dumont Jean Pauls »Vorschule der Ästhetik« ins Französische übersetzt und die dabei unweigerlich auftretenden Schwierigkeiten auf kluge Weise geschildert.
Die renommierten Komparatisten Michel Espagne und Michael Werner, beide am Centre National des Recherches Scientifiques Paris als Professoren tätig, beide versierte Fachleute für die deutsch-französischen Kultur- und Literaturbeziehungen im 18. und 19. Jahrhundert, haben sich in mehreren Aufsätzen mit Büchners Beitrag zur deutsch-französischen Literaturgeschichte auseinandergesetzt. Von ihnen stammt auch der Beitrag über Alexander Büchner im Kapitel »Berühmte Geschwister« in dem Katalog zur großen Georg-Büchner-Ausstellung 1987 in Darmstadt.
Sicher kann hier nicht die unglaubliche Fülle an belletristischen und wissenschaftlichen Werken aufgeführt werden, die Alexander Büchner als deutsch-französischer Grenzgänger in vierzig Jahren verfasste. Ein paar wenige Werke aber sollen etwas ausführlicher vorgestellt werden.
Alexander hielt durchaus Kontakt zu deutschen Verlagen und Zeitschriften, in den publizistischen Kommunikationswegen kannte er sich bestens aus. Honorare pflegte er selbstbewusst mit dem Zusatz »… fordere ich ein für allemal« zu bekräftigen. 1856 erschien in Cottas »Morgenblatt« seine Novelle »Der Wunderknabe von Bristol« über den genialischen englischen Dichter Thomas Chatterton, der sich als Knabe (er starb 1770 mit 18 Jahren) in den 1760er Jahren ein glänzendes literarisches Schurkenstück geleistet hatte. Er hatte mit Rowley einen poetischen Mönch aus dem 15. Jahrhundert erfunden, dessen von Chatterton »herausgegebene« Gedichte freilich von ihm selbst geschrieben worden waren. Mit diesem Stoff kam Alexander offenbar so gut an, dass er fünf Jahre später im Hausverlag Theodor Thomas, vormals Meidinger, eine erweiterte Fassung der Novelle als 280 Seiten starkes Buch herausbringen konnte. Eine gewisse publizistische Geschäftstüchtigkeit ist dem oft als freundlich, schlagfertig und genusserfahren beschriebenen Herrn nicht abzusprechen. Am 25. September 1858 heiratete Alexander Büchner in Ha-

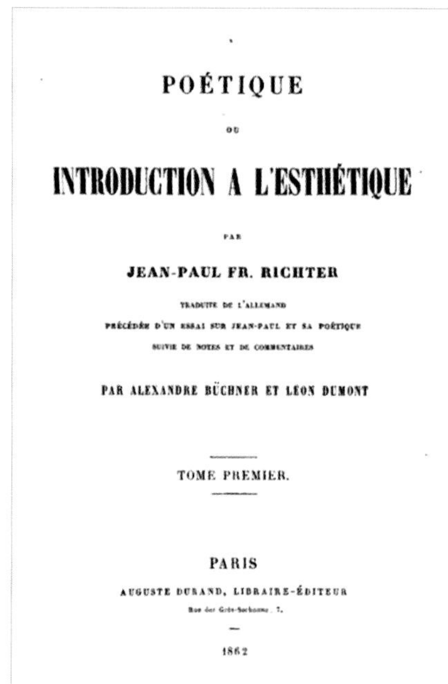

POÉTIQUE

OU

INTRODUCTION A L'ESTHÉTIQUE

PAR

JEAN-PAUL FR. RICHTER

TRADUITE DE L'ALLEMAND
PRÉCÉDÉE D'UN ESSAI SUR JEAN-PAUL ET SA POÉTIQUE
SUIVIE DE NOTES ET DE COMMENTAIRES

PAR ALEXANDRE BÜCHNER ET LÉON DUMONT

TOME PREMIER.

PARIS
AUGUSTE DURAND, LIBRAIRE-ÉDITEUR
Rue des Grès-Sorbonne, 7.

1862

Titel der französischen Übersetzung von Jean Pauls Poetik, Paris 1862.

nau die drei Jahre ältere Sophie Christ, Tochter des wohlhabenden Seidenfabrikanten Samuel Christ, dessen Vater ein 1773 protestantisch getaufter Jude war. Man hatte Gütertrennung vereinbart. Ob dies auf das frauenemanzipatorische Wirken von Luise Büchner zurückzuführen ist, bleibt so ungewiss wie unwahrscheinlich, da Alexanders Spott gern auch den emanzipatorischen Bestrebungen seiner Schwester galt. 1863 kam Samuel zu Welt, einziges Kind und in den Briefen Alexanders zunächst als ziemlicher Hallodri geschildert. Sophie Büchner starb 1880, Samuel, vom Vater immer Sam genannt, machte schließlich doch eine Karriere als Akademiker.

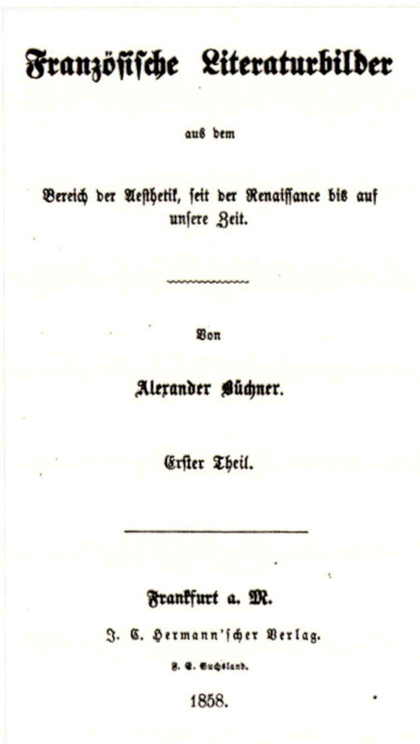

Französische Literaturbilder

aus dem

Bereich der Aesthetik, seit der Renaissance bis auf unsere Zeit.

Von

Alexander Büchner.

Erster Theil.

Frankfurt a. M.

J. C. Hermann'scher Verlag.

F. E. Suchsland.

1858.

Titel von »Französische Literaturbilder«, Frankfurt (Hermann) 1858.

1858 erscheinen von Alexander in der J. C. Hermannschen Verlagsbuchhandlung in Frankfurt die »Französischen Literaturbilder aus dem Bereich der Aesthetik, seit der Renaissance bis auf unsere Zeit«. Der Autor zeigt sich als ungemein beschlagener Kenner nicht nur der französischen Literaturgeschichte, der mit eigener Wertung keinesfalls geizt. So heißt die Einleitung auch ziemlich forsch: »Die starken und die schwachen Seiten der französischen Dichtung.« Aber auch von Mehrfachverwertung, von publizistischen Fortsetzungsprojekten, versteht Alexander einiges. Im Folgejahr tun sich die nun schon recht bekannten und erfolgreichen literarischen Geschwister Luise und Alexander zusammen. Sie geben die »Dichterstimmen aus Heimat und Fremde« heraus. Eigentlich wählt Luise die Gedichte aus und zeichnet auch als Herausgeberin des Bandes, und zwar »für Frauen und Jungfrauen«. Als voluminöse Dreingabe aber verantwortet Alexander einen selbstständigen Teil: »Französische und englische Poesien«. Alexanders editorische Unterordnung spricht dann doch für erheblichen Respekt gegenüber der mittlerweile recht bekannten älteren Schwester. Die Herausgeber berücksichtigen bei der Auswahl erkennbar auch die demokratischen Traditionen der Lyrik bis hin zum Vormärz (Georg Büchner, Adolph Stöber, Franz Dingelstedt, Karl Gutzkow u. a.). Das Buch wird ein großer Erfolg und erscheint in mehreren Auflagen. Alexander leitet den von ihm verantworteten Teil furios ein. Er möchte kein harmloses Florilegium ewiger Poesie vorlegen, sondern betätigt sich wieder als selbstbewusster, politisch denkender Literaturhistoriker, der ordentlich auszuteilen versteht. Dieser Text ist mit großem Gewinn noch heute zu lesen; stellenweise ist er sichtbar von Heinrich Heine inspiriert. Zuerst erklärt Alexander Büchner, dass er mit dem »Gegenwärtigen, Modernen« beginnt, weil das am meisten interessiere. Und schon setzt es Schläge gegen die »doktrinäre und die ultramontane Kritik«, die aus dem »trefflichen Béranger (Pierre-Jean de Béranger, die Autoren) einen schlechten Dichter und Menschen zu machen suchte, kaum, dass er (am 16. Juli 1867 in Paris, die Autoren) gestorben« sei. Die frechen, freiheitlichen Chansons des mit Heine bekannten, vor 1830 in der Tat radikalen, aus kleinen Verhältnissen stammenden Dichters wurden in ihrer populären Eingängigkeit außerordentlich geschätzt. Man verglich Béranger um 1830 mit Victor Hugo oder Alphonse de Lamartine.[14] Es spricht wieder für den republikanischen Geist von Alexander Büchner, dass er mitten hinein in das nachmärzliche, reaktionäre Deutschland gerade Béranger an die Spitze seiner Auswahl stellt und seinen Teil auch noch mit einer die revolutionären Allegorien zitierenden Illustration schmückt. Ganz unten rangieren die ›klassischen‹ Dichter aus der »näheren und entferntern Umgebung« von Ludwig XIV.: »Jeder Schöngeist, und die Zahl dieser schönen Geister war in jener phrasendurchdufteten Gegend Legion, jeder Schöngeist wollte Elegien und Idyllen, heroische Briefe und Eklogen, Sonette und Rondeaux geschmiedet haben; Balladen und poetische Episteln, Romanzen und Dithyramben, Cantaten und Hymnen, Stanzen und Madrigale, Grabschriften und sonstige Epigramme wurden in Massen verfertigt wie Hufnägel (...).«[15] Diese, in antike Schaukleider gehüllten Gedichte priesen den »großen König«, seine Reisen und Liebschaften und seine »von Anderen, in respectvoller Entfernung geschlagenen Schlachten«.

Bemerkenswert sind in dieser polemischen, jedoch sehr kenntnisreichen und urteilssicheren Einleitung auch Büchners Bemerkungen zu den eigenen Übersetzungen französischer und englischer Gedichte. Er legt sein Verfahren offen und stellt sich der Kritik. Diese im Titel der Sammlung zwar recht altbacken klingende Anthologie passt aber ganz und gar nicht in das Umfeld der restaurativen Prachtbände, die vor der Reichsgründung die Fäden der lyrischen Tradition nach rückwärts bürsten. Übrigens versäumt es der komparatistisch-publizistische Unternehmer nicht, auf seine vier Jahre zuvor erschie-

1859 tun sich die nun schon recht bekannten und erfolgreichen literarischen Geschwister Luise und Alexander zusammen. Sie geben die »Dichterstimmen aus Heimat und Fremde« heraus.

Illustration aus »Dichterstimmen« (1859).

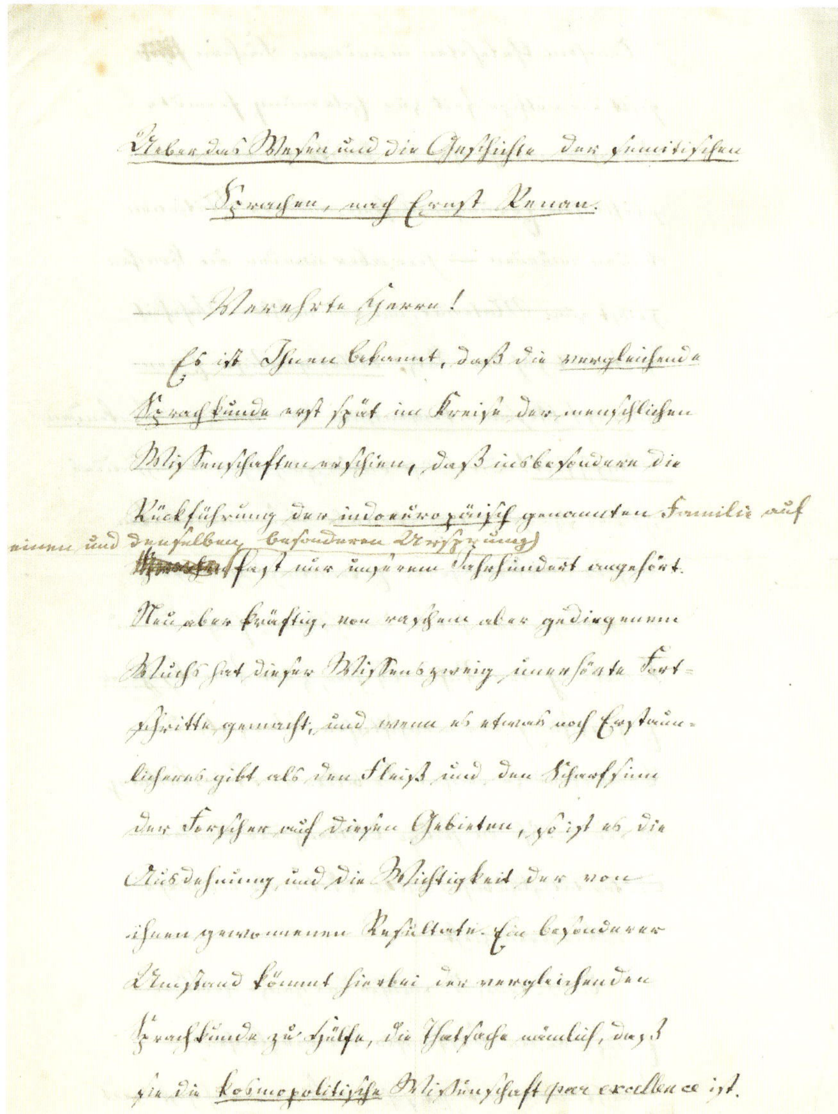
Ueber das Wesen und die Geschichte der semitischen Sprachen, nach Ernst Renan.

Verehrte Herren!

Es ist Ihnen bekannt, daß die vergleichende Sprachkunde erst spät im Kreise der menschlichen Wissenschaften erschienen, daß insbesondere die Rückführung der indoeuropäisch genannten Familie auf einen und denselben besonderen Ursprung fast nur unserem Jahrhundert angehört. Nun aber kräftig, von raschem aber gediegenem Wuchse hat dieser Wissenszweig unerhörte Fortschritte gemacht, und wenn es etwas noch Erstaunlicheres gibt als den Fleiß und den Scharfsinn der Forscher auf diesem Gebiete, so ist es die Ausdehnung und die Wichtigkeit der von ihnen gewonnenen Resultate. Ein besonderer Umstand kommt hierbei der vergleichenden Sprachkunde zu Hülfe, die Thatsache nämlich, daß sie die kosmopolitische Wissenschaft par excellence ist.

Hs. Manuskript Alexander Büchners »Über das Wesen und die Geschichte der semitischen Sprachen nach Ernst Renan«.

nene »Geschichte der englischen Poesie« hinzuweisen, die ja immer noch im Handel war.

Alexander Büchner hat in Valenciennes ein Auskommen, allerdings ist er mit 1300 Francs jährlich auf publizistischen Zuverdienst angewiesen. Will er im rigide geregelten französischen Bildungswesen weiterkommen, muss er sich den dafür notwendigen Prozeduren unterziehen. Als »pont sur le Rhin« bezeichnet zu werden, gereicht ihm zur Ehre, allerdings muss er sich entscheiden, ob er als Pendler und erfolgreicher Individualist zwischen den Kulturen leben will und kann oder sich doch auf einer Seite fester verankert. Er entscheidet sich für Frankreich, und zwar mit einer enormen Integrationsenergie. 1860 absolviert er die Eignungsprüfung für Fremdsprachenlehrer als Drittbester von ganz Frankreich. Fünf Jahre später schafft er die schwierige »agrégation de langues vivantes«; gleich darauf habilitiert er sich (nach Zürich also zum zweiten Mal) mit einer Arbeit über Shakespeares Komödien an der Universität Caen und reicht gleich noch eine in lateinischer Sprache verfasste Dissertation (nach der juristischen Promotion in Gießen) nach, und zwar über die »Poetiktheorie von Aristoteles bis Lessing«.

1862 verließ er dann doch Valenciennes, obwohl er den Behörden allerhand Gründe für den Verbleib genannt hatte. Den wichtigsten Grund, von dort rasch nach Deutschland gelangen zu können, hatte er verschwiegen. Er wurde zum Lehrer für Fremdsprachen am Kaiserlichen Gymnasium von Caen ernannt. 1867 ließ sich der Lehrstuhlinhaber für Fremdsprachen an der Faculté des Lettres von Caen beurlauben. Büchner übernahm seine Vertretung. Im Jahr darauf wurde er Lehrstuhlbeauftragter, was bei uns einem außerplanmäßigem Professor entspricht und wiederum Ehre, aber wenig Sold einbringt.

1870 kam die entscheidende Klippe, als der Lehrstuhl vakant wurde und Alexander Büchner sich darauf bewarb. Dafür allerdings musste er die französische Staatsbürgerschaft besitzen, die er am 15. Juni beantragte. Er geriet jetzt in die dramatisch zugespitzte Situation des Deutsch-Französischen Krieges. Am 7. September 1870 unterstellte er sich dem Schutz des Unterrichtsministeriums; denn als Deutscher hätte er jederzeit ausgewiesen werden können.

Die von Paris nach Tours ausgewichene französische Regierung ernannte ihn am 19. November zum Staatsbürger Frankreichs, aber erst am 15. März 1871, nach der Aufhebung der Belagerung von Paris durch die preußischen Truppen, erfuhr er davon. Von nun an war er Bürger der französischen Republik und hatte wenig Grund, Sympathie für das deutsche Kaiserreich zu empfinden. Und er vergaß seine Herkunft aus der 48er-Bewegung auch keineswegs. Der weiterhin enge Kontakt zum Bruder Louis, der inzwischen überall als radikaler, wenn nicht sozialistischer Frei- und Poltergeist angesehen wurde, sorgte schon dafür, dass Alexander, obwohl inzwischen beamteter Professor, nicht still und angepasst wurde. Allerdings vermied er es

1870 kam die entscheidende Klippe, als der Lehrstuhl vakant wurde und Alexander Büchner sich darauf bewarb. Dafür allerdings musste er die französische Staatsbürgerschaft besitzen, die er am 15. Juni beantragte.

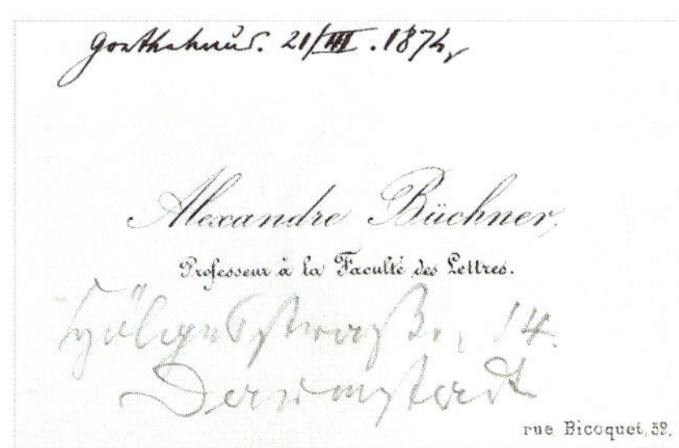

Visitenkarte Alexanders mit eigenh. Ergänzung seiner Darmstädter Adresse (Hölgesstraße 14) beim Bruder Ludwig.

aus naheliegenden Gründen stets, sich zu aktuellen Fragen der französischen Politik zu äußern.
In all den Umständen war aber der Kontakt zur Familie in Darmstadt nicht abgerissen. Im Sommer 1864 besuchte ihn Luise in Caen, die dort und in Paris den Spuren von Charlotte Corday nachging, über die sie im Jahr darauf im »Morgenblatt für gebildete Leser« in Fortsetzungen publizierte. Ihre Eindrücke aus der Normandie schilderte sie auch in den »Bildern aus Frankreich«. Der mit »Caen« überschriebene Artikel erschien am 7. Februar 1866 in der »Neuen Frankfurter Zeitung«. Alexanders enger Freund Otto Adolf Ellissen, der 1904 in Einbeck einen Nekrolog auf ihn veröffentlichen sollte, schrieb darin: »Aus Deutschland hatte er ständig Besuch. Zuerst seine Schwestern Mathilde und Louise, dann Wilhelm mit dessen Sohn und Ludwig und endlich des letzteren schon erwachsene Kinder, welche ganze Sommer bei ihm zubrachten. Überhaupt war sein geräumiges Haus mit Garten ein Hauptquartier für die zahlreichen Männlein wie Fräulein, welche zum Zweck ihrer Bildung oder Zerstreuung in die schöne Normandie kamen.«[16] 1865 erschien die zweite, im Herbst 1866 die dritte Auflage der »Dichterstimmen«, was wohl stets Anlass für gemeinsame Freude bot.

»Insbesondere die Arbeiten über das Junge Deutschland, Richard Wagner und die politische Dichtung des 19. Jahrhunderts verraten die Perspektive eines 1848ers.«

Alexander Büchners belletristische und wissenschaftliche Publikationstätigkeit nahm erstaunliche Ausmaße an. Gelegentlich wird man dabei an die Produktivität der Brüder Grimm erinnert; denn Büchner schrieb nicht nur eine Fülle literaturhistorisch-komparatistischer Arbeiten, wobei er sich mühelos in ganz Europa bewegte, er stieg 1863 mit seiner in Darmstadt erschienenen »Phonologie der deutschen Sprache«[17] intensiv auch in die Linguistik ein und publizierte über serbische Volkslieder, skandinavische Kunst, spanisches Theater, russische Literatur, englische Poesie oder den »Herkules von Lettland«, eine weit ausholende Untersuchung über skandinavische Heldenepik, die finnische »Kalevala« und das lettische Nationalepos.
In deutschen Zeitschriften wie dem Stuttgarter »Morgenblatt« platzierte er Dutzende Artikel, aber auch als Belletrist blieb er aktiv: 1862/63 erschien sein biografischer Roman »Lord Byron's letzte Liebe«. 1865 überraschte er als Herausgeber der »Briefe des Prinzen Louis Ferdinand von Preußen«, die er aus dem Nachlass eines Kolle-

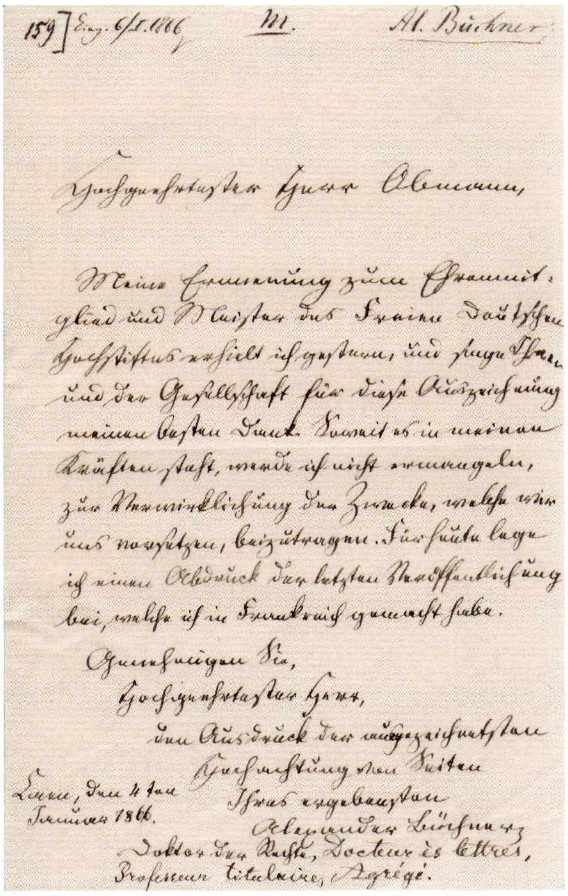
159] Eing. 6/1. 1866 M. Al. Büchner

Hochgeehrtester Herr Obmann,

Meine Ernennung zum Ehrenmitglied und Meister des Freien Deutschen Hochstiftes erhielt ich gestern, und sage Ihnen und der Gesellschaft für diese Auszeichnung meinen besten Dank. Soweit es in meinen Kräften steht, werde ich nicht ermangeln, zur Verwirklichung des Zweckes, welche wir uns vorsetzen, beizutragen. Für heute lege ich einen Abdruck der letzten Veröffentlichung bei, welche ich in Frankreich gemacht habe.

Genehmigen Sie,
Hochgeehrtester Herr,
den Ausdruck der ausgezeichnetsten
Hochachtung von Seiten
Ihres ergebensten
Alexander Büchner,
Doktor der Rechte, Docteur ès lettres,
Professeur titulaire, Agrégé.

Caen, den 4ten Januar 1866.

Dankesbrief Alexanders für seine Aufnahme in das Freie Deutsche Hochstift, 4. Januar 1866.

gen in Caen bekam, der mit Alexander von Humboldt befreundet gewesen war. Hinzu kamen Reisefeuilletons – etwa über Spanien –, die »Briefe aus Algier«, Erzählungen, »Sittenbilder« und immer wieder, quer über die Felder seines unglaublich breit gefächerten Wissens, populärwissenschaftliche Abhandlungen.

Seine wichtigsten Beiträge zur deutschen Literatur- und Kulturgeschichte publizierte er zwischen 1863 und 1867 in der angesehenen »Revue contemporaine«. Michel Espagne und Michael Werner schreiben zusammenfassend in ihrem biografischen Essay im Ausstellungskatalog von 1987 über diese Beiträge: »Insbesondere die Arbeiten über das Junge Deutschland, Richard Wagner und die politische Dichtung des 19. Jahrhunderts verraten die Perspektive eines 1848ers.«[18] Einer dieser Aufsätze in der »Revue contemporaine« von 1867 ist Karl Gutzkow gewidmet, den Alexander Büchner, im Gegensatz zu seinem Bruder Georg, persönlich recht gut kannte. Büchner geht hier ausführlich auf die Bedeutung Gutzkows für die neuere deutsche Literaturgeschichte ein. Das wäre wohl eine gute Gelegenheit gewesen, an den Bruder Georg zu erinnern. Das tat Alexander aber nicht. Überhaupt vermisst man bei ihm bei all den publizistischen Möglichkeiten, die ihm in Frankreich zur Verfügung standen, ausdrückliche und vielleicht auch nachdrückliche Hinweise auf Georg. Das heißt aber keineswegs, dass er für dessen Werk in Frankreich nichts getan hätte. Auguste Dietrich, sein Schüler in Valenciennes von 1855 bis 1862, übersetzte auf Alexanders Initiative hin »Danton's Tod« erstmalig ins Französische, die Ausgabe erschien dann allerdings erst 1889. Alexander Büchner schenkte diese Ausgabe im Juni 1889 der Bibliothek der »Académie des sciences, arts et belles-lettres de Caen«[19]. Der aus Lothringen stammende Dietrich, der wegen seiner politischen Überzeugung belangt worden war, hatte schon über die Edition der »Gesammelten Schriften« von 1850 gearbeitet und konnte dann für seine Übersetzung auf die Ausgabe von Karl Emil Franzos zurückgreifen. Er war offenbar an revolutionärer deutscher Literatur interessiert und übersetzte 1892, von Georg Büchners »Danton« nachhaltig beeindruckt, die ›Tragödie in fünf Akten‹ »Danton und Robespierre« des seinerzeit hochberühmten österreichischen Autors Robert Hamerling.[20] Wie unbequem es besonders im Krieg von 1870/71 und in den Jahren danach war, inmitten der zerrütteten deutsch-französischen Beziehungen zu leben, hat er oft genug erfahren. Es scheint, als habe der Deutsch-Französische Krieg im Darmstädter Teil der Familie Büchner vorübergehend für nationalistische Anwandlungen gesorgt. Luise schreibt am 7. August 1870 aus Darmstadt an Karl Gutzkow:

Auguste Dietrich, Alexanders Schüler in Valenciennes von 1855 bis 1862, übersetzte auf seine Initiative hin »Danton's Tod« erstmalig ins Französische.

»Lieber Freund, Victoria! Victoria! Und noch einmal Victoria!
Es ist fast Mitternacht, meine Füße tragen mich kaum mehr, aber mein Kopf kann nicht rasten und ich muß *Ihnen, möchte es allen Berliner Freunden erzählen, was ich seit gestern erlebt. Überdies kann man nicht schlafen, denn auf den Straßen ertönt ein Hurrah! um das Andre und kaum vor einer halben Stunde erst kam ich nach Hause, wo wir von dem Telegraphenbureau – Sie kennen ja die Lage – die neuste Depesche unter einer Straßenlaterne durch meinen Bruder (Ludwig, die Autoren) vor einem dichtgedrängten Kreis vorlesen hörten.«*[21]

Wer soll Lehrling sein?
Jedermann!
Wer soll Geselle sein?
Wer was kann!
Wer soll Meister sein?
Wer was ersann!
(Goethe.)

Das Freie Deutsche Hochstift

für

Wissenschaften, Künste und allgemeine Bildung

in

Goethe's Vaterhause

zu

Frankfurt am Main,

gestiftet
im Namen der geistigen Einheit des Deutschen Volkes zur Jahrhundertfeier der Geburt

Schiller's

auf Grund seiner genehmigten Satzungen mit den Rechten einer Körperschaft bekleidet durch Beschluß hohen Rathes der Freien Stadt Frankfurt vom 30. des Weinmonates 1863

hat auf den Antrag seiner Ehrenmitglieder und Meister in offener Sitzung ernannt und erklärt zu seinem

Ehrenmitgliede und Meister

Dich

Alexander Büchner

in

Caen.

Durch diese Ernennung haben wir Dein Wirken und alle Deine Verdienste eintragen wollen an geheiligter Stätte in das Buch der Ehren unseres Volkes, dessen höchster Stolz und Ruhm besteht in Thaten des Geistes, in der Veredlung der Menschheit durch Wissenschaften, durch Künste und allgemeine Bildung.

Gegeben im
Goethehause zu Frankfurt a. M.
den 18

Namens der Verwaltung

d. Z. Obmann. d. Z. Verwaltungsschreiber.

Schriftführer.

C. Naumann's Druckerei. Frankfurt a. M.

Alexander Büchner, Meisterurkunde. Freies Deutsches Hochstift, Mitgliedsakte.

Viel zu wenig kann hier Alexander Büchners immense literarische und wissenschaftliche Produktivität gewürdigt werden. Es ist aber davon auszugehen, dass durch die Arbeit von Ludwig Fertig und künftige monografische Studien das Bild dieses demokratischen Wissenschaftlers und Autors weiter an Konturen gewinnt.

Wie sehr er auch von Frankreich aus der Volksbildung in Deutschland verpflichtet war, zeigt seine Mitgliedschaft im Frankfurter »Freien Deutschen Hochstift«. Ende 1865 verbriefte die rasch bekannt und bedeutsam gewordene Akademie Alexander Büchners Mitgliedschaft als »Ehrenmitglied und Meister«. Hier war er wieder im Gefolge seines Bruders Ludwig, der 1859 zu den Gründungsmitgliedern gehört hatte. Am »Hochstiftstag« 1866 hielt er in Frankfurt einen Vortrag über französische Bühnenkunst.

Ende 1865 verbriefte die rasch bekannt und bedeutsam gewordene Akademie Alexander Büchners Mitgliedschaft als »Ehrenmitglied und Meister«.

1880 starb Alexanders Frau Sophie. Über die Jahre 1883 bis 1902 sind wir durch den umfangreichen Briefwechsel mit seinem Freund Otto Adolf Ellissen etwas besser informiert.[22] Der Briefwechsel befindet sich in der Darmstädter Universitäts- und Landesbibliothek und wird seit kurzem als Quelle vermehrt beachtet. Ellissen war ein höchst produktiver Gelehrter und Autor, der sich wie Alexander Büchner den demokratischen Traditionen des 19. Jahrhunderts verbunden wusste. Er kam 1882 als Gouverneur des rumänischen Prinzen Charles Handjéri nach Caen und kannte sich bestens bei den aktuellen Problemen des Materialismus aus. 1892 publizierte er eine sehr erfolgreiche »Lebensbeschreibung« von Friedrich Albert Lange, dessen »Geschichte des Materialismus« von 1866 nicht nur in der Arbeiterbewegung breit rezipiert wurde.[23]

Der Bismarckgegner war Mitglied der Ersten Internationale, zog sich dann aus der Politik zurück und wurde Professor für Philosophie in Marburg, wo er zu den Begründern der Schule des Neukantianismus gehörte. Als einer der von Ludwig Büchner eifrig diskutierten Gegner des populären Materialismus war er der Familie Büchner bestens bekannt. Das dürfte in Caen zu interessanten Gesprächen geführt haben. Aus den Briefen erschließt sich eine Kontinuität demokratischer Anschauungen. Man ist gegen Bismarck, für die französische Republik, deren Entwicklung kritisch, aber nicht öffentlich verfolgt wird, arbeitet an der Geschichte der Literatur in der Tradition eines Gervinus

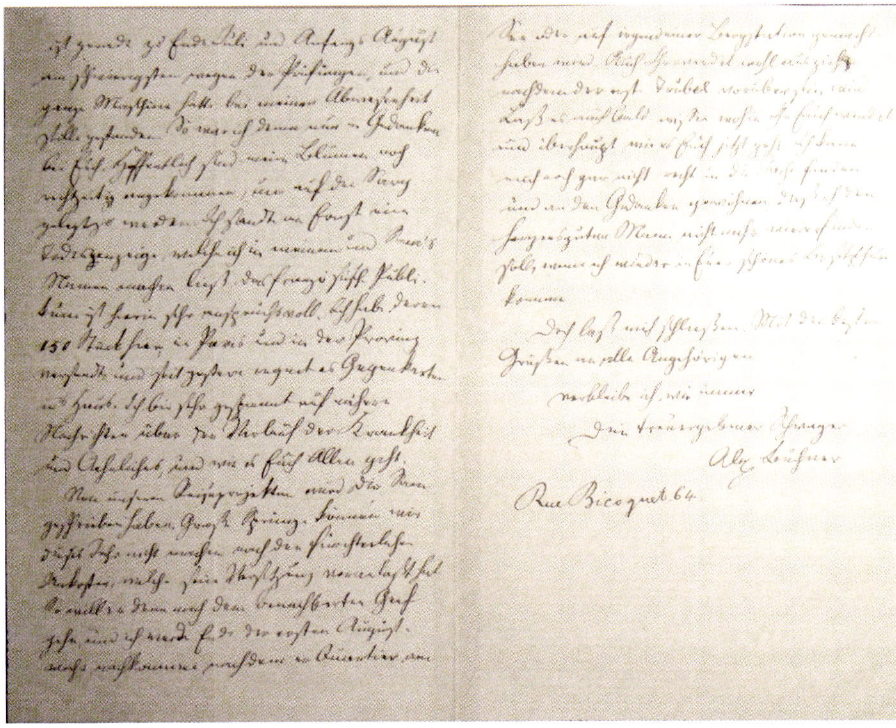

Rue Bicoquet 64

Alexander kondoliert seiner Schwägerin in Pfungstadt zum Tode des Bruders Wilhelm. S. 2 von 2.

Manuskript zu »Mein Bruder Wilhelm ›Der dumme Bub.‹« Handschrift von Alexanders Frau Martha. Ca. 1900. S. 1 von 20.

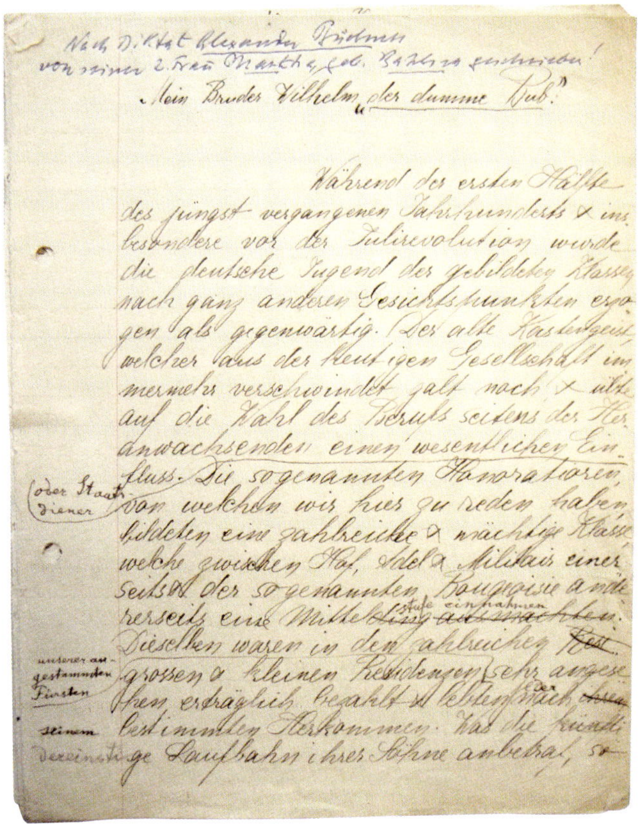

Nach Diktat Alexander [illegible] von seiner 2. Frau Martha, geb. [illegible] geschrieben!

Mein Bruder Wilhelm „der dumme Bub."

Während der ersten Hälfte des jüngst vergangenen Jahrhunderts & insbesondere vor der Julirevolution wurde die deutsche Jugend der gebildeten Klasse nach ganz anderen Gesichtspunkten erzogen als gegenwärtig. Der alte Kastengeist welcher aus der heutigen Gesellschaft immer mehr verschwindet galt noch & übte auf die Wahl des Berufs seitens der Heranwachsenden einen wesentlichen Einfluss. Die sogenannten Honoratioren, (oder Staatsdiener) von welchen wir hier zu reden haben bildeten eine zahlreiche & mächtige Klasse welche zwischen Hof, Adel & Militair einerseits und der sogenannten Bourgeoisie andrerseits eine Mittelstufe einnahmen. Dieselben waren in den zahlreichen [illegible] (unserer angestammten Fürsten) grossen & kleinen Residenzen sehr angesehen, erträglich bezahlt & lebten nach (seinem) bestimmten Herkommen. Was die (dereinstige) künftige Laufbahn ihrer Söhne anbetraf, so

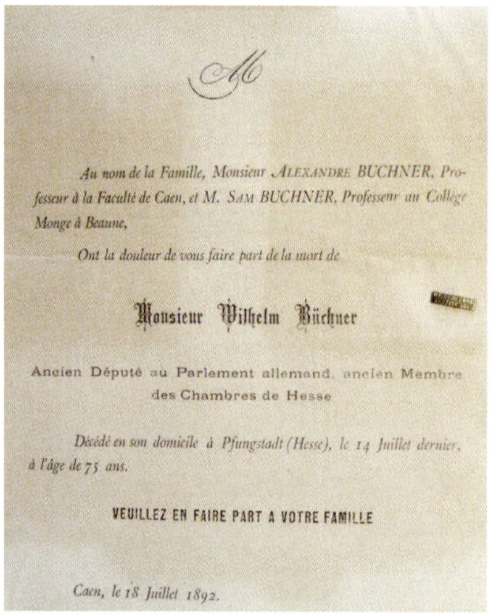

M

Au nom de la Famille, Monsieur ALEXANDRE BUCHNER, *Professeur à la Faculté de Caen, et M.* SAM BUCHNER, *Professeur au Collège Monge à Beaune,*

Ont la douleur de vous faire part de la mort de

Monsieur Wilhelm Büchner

Ancien Député au Parlement allemand, ancien Membre des Chambres de Hesse

Décédé en son domicile à Pfungstadt (Hesse), le 14 Juillet dernier, à l'âge de 75 ans.

VEUILLEZ EN FAIRE PART A VOTRE FAMILLE

Caen, le 18 Juillet 1892.

Alexander teilt das Ableben seines Bruders Wilhelm mit. Caen, 8. 7. 1892.

und Hettner.[24] Alexander Büchner präsentiert sich aber auch als spitzzüngiger Spötter und verschont dabei keineswegs die Geschwister. Im Mai 1885 erzählt er von der Feier der Silberhochzeit seines Bruders Ludwig. Er habe einen Beitrag für die Hochzeitszeitung geliefert, 120 Gäste seien gekommen, die »letzten Reste des schönen Geschlechts« hätten leider schon gegen vier Uhr morgens die Szene verlassen, er aber habe als Einziger persönlich bis zum Schluss um sechs Uhr ausgehalten. Louis, der inzwischen überall der »Kraft-und-Stoff-Büchner« genannt wurde, habe »den landeskirchlichen Abtritt gemacht«, und am 1. August 1886 teilt er dem jüngeren Freund Ellissen mit, Louis hätte sich trotz Alexanders Warnung in Paris eine Ohrfeige eingefangen und »ein bißchen von dem aufgerührten Dreck« sei auch auf ihn, Alexander, nach Caen herübergespritzt. Da muss es im Zusammenhang mit der bei der Enthüllung der Diderot-Statue gehaltenen Rede Ludwigs zu ein paar politischen Schwierigkeiten gekommen sein. Wo die Pariser doch so begeistert waren vom makellosen Französisch von Louis.

Am 27. Oktober 1885 schreibt er an Ellissen: »Hier haben wir gegenwärtig eine Weltbeglückerin«, eine Deutschamerikanerin aus der »Kraft- und Stoffbekanntschaft«, Mutter zweier erwachsener Kinder, »reist in Frauenfragen auf eigene Kosten (...) Übrigens eine gescheidte, angenehme und immer noch hübsche Dame und, außerhalb der Frauenfrage, ganz Welt (...) An der könnten Sie Ihren Weltschmerz üben. Statt an den Nihilisten, welche ohnehin anfangen etwas ranzig zu werden.«[25]

Alexander schwärmt vom Straßburger Bier, erzählt von ausgedehnten Reisen, vor allem zur Verwandtschaft in Darmstadt und Pfungstadt, schildert Besuche der Geschwister mit Nichten und Neffen, erzählt vom neuen Haus am Meer, der »Villa Bellevue« – Bijou genannt – in Ouistreham s. M., und zeigt sich als besorgter Vater, der mit der etwas lockeren Arbeitsauffassung von Sohn Samuel hadert. Er selbst stöhnt über Prüfungslasten als Professor und berichtet über ständig neue Publikationen und Kontakte quer durch Europa.

1896, im 70. Lebensjahr, wird Alexander Büchner durch den Fehler eines Zahnarztes schwer verletzt. Von nun an leidet er trotz Operationen an periodisch auftretenden starken Schmerzen, er wird dadurch

oft am Sprechen gehindert und muss sich bis ans Lebensende damit herumschlagen. Auch darüber lesen wir in den Briefen.
Und dann, im Alter von 72 Jahren, überraschte Alexander Büchner Freunde und Familie mit einer Sensationsmeldung. Er heiratete noch einmal. Auf schlichtem, kariertem Papier teilt er das seinem Doktor Ellissen, leicht darmstädtisch gefärbt, mit:

»Ouistreham s/m Calvados Villa Bijou, 1.5.1899

Lieber Doktor,

Hör an, erstarre, doch wundere nichts!
Ich werde heirathe!!!

Nämlich das 24 jährige Fräulein Bahlsen aus Hannover, Klagensmarkt 28.
(...)
Sie ist eine Schülerin unserer Fakultät und kann Ihnen auch viel von Paris erzählen wo wir auf Ostern waren. Nicht sehr hübsch aber anmuthig über die Maßen lebhaft, schlank, gescheidt, dunkelblond (...) Sie wird Ihnen ausnehmend gefallen und wenn Sie sie mir abspannen wollen, habt Ihr meinen Segen.«[26]

Alexander schwärmt vom Straßburger Bier, erzählt von ausgedehnten Reisen, vor allem zur Verwandtschaft in Darmstadt und Pfungstadt, schildert Besuche der Geschwister mit Nichten und Neffen, erzählt vom neuen Haus am Meer.

Martha Bahlsen, Industriellentochter aus der ›Bahlsen-Keks-Dynastie‹ war dann mit Alexander zwar nur noch fünf Jahre verheiratet, die Ehe soll aber sehr glücklich gewesen sein. Übrigens setzte Martha dann den Briefwechsel mit Ellissen sehr freundlich fort, der für das Verfassen des Nekrologs um Informationen bat.
1900 zogen Martha und Alexander nach Hannover, 1903 kehrte man noch einmal für einen längeren Aufenthalt in die Normandie zurück. Am 7. März 1904 starb Alexander Büchner in Hannover.
Alexander Büchner hatte in seinen literaturwissenschaftlichen und komparatistischen Arbeiten einen deutlichen Schwerpunkt in der Erforschung und auch der aktualisierenden Rettung einer Tradition, die man ›Aufklärung im 19. Jahrhundert‹ nennen könnte. Dazu gehörten die literarischen Zweige der europäischen Freiheitsbewegungen zwischen 1830 und 1848. Lord Byron, Pierre-Jean de Béranger und Karl Gutzkow sind da zu nennen, aber auch so schwierige und dem

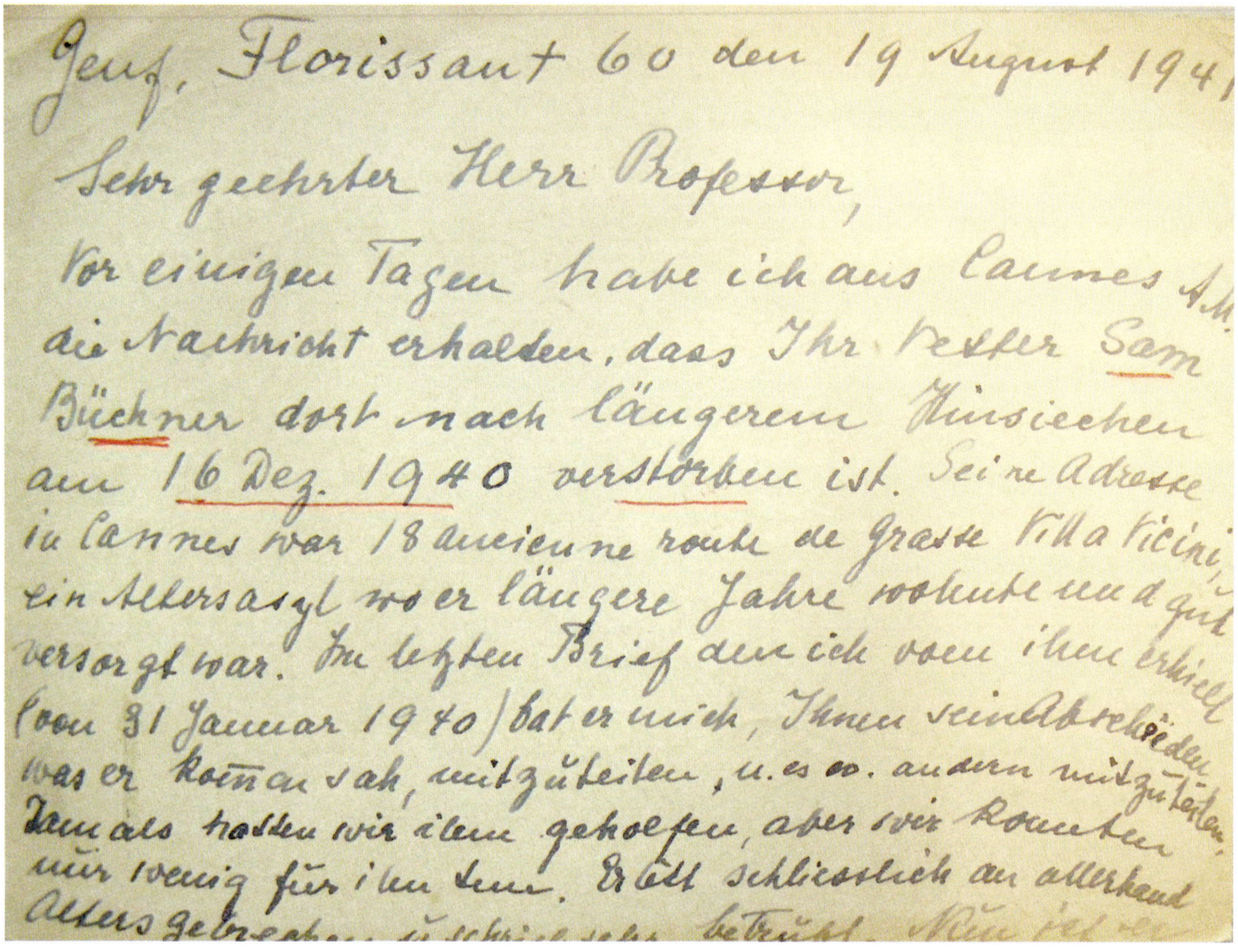

Genf, Florissant 60 den 19 August 1941

Sehr geehrter Herr Professor,

Vor einigen Tagen habe ich aus Cannes A.M. die Nachricht erhalten, dass Ihr Vetter Sam Büchner dort nach längerem Hinsiechen am 16 Dez. 1940 verstorben ist. Seine Adresse in Cannes war 18 ancienne route de Grasse Villa Vicini, ein Altersasyl wo er längere Jahre wohnte und gut versorgt war. Im letzten Brief den ich von ihm erhielt (vom 31 Januar 1940) bat er mich, Ihnen sein Abscheiden was er kommen sah, mitzuteilen, u. es a. andern mitzuteilen. Damals hatten wir ihm geholfen, aber wir konnten nur wenig für ihn tun. Er ist schliesslich an allerhand Altersgebrechen [illegible] betrübt. Nun ist [illegible]

Eine Freundin informiert Anton Büchner über das Ableben von Alexanders Sohn Sam. Genf 1941.

kühnen Experiment mit den ästhetischen Mitteln verschriebene Figuren wie Jean Paul.[27]

Otto Adolf Ellisen schreibt 1904 im Nekrolog auf Alexander Büchner, Katzbuckelei sei ihm ja schon aus Familientradition in den Tod verhasst gewesen. 1872 notierte ein französischer Kontrollinspektor in seinem Bericht über die Lehrtätigkeit des neuen, natürlich besonders gründlich zu observierenden Staatsbürgers Alexander Büchner, dessen Vortrag sei hervorragend, voller »facilité« und »pureté«, was man ja in der französischen Rhetorik sehr zu schätzen wusste. Und welche Lektion stand da zur Beurteilung? »Une biographie de Gervinus encadrent le tableau des mouvements révolutionnaires qui ont éclaté en Allemagne après 1848.« (»Eine Biographie von Gervinus die revolutionären Bewegungen in Deutschland nach 1848 betreffend.«)[28]

Als im Deutschen Reich starke antisemitische Strömungen damit begannen, Heinrich Heine aus dem Kanon großer deutscher Dichtung zu streichen, veröffentlichte Alexander Büchner 1894 eine Broschüre über ihn, in der er – darauf weisen Michael Werner und Michel Espagne hin – den »politischen Heine der ›Zeitgedichte‹ und den Dichter der ›Matratzengruft‹ in den Vordergrund stellt.«[29]
Bei allem Drang, in populärer Manier kreuz und quer durch die Literaturgeschichten der wichtigsten europäischen Nationen zu streifen, über die Klassiker ebenso zu schreiben wie über solche, die in Gefahr waren, vergessen zu werden, gibt es bei Alexander doch einen roten Faden, und der war wirklich rot, und bei allem Hang zur Plauderei, zur Verzettelung, zur nicht immer korrekten Ironie und Selbstironie haben wir in Alexander Büchner einen, der zwischen Heinrich Heine und Heinrich Mann der Freiheit nach Frankreich nachgereist war. Gewiss wird man künftig über ihn mehr erfahren, wird man ihn gründlicher in die Tradition der deutsch-französischen Kulturbeziehungen rücken. Als »pont sur le Rhin«. Man wird sich dabei aber auch daran erinnern, dass er als dessen jüngster Bruder Georg Büchners Erbe auf produktive Weise gepflegt und in der Familie als französischer Staatsbürger für frische, republikanische Luftzufuhr gesorgt hat.

Die Präsenz des verlorenen Sohns. Georg Büchner in seiner Familie Ein Epilog

Dieses Buch ist der Familie Büchner gewidmet. Wer sich heute dieser, im neunzehnten Jahrhundert in Deutschland wohl einmaligen Gruppierung von außergewöhnlichen Menschen nähert, tut dies gewiss im Geleit von Georg Büchner. Seine Statur, sein Rang als ein illustrer Autor der Weltliteratur scheint stets noch zu wachsen. Das zeigt auch die kaum noch zu überblickende internationale Forschung, zeigen die Spielpläne des Welttheaters; davon zeugt aber auch der nach wie vor wichtigste Preis für deutschsprachige Literatur, der die Ausgezeichneten in unvergleichbarer Weise ehrt. Daran soll, kann und will unser Buch nichts ändern. Im Gegenteil. Es könnte sein, dass Georgs Bedeutung um eine vielleicht überraschende Dimension noch erweitert wird. Um den Echoraum der Familie. Nicht, dass wir uns mit den Eltern, mit den Schwestern Luise und Mathilde, mit den Brüdern Wilhelm, Ludwig und Alexander nur befassen würden, um herauszufinden, wie eine jede, ein jeder auf ihre und seine Weise Georgs Ruhm vermehrt hätte; wir stießen vielmehr auf ein sehr kompliziertes Geflecht aus Trauma und Verehrung, aus Eigenständigkeit und Familiensinn. Doch die Familie hatte ihr Zentrum in Georgs gefährdetem und gefährlichem Leben bis zu seinem Tod in Zürich am 19. Februar 1837 nachmittags »um halb 4«. Und sie hatte auch nach seinem Tod ein

Georg Büchner. Das berühmte Bild mit den Haarlocken, das im Haus der Familie beim Bombenangriff 1944 verbrannte.

Zentrum im traumatisch erfahrenen, so schrecklich früh gekommenen Ende des Bruders, der in den nicht einmal 24 Jahren seines Lebens – so scheint es – eine ganze Reihe von Existenzen und Karrieren begonnen und wahrlich staunenswert fortgeführt hat. Was wäre, wenn die Geschwister einige dieser fragmentarischen Lebenslinien auf je eigene Weise weiterverfolgt hätten? Eine Konstruktion, ein biografisches Schnittmuster, das hinterher angepasst wird? Oder eine produktive Arbeitshypothese? Jedenfalls zitieren die Geschwister Georgs Leben in Schriften, Widmungen, Editionen. Aber auch in politischen und sozialen Ideen und Praktiken. Alle außer Mathilde, von der wir nicht einmal eine Fotografie besitzen, hatten weit mehr zu bieten als einen berühmten Bruder, der er ja zu ihren Lebzeiten nicht einmal war. Alle aber hatten ihr Leben lang mit seinem Tod zu tun.

Georg kam am 17. Oktober 1813, »früh um halb Sechs Uhr« in Goddelau zu Welt. Mathilde folgte am 20. April 1815, ebenfalls in Goddelau. Wilhelm wurde am 2. August 1816 in Stockstadt am Rhein geboren. Luise folgte am 12. Juni 1821 in Darmstadt. Dann kamen Ludwig am 29. März 1824 und schließlich Alexander am 25. Oktober 1827, beide in Darmstadt, zur Welt. Der 1818 geborene Sohn Karl war nach wenigen Monaten gestorben.

Der frühe Tod des ältesten Bruders war nicht allein ein schrecklicher Verlust, der, wenn Kinder vor ihren Eltern sterben, stets noch um eine tragische Dimension vermehrt wird, es scheint, als hätten die Geschwister auf zwiespältige Weise bestimmte charakteristische Anteile von Georgs Existenz fortgeführt. Alle Geschwister waren in unterschiedlicher Weise mit den politischen und sozialen Bewegungen des 19. Jahrhunderts verknüpft. Mit dem Kampf für Demokratie, Emanzipation und die Fortführung der Aufklärung unter den Bedingungen einer rasanten Entwicklung der Industriegesellschaft und des Nationalstaates. Eine solche Familie von republikanisch gesonnenen Geschwistern, mit einem Pionier des sozialen Unternehmertums, einem materialistischen Freidenker von erheblicher Prominenz, einer Protagonistin der bürgerlichen Frauenemanzipation und einem Internationalisten der Wissenschaft sucht im 19. Jahrhundert ihresgleichen. Die Brüder waren mit hohen persönlichen Risiken in die demokratischen Kämpfe der 48er-Revolution verwickelt, und auch das Leben von Luise Büchner zeugt von sozialem Engagement und hohem persönlichen Einsatz. Nie vergaßen sie, dass Georg ihnen auf radikale Weise vorangegangen war. Das führte aber nicht dazu, dass man ihm wie einem Familienheiligen gefolgt wäre und ihn mit ungebrochenem Pathos verehrt hätte. Es scheint sich eher um eine je individuelle, aber unge-

Georg Büchners Geburtshaus in Goddelau. Heute als »Büchner-Haus« Museum.

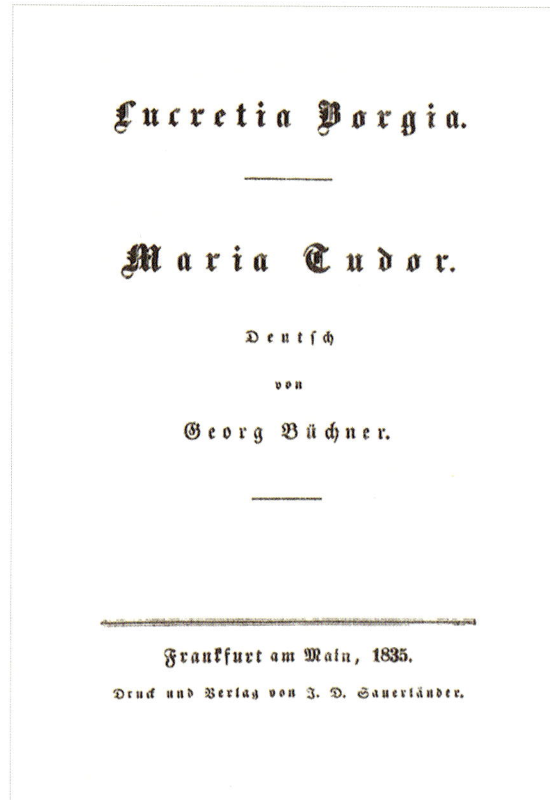
Lucretia Borgia.

Maria Tudor.

Deutsch

von

Georg Büchner.

Frankfurt am Main, 1835.

Druck und Verlag von J. D. Sauerländer.

Titel von Georgs Hugo-Übersetzungen (Sauerländer 1835).

mein produktive Trauerarbeit gehandelt zu haben. Zunächst war es ja gar nicht ungefährlich, sich auf Georgs Gedanken und Aktivitäten zu berufen. Zensur und polizeiliche Nachstellungen bestimmten die Jahre bis 1848 und danach. Etliche Repräsentanten der Obrigkeit, die an Georgs Verfolgung beteiligt gewesen waren, lebten und wirkten schließlich noch. Dann boten sich allenthalben die Chancen, den revolutionären Elan der 48er Jahre in individuelle Karriere-Energie zu verwandeln und ab 1871 dem industriellen und nationalen Pathos der Gründerzeit zu opfern. Davon aber ist bei den Büchners recht wenig zu spüren.

Bis zum Tod der Eltern hatten die Geschwister beim Gedenken an Georg auch auf deren Meinungen und Gefühle Rücksicht zu nehmen. Viel ist über Georgs gestrengen Vater geschrieben worden. Gelegentlich hat man den Eindruck, er sei ein wahrer Tyrann gewesen, der den Stab über seinem ältesten Sohn gebrochen hätte. Dieses Zerrbild hat Thomas Michael Mayer in einer gründlichen Studie zurechtgerückt. Danach gehen Ärger, Sorge und Verzweiflung von Georgs Vater dessen revolutionären Umtrieben gegenüber kaum über das zu erwartende Maß hinaus.[1]

Zieht man diese politischen und familiären Formen der Rücksichtsnahme ab, hat man es bei jedem Geschwister mit einer eigenen Variante von Trauer und Gedenken zu tun. Sie alle haben die Würdigungen des toten Bruders im Laufe ihres Lebens vielfältig zum Ausdruck gebracht. Außer bei Mathilde und Wilhelm, dem erfolgreichen Unternehmer, gehörte das Schreiben und ständige Publizieren bei allen zum Beruf. Und so finden sich Texte des Eingedenkens, editorische Arbeiten, belletristische Erinnerungsstücke bei Ludwig, Luise und Alexander. Manchmal begegnen kleine Klagen, die wie Seufzer in größeren Texten versteckt sind. Angst um den Bruder gehabt zu haben, hinterlässt Spuren und bleibende Wunden, die sich auch in Äußerungen des Missmuts, von Tadel und Unverständnis manifestieren können. Behutsam versuchten wir, diesen Erinnerungsdokumenten in den publizistischen Karrieren und politisch-sozialen Tätigkeiten der Geschwister nachzuspüren. Immer bemüht, beiden gerecht zu werden: dem eigenen Leben der Schwestern und der drei Brüder wie dem Nachleben Georgs. Dabei stießen wir staunend auf ein Phänomen, das uns in dieser Ausprägung nicht bekannt gewesen war. Die »Familienaufstellung« veränderte sich im Übergang vom 19. zum 20. Jahrhundert vollständig. Das neunzehnte endete ganz im Zeichen von Ludwig Büchner, der mit seinem populärwissenschaftlichem Bestseller »Kraft und Stoff« eine

berühmte Figur internationalen Zuschnitts war. Wilhelm war ein wohlhabender, sozial engagierter Unternehmer und Reichstagsabgeordneter, Luise mit ihrem Hauptbuch »Die Frauen und ihr Beruf« weithin bekannt und geachtet, Alexander eine wichtige Brückenfigur zwischen deutscher und französischer Kultur.
Sie alle haben Georgs Größe nicht erkannt, haben sie kaum erkennen können. Sie waren selbst prominent, unterstützten einander, wo es möglich war, und sie verwandelten sich allesamt nicht in selbstzufriedene Reichsbürger, sondern kümmerten sich um die sozialen Unkosten des industriellen Fortschritts.
Sie alle haben mit einem unzerstörbaren Minimum an Liebe und produktivem Gedächtnis dabei mitgeholfen, Georg Büchner über die Schwelle zum 20. Jahrhundert zu führen. Keine, keiner von ihnen hat Georg »verraten«, seine Radikalität verleugnet oder gar verdammt. Spannend ist gerade, wie Georg im Netz der Familienbeziehungen nicht abgeschnürt, sondern aufgefangen wurde. Schaut man sich die Schicksale der Mitglieder dieser Ausnahmefamilie an, sieht man schließlich, wie dann in der Weimarer Republik und weit mehr noch nach dem Zweiten Weltkrieg Georg Büchner ins Rampenlicht internationalen Ruhms gelangte und die Erinnerung an seine Geschwister mehr und mehr verblasste. Bis schließlich Georgs Werk als solitärer Vorschein der Moderne das Bild der Geschwister nahezu vollständig überstrahlte. Fragt sich natürlich, ob seine Geschwister »zu Recht« vergessen wurden. Ob ihre Bedeutung sich am Ende des 19. Jahrhunderts verbraucht hatte.
Wir meinen, dass dies auf doppelte Weise nicht zutrifft. Einmal, weil sie mit eigenen Leistungen, in ihren Schriften und politisch-sozialen Tätigkeiten, erinnerungswürdig sind, zum anderen, weil ohne ihre wie auch immer gebrochene und auch fragwürdige »Transportarbeit« Georg Büchners Werk wohl verloren gegangen wäre.
So haben wir hier versucht, die Geschwister in biografischen Porträts als bedeutende Menschen vorzustellen, die einer außergewöhnlichen Familie angehörten. In deren Zentrum sich zuerst der unglaublich intensiv und radikal lebende Georg Büchner befand und dann, nach seinem frühen Tod, der revolutionäre Dichter, dessen überragende Bedeutung so mühsam und zögerlich ans Licht kam.
Wir haben bei dem Versuch, Material zu einer künftigen, gründlich zu erarbeitenden Biografie der Familie Büchner zu versammeln, überraschende Formen von Aktualität gefunden. Alle hatten es mit den »sozialen Unkosten«, den ungelösten Problemen des seinerzeit mit gewaltiger Macht emporstrebenden Kapitalismus zu tun. Mit einem rasanten Fortschritt der Naturwissenschaften und dem Erstarken des Nationalstaats in Deutschland. »Die soziale Frage« wurde zum geflügelten Wort, andere Probleme gelangten ebenfalls als Fragen auf die Tagesordnung. Die »Frauenfrage« und andere mehr. Ludwig widmete sich der Frage, ob nicht alle Formen des geistigen, psychischen, erst recht des metaphysischen Lebens Derivate materieller, von den Naturwissenschaften hinreichend zu erklärender Prozesse seien. Ausdrücklich fragt er, ob es einen freien Willen geben könne. Luise widmet sich in Schriften und Taten der »Frauenfrage«. Wilhelm scheint das Grundgesetz zu antizipieren; denn er handelt als Unternehmer nach dem Satz »Eigentum verpflichtet« und kümmert sich um die Lebensverhältnisse »seiner« Arbeiter. Alexander gerät als französischer Staatsbürger in die gefährlichen Strudel des deutsch-französischen Verhältnisses, besonders im Krieg von 1870/71.
Manche dieser Fragen und Probleme sind bis heute

Georg Büchner. Zeichnung seines Freundes A. Muston.

nicht gelöst. Im Gegenteil sind die meisten von bestürzender Aktualität. Vielleicht ist dies eine gute Voraussetzung dafür, die Geschwister Büchner wiederzuentdecken.

Wenn man sich dieser »schreibenden Familie« nähert, und übrigens hat der Unternehmer Wilhelm sich in Briefen, Reden und Aufzeichnungen durchaus auch vernehmlich artikuliert, dann stößt man auf die vielleicht wichtigste Eigenart dieses bedeutenden Mikrokosmos. Auf ein außergewöhnliches Kommunikationsklima, eine diskursive Kultur, die immer wieder beschrieben wurde. Auch zum Beispiel von Luise in ihrem »Novellenfragment« »Ein Dichter«. Es ist dies keine große Literatur, aber unter anderem ein Zeugnis für die hohe Wertschätzung der innerfamiliären Gesprächskultur: »Dies waren die Stunden, welche Frau Brandeis (= Frau Büchner) und ihre Kinder nicht mit den glänzendsten Vergnügungen vertauscht hätten, und wobei es fast fraglich war, wer sich am meisten danach sehnte (...) Der warme Ofen, die gemütliche Tasse Tee, der helle Schimmer der Lampe luden die Kinder unwiderstehlich ein, den Abend bei der Mutter zuzubringen, statt draußen andere Gesellschaft aufzusuchen. Schnell entwickelte sich daraus das geistige Zusammenleben; was Ludwig (= Georg) fühlte und dachte, tobte und stürmte er in diesen Abendstunden aus, und was er sagte interessierte Gustchen (= Luise) tausendmal mehr als alles Gerede ihrer Freundinnen, weckte ihr geistiges Interesse, indem er alles, was er den Tag über gelernt und studiert, hier laut verarbeitete.«[2] Wenn auch diese kommunikative Idylle erst Jahrzehnte später von Luise literarisch heraufbeschworen wurde, so zeugt sie doch in schönster Erinnerung von der hohen Gesprächsdichte im Haus der Büchners. An anderer Stelle ist von den unermüdlichen Diskussionen mit dem Vater die Rede. Die Familie Büchner war nicht nur eine schreibende, sondern offenbar auch eine sprechende, diskutierende, auch wortreich streitende Familie. Nirgends kommt dies schöner und anrührender zum Ausdruck als in Georg Büchners Geburtshaus in Goddelau, wo innerhalb der klug inszenierten Dauerausstellung der Familie Büchner jetzt ein Tisch gewidmet ist, an dem imaginär jede und jeder seinen Platz hat. Dort liegt für jedes Familienmitglied eine Mappe mit den wichtigsten Daten zu Leben und Werk. So können sich ihre anregenden Gespräche bis zum Sankt Nimmerleinstag in aller Ruhe fortsetzen. Haben einst die jüngeren Geschwister den gelehrten Ausführungen Georgs mehr oder weniger aufmerksam zugehört, so hat der davon wohl nicht minder profitiert. Wie ein gewiss angenehmes intellektuelles Rauschen mögen ihm das Geschnatter der Geschwister, ihre Fragen und seine Antworten ebenso wie die Belehrungen und Ermahnungen des Vaters und die freundlich-besorgten Worte der Mutter in den Ohren nachgeklungen haben.

Also gibt es Gründe genug, aller Familienmitglieder zu gedenken und Georg in ihren Kontext ebenso zu rücken wie sie in seinen.

Dies geschieht hier nicht in wissenschaftlicher Manier. Eher erzählend. Aber dennoch auf nichts anderem beruhend als auf den Quellen. Die große, wissenschaftlich fundierte Familienbiografie muss noch geschrieben werden. Wirft man einen Blick auf die in ihren Resultaten und Schlussfolgerungen kaum je unstrittige Georg-Büchner-Forschung, kann es noch ziemlich lange dauern, bis eine fundierte Biografie zustande kommt. Wir verstehen unsere Vorarbeiten aber als Ermutigung für ein solches Projekt.
Fragt sich, in welcher Weise hier Georg Büchner porträtiert wird. Das biografische Material ist bekannt, sein Leben, so weit es die Quellen erlauben, erforscht und gut dokumentiert. Zwar gibt es noch strittige Einzelheiten, die aber wird die Forschung klären.[3]

Da es uns um die Familie geht, um das Kommunikationsklima, die engen Bindungen, bedienen wir uns des Mediums, das diese Familienkultur am besten dokumentiert, des Briefes. Georg Büchners Briefe gehören zu den schönsten und kostbarsten, die uns in der Literaturgeschichte überliefert sind. Und wie keine anderen Texte spiegeln sie die kleine, von Georg geliebte Welt der Familie in der großen, die er nicht müde wird, aus seinen Perspektiven, geprägt von seinen Leiden und Hoffnungen, zu schildern. Es könnte sein, dass die Briefe an die Familie und namentlich an einige ihrer Mitglieder bei den Empfängern die dauerhaftesten Eindrücke hinterlassen haben, dass sie lebenslang das Fundament ihrer Erinnerungen an Georg blieben. Nun sind alles in allem nur wenig mehr

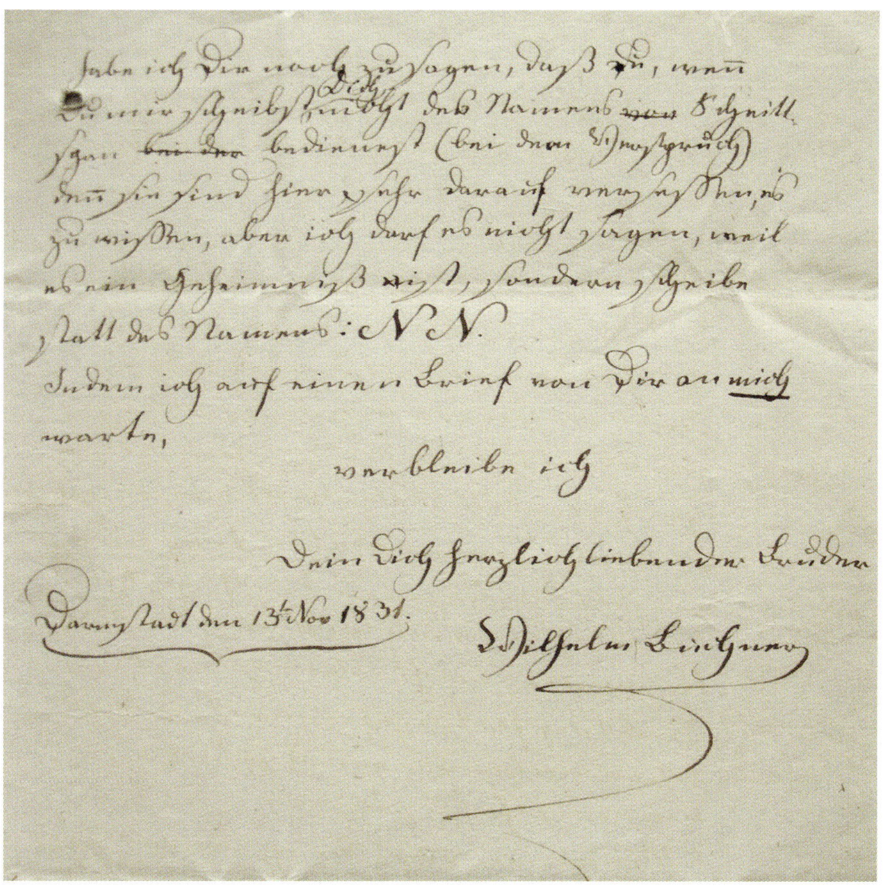
N. N.
verbleibe ich
Dein dich herzlich liebender Bruder
Darmstadt den 13t Nov 1831.
Wilhelm Büchner

Wilhelms Brief an den Bruder Georg vom 13. 11. 1831. S. 5 von 5.

als 70 Briefe von Georg Büchner überliefert. Zwischen 1831 und seinem Tod im Februar 1837 – so vermutet Thomas Michael Mayer – könnte er 300 Briefe geschrieben und ebenso viele erhalten haben. Den größten Teil gewiss an die Braut Wilhelmine Jaeglé und die Familie in Darmstadt. Jan-Christoph Hauschild schildert in dem von ihm herausgegebenen »Briefwechsel« die traurigen Umstände, die zum wohl unwiederbringlichen Verlust der meisten Briefe geführt haben.[4] So können die folgenden Zitate nur Fragmente von Fragmenten sein. Aber selbst diese Auszüge vermögen das einzigartige Band zwischen Georg und seiner Familie zu dokumentieren.
Am Sonntag, dem 13. November 1831, schreibt der fünfzehnjährige Bruder Wilhelm an den achtzehnjährigen Studenten der »Medicin« Georg nach Straßburg einen ebenso ausführlichen wie witzig-vertrauten Brief, in dem er sich auf den offenbar schon eingespielten Briefwechsel beruft.

»Lieber Georg!
vulgo Hempes I.
(…)
Eine Geschichte, welche hier passiert ist, will ich Dir doch erzählen: Der älteste Möllinger I, lag nämlich, während sein Vetter verreist war, eines Abends, allein, im Bette, konnte aber nicht einschlafen. Gegen 10 Uhr des Nachts hörte er leise seine Tür aufmachen und sah einen Menschen mit einer Blendlaterne hereintreten: Er verhielt sich aus Angst ruhig und wollte sich lieber bestehlen, als sich umbringen lassen. Dieser, nachdem er die Stube durchsucht hatte, blendete ihm einige Male in das Gesicht und ging plötzlich auf ihn los. Er in seiner Todesangst warf die Boutellie nach ihm, und aufspringend riß er den Stuhl in die Höhe und machte einen fürchterlichen Lärmen, worauf der Dieb für gut fand, sich so schnell als möglich zu entfernen; obgleich man ihm zuredet und ihm sagt, daß es wahrscheinlicher Weise ein Traum gewesen wäre, so behauptet er doch, daß es wirklich geschehen wäre.
(…)
Indem ich auf einen Brief von Dir an m i c h warte,
verbleibe ich
Dein Dich herzlich liebender Bruder
Wilhelm Büchner«.[5]

Obwohl der Apothekengehilfe-Lehrling Wilhelm eher an praktischen Dingen interessiert ist, verfügt er doch in staunenswertem Maße über die Büchnersche Hauptkompetenz, das Schreiben. Auch scheinen alle Familienmitglieder mit Witz und übrigens auch Selbstironie begabt.
Vom April/Juli 1835 ist ein Brieffragment Georgs an Wilhelm erhalten. Dieser weilt zur Ausbildung als Apotheker in Butzbach und ist offenbar von revolutionärem Tatendrang erfüllt. Der ältere Bruder, in Sachen Revolution um einiges erfahrener, dämpft Wilhelms Wünsche.

»*(…) ich würde Dir das nicht sagen, wenn ich im Entferntesten jetzt an die Möglichkeit einer politischen Umwälzung glauben könnte. Ich habe mich seit einem halben Jahre vollkommen überzeugt, daß Nichts zu tun ist, und daß Jeder, der* im Augenblicke *sich aufopfert, seine Haut wie ein Narr zu Markte trägt. Ich kann Dir nichts Näheres sagen, aber ich kenne die Verhältnisse, ich weiß, wie schwach, wie unbedeutend, wie zerstückelt die liberale Partei ist, ich weiß, daß ein zweckmäßiges, übereinstimmendes Handeln unmöglich ist, und daß jeder Versuch auch nicht zum geringsten Resultate führt (…)*«[6]

Hier fungiert Georg als engster und ernster Berater in Sachen Umsturz. Drei Jahre älter ist er, doch, zumindest in dieser Hinsicht, die beglaubigte Autorität. Kurz vor seinem Tod äußert er Wilhelm gegenüber

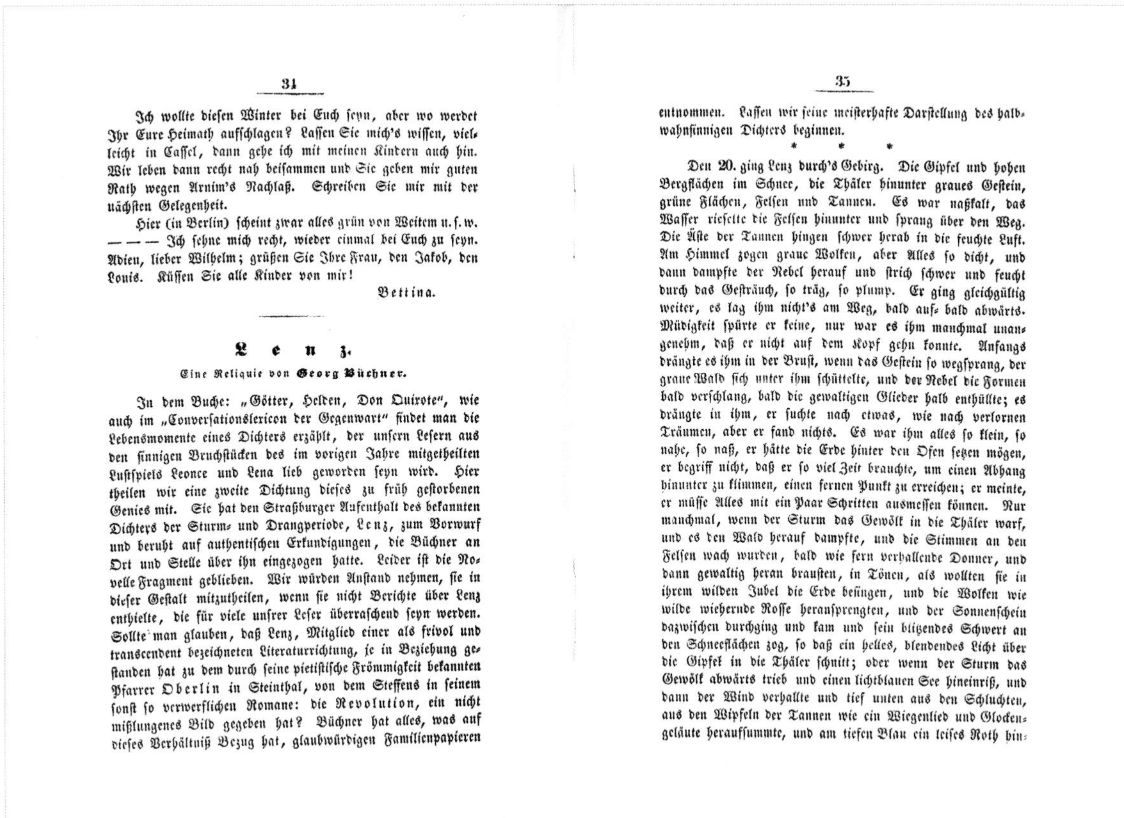

34

Ich wollte diesen Winter bei Euch seyn, aber wo werdet Ihr Eure Heimath aufschlagen? Lassen Sie mich's wissen, vielleicht in Cassel, dann gehe ich mit meinen Kindern auch hin. Wir leben dann recht nah beisammen und Sie geben mir guten Rath wegen Arnim's Nachlaß. Schreiben Sie mir mit der nächsten Gelegenheit.

Hier (in Berlin) scheint zwar alles grün von Weitem u. s. w. — — — Ich sehne mich recht, wieder einmal bei Euch zu seyn. Adieu, lieber Wilhelm; grüßen Sie Ihre Frau, den Jakob, den Louis. Küssen Sie alle Kinder von mir!

Bettina.

L e n z.

Eine Reliquie von **Georg Büchner.**

In dem Buche: „Götter, Helden, Don Quixote", wie auch im „Conversationslexicon der Gegenwart" findet man die Lebensmomente eines Dichters erzählt, der unsern Lesern aus den sinnigen Bruchstücken des im vorigen Jahre mitgetheilten Lustspiels Leonce und Lena lieb geworden seyn wird. Hier theilen wir eine zweite Dichtung dieses zu früh gestorbenen Genies mit. Sie hat den Straßburger Aufenthalt des bekannten Dichters der Sturm- und Drangperiode, Lenz, zum Vorwurf und beruht auf authentischen Erkundigungen, die Büchner an Ort und Stelle über ihn eingezogen hatte. Leider ist die Novelle Fragment geblieben. Wir würden Anstand nehmen, sie in dieser Gestalt mitzutheilen, wenn sie nicht Berichte über Lenz enthielte, die für viele unsrer Leser überraschend seyn werden. Sollte man glauben, daß Lenz, Mitglied einer als frivol und transcendent bezeichneten Literaturrichtung, je in Beziehung gestanden hat zu dem durch seine pietistische Frömmigkeit bekannten Pfarrer Oberlin in Steinthal, von dem Steffens in seinem sonst so verwerflichen Romane: die Revolution, ein nicht mißlungenes Bild gegeben hat? Büchner hat alles, was auf dieses Verhältniß Bezug hat, glaubwürdigen Familienpapieren

35

entnommen. Lassen wir seine meisterhafte Darstellung des halbwahnsinnigen Dichters beginnen.

* * *

Den 20. ging Lenz durch's Gebirg. Die Gipfel und hohen Bergflächen im Schnee, die Thäler hinunter graues Gestein, grüne Flächen, Felsen und Tannen. Es war naßkalt, das Wasser rieselte die Felsen hinunter und sprang über den Weg. Die Äste der Tannen hingen schwer herab in die feuchte Luft. Am Himmel zogen graue Wolken, aber Alles so dicht, und dann dampfte der Nebel herauf und strich schwer und feucht durch das Gesträuch, so träg, so plump. Er ging gleichgültig weiter, es lag ihm nicht's am Weg, bald auf- bald abwärts. Müdigkeit spürte er keine, nur war es ihm manchmal unangenehm, daß er nicht auf dem Kopf gehn konnte. Anfangs drängte es ihm in der Brust, wenn das Gestein so wegsprang, der graue Wald sich unter ihm schüttelte, und der Nebel die Formen bald verschlang, bald die gewaltigen Glieder halb enthüllte; es drängte in ihm, er suchte nach etwas, wie nach verlornen Träumen, aber er fand nichts. Es war ihm alles so klein, so nahe, so naß, er hätte die Erde hinter den Ofen setzen mögen, er begriff nicht, daß er so viel Zeit brauchte, um einen Abhang hinunter zu klimmen, einen fernen Punkt zu erreichen; er meinte, er müsse Alles mit ein Paar Schritten ausmessen können. Nur manchmal, wenn der Sturm das Gewölk in die Thäler warf, und es den Wald herauf dampfte, und die Stimmen an den Felsen wach wurden, bald wie fern verhallende Donner, und dann gewaltig heran brausten, in Tönen, als wollten sie in ihrem wilden Jubel die Erde besingen, und die Wolken wie wilde wiehernde Rosse heransprengten, und der Sonnenschein dazwischen durchging und kam und sein blitzendes Schwert an den Schneeflächen zog, so daß ein helles, blendendes Licht über die Gipfel in die Thäler schnitt; oder wenn der Sturm das Gewölk abwärts trieb und einen lichtblauen See hineinriß, und dann der Wind verhallte und tief unten aus den Schluchten, aus den Wipfeln der Tannen wie ein Wiegenlied und Glockengeläute heraufsummte, und am tiefen Blau ein leises Roth hin-

Erstdruck des »Lenz« im »Telegraph« vom Januar 1839.

noch einmal seine tiefe Resignation angesichts der »babylonischen Verwirrung« unter deutschen Revolutionären.
Leider sind von Georgs an die anderen jüngeren Geschwister adressierten Briefe nur noch ganz wenige erhalten. Einer aber, in Straßburg am 1. Januar 1836 an Ludwig geschrieben, soll hier in ganzer Länge abgedruckt werden. Er gehört zu den großen Dokumenten der Geschwisterliebe und offenbart Georgs Fähigkeit, sich in seiner Wahrnehmung, seiner Sympathie und seinem Interesse immer auch auf »kleine« Menschen einlassen zu können. Seien es »arme Leut« oder eben kleine Brüder.

»Prost Neujahr Hammelmaus!

Ich höre, daß Du ein braver Junge bist, die Eltern haben ihre Freude an Dir. Mache, daß es immer so sei. Es ist mir ein schönes Weihnachtsgeschenk, dies von Dir zu hören. Du zeichnest nett, fahre so fort, Louis Jaeglé hatte große Freude daran und am Büchsenlecker und da läßt er Dir durch mich ein Buch mit Zeichnungen schicken.
Da hast Du etwas um Dich zu üben. – Ist Lottchen Cellarius mit Dir zufrieden und ist es mit dem Stück am Weihnachtsabend gut gegangen? Wenn Du in die Klavierstunde gehst, so sage der Fräulein Lottchen einen schönen Gruß von mir, aber sage um des Himmelswillen Niemand ein Wort davon. Nächstes Frühjahr gehe ich in die Schweiz. Wenn Du brav bist und etwas größer, als jetzt, so mußt Du Stock und Ranzen

nehmen und mich besuchen. Erst gehst Du auf das Straßburger Münster und dann gehen wir an den Rheinfall nach Schaffhausen und an dem Vierwaldstätter-See nach der Tellenplatte und der Tellskapelle. Adieu Mäuschen, ich denke Du bist jetzt eine Maus und wenn Du so fort machst, kannst Du es noch weit bringen; ich hoffe, Daß Du für den grauen Bieberrock jetzt zu groß bist. Lebwohl Dein Bruder«.[7]

Das war die Botschaft für Ludwig, den man sich als blonden, zarten Knaben und übrigens Liebling der Mutter vorzustellen hat. Wobei die Favoritenrolle auch in der Familie Büchner wechseln konnte. Im selben Umschlag befand sich ein Brief an die Familie, und der liefert uns die Möglichkeit, Georgs »Technik« beim Briefeschreiben zu verstehen. Die Nachrichten über die Lage der Welt, den Stand der politischen Dinge sind mit persönlichen Trostbotschaften verknüpft. ›Mag es in der Welt gefährlich und ungerecht zugehen, um mich müsst Ihr Euch nicht sorgen!‹ So zeugen viele Briefe von seiner Fähigkeit, das scharf beobachtete politisch-soziale Welttheater mit dem geliebten Binnenraum der Familie zu verknüpfen. Der stets besonders besorgte Vater bekommt dann nicht selten seine offen oder verdeckt kommunizierte Extra-Beruhigung.
Die Sendung aus Straßburg vom 1. Januar 1836 geht dann so weiter:

»Ich für meine Person*« gehöre »keineswegs zu dem sogenannten* Jungen Deutschland, *der literarischen Partei Gutzkow's und Heine's. Nur ein völliges Mißkennen unserer gesellschaftlichen Verhältnisse konnte die Leute glauben machen, daß durch die Tagesliteratur eine völlige Umgestaltung unserer religiösen und gesellschaftlichen Ideen möglich sei. Auch teile ich* keineswegs ihre Meinung über die Ehe und das Christentum *(...).«*

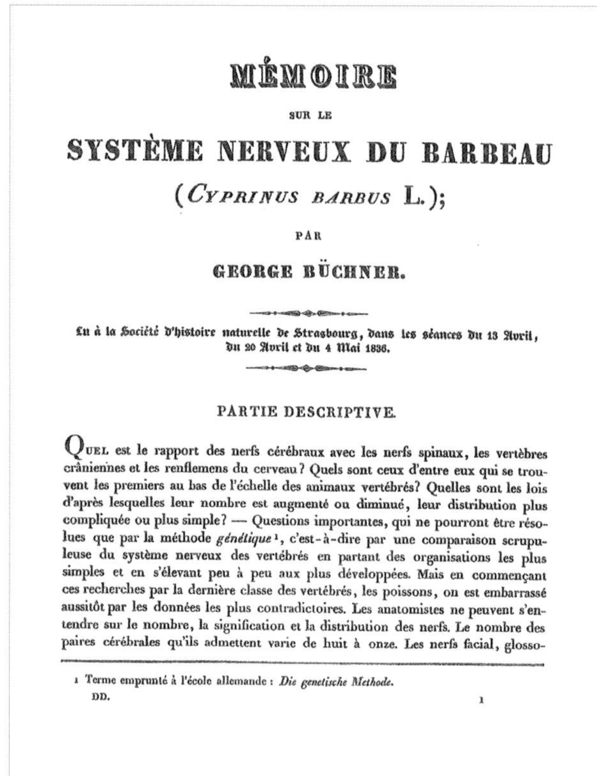
MÉMOIRE

SUR LE

SYSTÈME NERVEUX DU BARBEAU

(*Cyprinus barbus* L.);

PAR

GEORGE BÜCHNER.

Lu à la Société d'histoire naturelle de Strasbourg, dans les séances du 13 Avril, du 20 Avril et du 4 Mai 1836.

PARTIE DESCRIPTIVE.

Quel est le rapport des nerfs cérébraux avec les nerfs spinaux, les vertèbres crâniennes et les renflemens du cerveau? Quels sont ceux d'entre eux qui se trouvent les premiers au bas de l'échelle des animaux vertébrés? Quelles sont les lois d'après lesquelles leur nombre est augmenté ou diminué, leur distribution plus compliquée ou plus simple? — Questions importantes, qui ne pourront être résolues que par la méthode *génétique*[1], c'est-à-dire par une comparaison scrupuleuse du système nerveux des vertébrés en partant des organisations les plus simples et en s'élevant peu à peu aux plus développées. Mais en commençant ces recherches par la dernière classe des vertébrés, les poissons, on est embarrassé aussitôt par les données les plus contradictoires. Les anatomistes ne peuvent s'entendre sur le nombre, la signification et la distribution des nerfs. Le nombre des paires cérébrales qu'ils admettent varie de huit à onze. Les nerfs facial, glosso-

1 Terme emprunté à l'école allemande : *Die genetische Methode.*

DD. 1

Georgs Promotion »Über das Nervensystem der Barbe«, Straßburg 1836.

Schließlich, nach kräftigen Hieben gegen Figuren wie den König von Bayern und die törichte Literaturpolitik der heimischen Regierungen endet der Brief in einer für Georg typischen Sozialminiatur. Nun nicht mehr ätzend elegant, sondern mit erboster Wahrnehmungsschärfe:

»(...) ich komme von dem Christkindelsmarkt, überall Haufen zerlumpter, frierender Kinder, die mit aufgerissenen Augen und traurigen Gesichtern vor den Herrlichkeiten aus Wasser und Mehl, Dreck und Goldpapier standen. Der Gedanke, daß für die meisten Menschen auch die armseligsten Genüsse und Freuden unerreichbare Kostbarkeiten sind, machte mich sehr bitter.«[8]

Im Dezember 1832 hatte er, der »Revolutions-Melancholiker«, resigniert an die Familie geschrieben:

»(...) Ich hätte beinahe vergessen zu erzählen, daß der Platz in Belagerungsstand gesetzt wird (wegen der holländischen Wirren). Unter meinem Fenster rasseln beständig die Kanonen vorbei, auf den öffentlichen Plätzen exercieren die Truppen und das Geschütz wird auf den Wällen aufgefahren. Für eine politische Abhandlung habe ich keine Zeit mehr, es wäre auch nicht der Mühe wert, das Ganze ist doch nur eine Komödie. Der König und die Kammern regieren, und das Volk klatscht und bezahlt (...)«.[9]

Die »holländischen Wirren« beziehen sich auf den Aufstand in Brüssel nach der französischen Julirevolution von 1830, der zur Loslösung von Belgien vom Königreich der Niederlande geführt hatte. Die Holländer versuchten bis 1833 immer wieder vergeblich, Belgien zurückzuerobern. Und Georg erklärt der Familie, wie das alles mit der herrschenden Ordnung zusammenhängt.

Gewiss, aus Straßburg meldet er immer wieder, wie es um ihn, seine politischen Grundsätze, um die Revolution steht. Das klingt vor allem in den Ohren der Eltern alles andere als beruhigend. Er betont aber auch ständig, dass er sich an Umtrieben nicht beteiligen wird, da er jede Art von putschistischen Aktionen scharf ablehnt. Aber er liefert auch hinreißende Exkursionsberichte, die im Ton an seinen »Lenz« erinnern. So am 8. Juli 1833 aus Straßburg an die Familie:

*»(...) Bald im Tal, bald auf den Höhen, zogen wir durch das liebliche Land. Am zweiten Tag gelangten wir auf einer über 3000 Fuß hohen Fläche zum sogenannten weißen und schwarzen See (...) Zu unseren Füßen lag still das dunkle Wasser (...) Im Süden hingen düstere Wetterwolken, die Luft war still. Plötzlich trieb der Sturm das Gewölke die Rheinebene herauf, zu unserer Linken zuckten die Blitze, und unter dem zerrissenen Gewölk über dem dunklen Jura glänzten die Al*pengletscher in der Abendsonne.«[10]

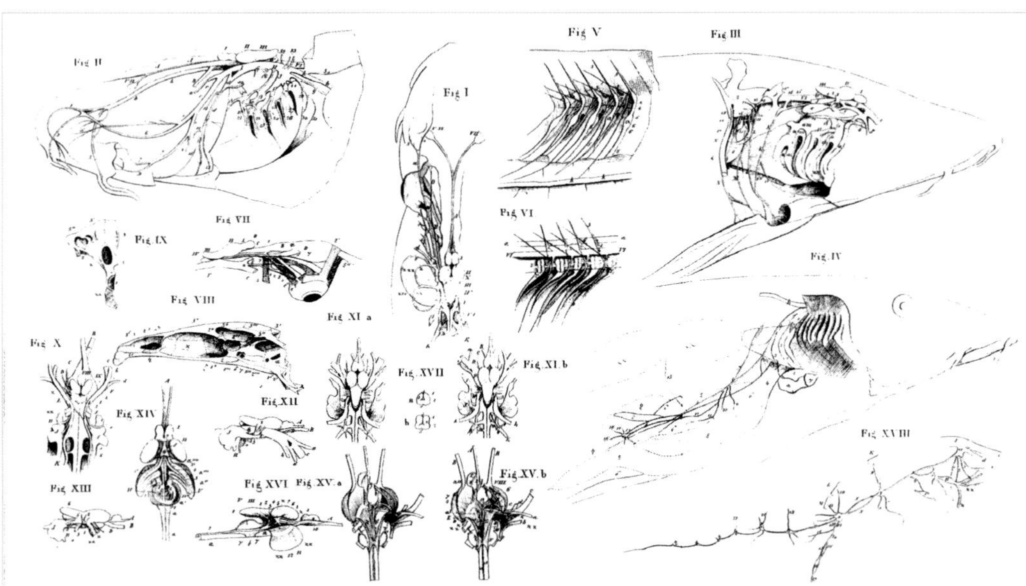

Illustration zu Georgs Promotion. Stahlstich (F. Hagen?), Straßburg 1836.

Nach Gießen zurückgekehrt schreibt Georg 1834 sehr offen über seine Verwicklungen in die revolutionären Bewegungen in Oberhessen. Dabei mutet er der Familie allerhand zu, und es wären von Seiten des Vaters wahrhaftig auch schärfere Reaktionen denkbar gewesen. In einem Brief voller Empörung über den Universitätsrichter Konrad Georgi vom 8. August 1834 an die Familie aus Gießen nach Darmstadt lesen wir:

»(...) Übrigens habe ich mich bereits an das Disciplinargericht gewendet und es zum Schutz gegen die Willkür des Universitätsrichters gebeten (...) Das Verletzen meiner heiligsten Rechte und das Einbrechen in alle meine Geheimnisse, das Berühren von Papieren, die mir Heiligtümer sind, empörten mich zu tief, als daß ich nicht jedes Mittel ergreifen sollte, um mich an dem Urheber dieser Gewalttat zu rächen. Den Universitätsrichter habe ich mittels des höflichsten Spottes fast ums Leben gebracht (...)«[11].

Wenn Alexander, Georgs jüngster Bruder, diese Stelle als damals Zehnjähriger schon mitbekommen und verstanden haben sollte, dann war dies der Keim für seine spätere literarische Rache an Georgi.
Ein Jahr später schreibt Georg aus dem Straßburger Exil in größter Sorge um die inzwischen verhafteten Gießener Freunde. Besonders Karl Minnigerode liegt ihm am Herzen. Und Ende Juni 1835 berichtet er aus Straßburg der Familie:

»(...) Die Unglücklichen! Minnigerode sitzt jetzt fast ein Jahr, er soll körperlich fast aufgerieben sein, aber zeigt er nicht eine heroische Standhaftigkeit? Es heißt, er sein schon mehrmals geschlagen worden, ich kann und mag es nicht glauben. A. Becker *wird wohl von Gott und der Welt verlassen sein; seine Mutter starb, während er in Gießen im Gefängnis saß, vierzehn T a g e darnach eröffnete man es ihm!!! «*[12].

Wie groß muss Georgs Vertrauen in die Familie gewesen sein, Vater und Mutter unbedingt eingeschlossen, wenn er so offen über Freunde schreibt, die ja als Staatsfeinde des Großherzogtums verfolgt wurden. Und wie sehr muss er sich des Mitgefühls seiner Lieben sicher gewesen sein, um einen solchen Brief schreiben zu können.
Am 16. Juli 1835, wieder an die Familie:

»(...) Es liegt schwer auf mir, wenn ich mir Darmstadt vorstelle; ich sehe unser Haus und den Garten und dann unwillkürlich das abscheuliche Arresthaus. Die Unglücklichen! Wie wird das enden? Wohl wie in Frankfurt, wo Einer nach dem Andern stirbt und in der Stille begraben wird (...) Hört man nichts von Minnigerode? Sollte er wirklich Schläge erhalten? Es ist mir undenkbar (...)«.[13]

Gerade diese Verbindung von Elternhaus und Gefängnis, von liebevollem Interesse an Vater, Mutter und Geschwistern – Großmutter Reuß gewiss nicht ausgenommen – auf der einen, am Schicksal der Kampfgefährten auf der anderen Seite, zeigt eine für Georg typische Dimension seiner Briefe. Er kann auf Liebe und Loyalität der Familie bauen und bei allem Respekt vor der offiziellen Position des Vaters im großherzoglichen Darmstadt seine Befürchtungen wie sein Bild der politischen Realität offen mitteilen.
Vor seiner Übersiedelung nach Zürich schreibt Georg am 2. September 1836 an die Familie in Darmstadt. Wie glücklich muss man in Darmstadt gewesen sein, die folgenden Zeilen lesen zu können:

»(...) Ich bin ganz vergnügt in mir selbst, ausgenommen, wenn wir Landregen oder Nordwestwind haben, wo ich freilich einer von denjenigen werde, die Abends vor dem Bettgehen, wenn sie den einen Strumpf vom Fuß haben, im Stande sind,

Das Haus in der Züricher Spiegelgasse, in dem Georg Büchner am 19. 2. 1837 starb.

sich an ihre Stubenthür zu hängen, weil es ihnen der Mühe zuviel ist, den andern ebenfalls auszuziehen … Ich habe mich jetzt ganz auf das Studium der Naturwissenschaften und der Philosophie gelegt, und werde in Kurzem nach Z ü r i c h gehen, um in meiner Eigenschaft als überflüssiges Mitglied der Gesellschaft meinen Mitmenschen Vorlesungen über ebenfalls höchst Überflüssiges, nämlich über die philosophischen Systeme der Deutschen seit Cartesius und Spinoza, zu halten (…)«.[14]

Hier kommt ein Zug zum Ausdruck, der unter den Geschwistern der Familie weit verbreitet war, Ironie und Selbstironie. Die kumpelhaften Scherze mit dem jungen Louis, mit Wilhelm, die von Brief zu Brief fortgesponnenen Geschichten und Fantasien, die rührenden Belehrungen und Ermahnungen des ältesten Bruders gehen mit seinen Erklärungen der politischen Welt und der emphatischen Sorge um die malträtierten Freunde stabile Verbindungen ein. Ein solcher Bruder ist durchaus in der Lage, auch aus der Ferne eine Familie zusammenzuhalten. In großer Sorge und tiefer Freude, in Verehrung und Bewunderung und nach seinem frühen Tod in traumatischer Enge.
Zum Schluss zitieren wir noch aus zwei Briefen, die wir, weil weitere Briefe nicht erhalten sind, als Abschiedsbriefe lesen müssen. Es handelt sich um die Briefe der Mutter, Caroline, und des Vaters, Ernst Büchner.
Am 30. Oktober 1836 schreibt die Mutter:

»Lieber Georg!
Welche Freude als Dein Brief vom 25ten Oktober das Postzeichen Zürich darauf ankam. Ich jubelte laut; denn obgleich wir uns gegenseitig nichts sagten; so hatten wir alle große Angst, und wir glaubten kaum daß Du glücklich über die Grenze kommen würdest. Die Sache hat mir vielen heimlichen Kummer gemacht, nun Gott lob auch dies ging glücklich vorüber (…) Auf Deinen Geburtstag tranken wir alle zusammen Deine Gesundheit. – Wie Dein brief ankam den 27ten biegelte ich gerade das letzte Stück, Vater war im Theater, ich kann Dir gar nicht sagen wie sehr er sich freute als er nach Hause kam (…)
Wilhelm war ohngefähr 14 Tage hier, und nun ist er seit Mittwoch nach Heidelberg mit Schenk abgereist (…) Mathilde wird selbsten an Dich schreiben; sonsten ist alles bei uns beim Alten. Den 25ten Ok. war Alexanders Geburtstag er wurde 9 Jahre alt, heute wird er solenn gefeiert, er hat sich 10 Jungens gebeten, der Chokolade ist bereits gekocht könnte ich Dir doch auch eine Tasse einschenken (…)

Deine Kost und Logie finden wir sehr billig, freilich eine Kost wie bei Fräulein Jäkele wirst Du nicht leicht wieder finden, nun man muß sich an alles gewöhnen. Schreibe uns nur immer recht ausführlich, ich meine seit Du von Straßburg weg bist nun seist Du erst in der Fremde, in Straßburg glaubte ich Dich immer in meiner Nähe (...) Großmutter grüßt Dich vielmals schreibe ihr bald, weil es ihr Freude macht (...) Alles grüßt Dich jung und alt, auch Ema, die eben da ist auch die träge Mathilde. Nun lebe wohl und schreibe bald wieder Deiner treuen

Mutter C: Büchner«.[15]

Zu Weihnachten schreibt dann der Vater an Georg am 18. Dezember 1836. Es ist ein »Versöhnungsbrief«. Nun, wo Georg in Zürich als Privatdozent Auskommen und Ansehen hat, wo er in politische Unternehmungen nicht mehr verwickelt zu sein scheint, will der Vater seine Freude mitteilen und seine Bereitschaft zum Ausdruck bringen, wieder in ein herzliches Verhältnis einzutreten.

»Lieber Georg!
Es ist schon lange her daß ich nicht persönlich an Dich geschrieben habe. Um Dich einigermaßen dafür zu entschädigen, soll Dir das Christkindlein diese Zeilen bescheren und ich zweifle nicht daran, daß es Dir eine angenehme Erscheinung sein werde. Meine Besorgnis um Dein künftiges Wohl war bisher noch zu groß und mein Gemüt war zu tief erschüttert, durch die Unannehmlichkeiten alle, welche Du uns durch Dein unvorsichtiges Verhalten bereitet und gar viele trübe Stunden verursacht hast, als daß ich mich hätte entschließen können, in herzliche Relation mit Dir zu treten (...)
Mutter und Tante Helene sitzen oben bei der Großmutter, welche jetzt beinahe völlig blind ist (...) Mathilde und Louise sind in der Oper ›Die Stumme‹. Louis ist wahrscheinlich mit Anfertigung von Weihnachtsgeschenken beschäftigt und Alexander liest wie gewöhnlich sehr emsig die Geschichte. Dieser wird ein r u h i g e r Gelehrter werden in allem Ernste. Endlich ich sitze am Schreibtische und schreibe in diesem Augenblicke am Ende meines Briefes meinen Namen.

E. Büchner«.[16]

Einige Passagen aus diesen Briefen wurden in unserem Buch an anderer Stelle bereits wiedergegeben. Für den Zusammenhalt der Familie gibt es kaum schönere Belege.
Je tiefer man eindringt in das Leben dieser Familie, in die Schriften und Taten, ins soziale Engagement, in die parteiliche Publizistik, die populäre wissenschaftliche Aufklärung oder in die politische Praxis, desto mehr gelangt man zu der Überzeugung, dass sich all ihre Mitglieder ein und demselben Projekt verschrieben haben. Sie haben daran mitgewirkt, an den demokratischen Potenzialen der Revolution von 1848 in der zweiten Hälfte des 19. Jahrhunderts festzuhalten. Gegen vielfältige Widerstände, in je eigenen Kompromissen, in einer Fülle von Fähigkeiten und mit beträchtlicher Prominenz haben sie die Welt verändert. Oder doch zumindest das Stück der Welt, das ihnen zugänglich war. Was sie taten, haben sie mit einem Überschuss an Texten begleitet. An literarischen, politischen, wissenschaftlichen oder sozialen Texten. Das Wasserzeichen dieser Texte war das rätselhaft kurze Leben ihres revolutionären Bruders Georg Büchner.
Es ging uns darum, die Fäden dieser Texte sichtbar zu machen.

Georg Büchners Grab in Zürich
am »Rigiblick« 2006.

Idealisierender Stahlstich von
Georg Büchners Grab am
Rigiblick oberhalb Zürich (1879).

Anmerkungen

Die Eltern Seite 8 – 24

1 Alexander Büchner: Das »tolle« Jahr, Gießen 1900, S. 13.
2 Ebenda S. 20f.
3 Ebenda S. 21.
4 Ebenda S. 21f. und 22f.
5 Vgl. Anton Büchner: Die Familie Büchner, Darmstadt 1963, S. 17.
6 Ebenda.
7 Alexander Büchner: Vorwort, in: Ludwig Büchner: Im Dienste der Wahrheit, Gießen 1900, S. 117f.
8 Eckhart G. Franz/Rudolf Loch: Arzt aus Tradition und Neigung. Ernst Karl Büchner, in: Georg Büchner. Revolutionär, Dichter, Wissenschaftler 1813 bis 1837, Ausstellungskatalog, Basel/Frankfurt am Main 1987, S. 66.
9 HStAD Best. G 28 Darmstadt Nr. F 1484/10.
10 Ernst Büchner an Karl Gutzkow am 7.3.1835, zitiert nach: Jan-Christoph Hauschild (Hg.): Georg Büchner. Briefwechsel, Basel/Frankfurt am Main 1994, S. 58.
11 Georg Büchner an seine Familie am 6.4.1833, in: ebenda S. 20.
12 Georg Büchner an seine Familie im Juni 1833, in: ebenda S. 23.
13 Georg Büchner an seine Familie um den 30. März 1834, in: ebenda S. 42.
14 Georg Büchner an seine Familie am 5.8.1834, in: ebenda S. 47.
15 Georg Büchner an seine Familie am 9.3.1835, in: ebenda S. 58.
16 Luise Büchner: Deutsche Geschichte von 1815–1870. Zehnte Vorlesung, zitiert nach: Margarete Dierks: »Gebildet, ohne gelehrt zu sein«. Essays, Berichte und Briefe von Luise Büchner zur Geschichte ihrer Zeit, Darmstadt 1991, S. 218.
17 Edouard Reuss: Erinnerungen aus meinem Leben, zitiert nach: Jan-Christoph Hauschild: Georg Büchner. Studien und neue Quellen zu Leben, Werk und Wirkung, Königstein 1985, S. 340.
18 Ernst Büchner an Georg Büchner am 18.12.1836, in: Briefwechsel, a.a.O., S. 123.
19 Caroline Büchner an Georg Büchner am 30.10.1836, in: ebenda S. 118f.
20 Ernst Büchner an Georg Büchner am 18.12.1836, in: ebenda, S. 124.
21 Ernst Büchner: Einstweilige Erklärung, in: Darmstädter Zeitung vom 28.5. oder 29.5.1848.
22 Alexander Büchner: Das »tolle« Jahr, a.a.O., S. 193.
23 Ludwig Büchner: Der neue Hamlet (1885), zitiert nach: Ludwig Büchner: Vorwort, a.a.O., S. XXII.
24 Wilhelm Büchner an Karl Emil Franzos am 23.12.1878, zitiert nach: Fritz Bergemann (Hg.): Georg Büchner. Sämtliche Werke und Briefe, Leipzig 1922, S. 638.
25 Luise Büchner: Ein Dichter, Darmstadt 1965, S. 34.
26 Ebenda S. 86.
27 Ebenda S. 70f.
28 Alexander Büchner: Vorwort, a.a.O., S. VIII.

Wilhelm Seite 25 – 57

1 Das Depositum ist Eigentum Manfred Büchner. Wir danken Herrn Büchner, aus den Dokumenten zitieren und sie abbilden zu dürfen.
2 Alexander Büchner: Mein Bruder Wilhelm »der dumme Bub«. Handschriftliches Manuskript im Depositum »Wilhelm Büchner«, S. 20.
3 Jan-Christoph Hauschild: Georg Büchner, Berlin 1997, S. 110.
4 Friedrich Ludwig Wagner (Hg.): Lehren der Weisheit und Tugend in auserlesenen Fabeln, Erzählungen und Liedern, Leipzig 12. A. 1822, S. 170.
5 Vgl. Hauschild, a.a.O., S. 108.
6 Brief von Wilhelm Büchner an Georg Büchner vom 13.11.1831. Zitiert nach: Georg Büchner: Schriften. Briefe Dokumente, herausgegeben von Henri Poschmann, Band 2, Frankfurt/Main 2006, S. 355.
7 Vgl. Rudolf Krause: Zur Geschichte der Zoologischen Abteilung des Hessischen Landesmuseums in Darmstadt 1795–1914, Darmstadt 1972, S. 17–26.
8 Vgl. Walther Möller: Geschichte der Stadt Zwingenberg a. d. B., Zwingenberg 1910, S. 580f.
9 Vgl. Heinz Fischer: Georg Büchner und Alexis Muston. Untersuchungen zu einem Büchner-Fund, München 1987.
10 Brief von Wilhelm Büchner an Karl Emil Franzos vom 9.9.1878. Zitiert nach: Georg Büchner. Sämtliche Werke und Briefe, herausgegeben von Fritz Bergemann, Leipzig 1922, S. 636.
11 Wilhelm Büchner: Erinnerung an meinen Bruder Georg, in: Jan-Christoph Hauschild: Georg Büchner. Studien und neue Quellen zu Leben, Werk und Wirkung, Königstein /Ts. 1985, S. 439.
12 Brief von Wilhelm Büchner an Karl Emil Franzos vom 9.9.1878, a.a.O., S. 637.
13 Thomas Michael Mayer hat darauf hingewiesen, dass das Arresthaus zu diesem Zeitpunkt noch nicht fertig gestellt war; es handelte sich wahrscheinlich um das Darmstädter Stadtgericht, vgl. T. M. Mayer: Georg Büchners Situation im Elternhaus und der Anlaß seiner Flucht aus Darmstadt Anfang März 1835, in: Georg Büchner Jahrbuch 9 (1995–1999), S. 80f.
14 Ebenda.
15 Brief von Wilhelm Büchner an Karl Emil Franzos vom 23.12.1878, zitiert nach Georg Büchners sämtliche Werke, a.a.O., S. 640.
16 Ebenda S. 639.
17 Ebenda S. 639f.
18 Brief von Georg Büchner an Wilhelm Büchner vom April/Juli 1835. Zitiert nach: Georg Büchner: Schriften. Briefe. Dokumente, a.a.O., S. 402.
19 Brief von Georg Büchner an Wilhelm Büchner von Ende 1836/Anfang 1837. Zitiert nach: ebenda S. 460.
20 Brief von Caroline Büchner an Georg Büchner vom 30.10.1836. Zitiert nach: ebenda S. 455.
21 Zitiert nach: Anton Büchner: Die Familie Büchner, Darmstadt 1963, S. 33.

22 Alexander Büchner: Mein Bruder Wilhelm, a.a.O, S. 6f.
23 C. G. Gmelin war ein Verwandter von Leopold Gmelin, bei dem Wilhelm Büchner in Heidelberg studiert hatte.
24 Anton Büchner, a.a.O., S. 39.
25 Gedruckte Mitteilung von Wilhelm Büchner im Depositum »Wilhelm Büchner«.
26 Protokoll des Bürgermeisters von Pfungstadt vom 8.9.1858, Original im Hessischen Staatsarchiv Darmstadt (Bestand G 15).
27 Anton Büchner, a.a.O., S. 39.
28 »An die Arbeiter und Beamten der Ultramarin=Fabrik«. Gedrucktes Rundschreiben zum 1. November 1875 im Depositum »Wilhelm Büchner«.
29 Alexander Büchner: Mein Bruder Wilhelm, a.a.O., S. 19.
30 Ebenda.
31 Alexander Büchner: Das »tolle« Jahr, Gießen 1900, S. 373.
32 Nach Anton Büchner hat Wilhelm den alten Grabstein nach der Umbettung in seinen Park nach Pfungstadt bringen lassen, »wo er, von Efeu umrankt, noch lange Jahrzehnte stand, bis Wind und Wetter die Inschrift und die Herwegschen Verse auslöschten« (S. 28). Heute gilt der Grabstein als verschollen. Nur der Sockel scheint sich erhalten zu haben. Er steht als Leihgabe der Stadt Pfungstadt im Büchner-Geburtshaus in Goddelau.
33 Vgl. Jan-Christoph Hauschild: Studien, a.a.O., S. 427ff.
34 Wilhelm Büchner: Erinnerung an meinen Bruder Georg. Zitiert nach: Jan-Christoph Hauschild: Georg Büchner. Studien, a.a.O., S. 439.
35 Ebenda S. 439f.
36 Vgl. Alexander Büchner: Das »tolle« Jahr, a.a.O., S. 184f.
37 Eckhart G. Franz: Fabrikant und Demokrat Wilhelm Büchner, in: Georg Büchner. Revolutionär, Dichter, Wissenschaftler 1813 bis 1837, Ausstellungskatalog, Basel/Frankfurt am Main 1987, S. 377.
38 Ebenda.
39 Handschriftliche »Familien Notizen« von Wilhelm Büchner im blauen Buch »Zur Erinnerung 1841–1890« im Depositum »Wilhelm Büchner«.
40 Eckart G. Franz: Fabrikant, a.a.O., S. 378.
41 Handschriftlicher Briefentwurf an Reinhard von Dalwigk vom April 1868 im blauen Buch im Depositum »Wilhelm Büchner«.
42 Handschriftliche Notizen, a.a.O.
43 Anton Büchner: Die Familie Büchner, a.a.O., S. 41.
44 Zitiert nach: Karl Hechler: Wilhelm Büchner und seine Bedeutung für Pfungstadt, undatierter Zeitungsausschnitt im Stadtarchiv Pfungstadt.
45 Concordia. Zeitschrift des Vereins zur Förderung des Wohles der Arbeiter, Nr. 1 vom 16.7.1879, S. 1.
46 Protokoll der Reichstagssitzung vom 1. April 1879, S. 772, zitiert nach dem digitalen Bestand der Bayerischen Staatsbibliothek, München.
47 Ebenda S. 788.
48 Ebenda S. 772.
49 Protokoll der Reichstagssitzung vom 9. Mai 1878, S. 1184.
50 Protokoll der Reichstagssitzung vom 28. April 1884, S. 359.

Luise und Mathilde Seite 58 – 86

1 Zitiert nach Hans Deuster: Die Büchners im Ried, Riedstadt 1997, S. 18.
2 Ludwig Büchner: Georg Büchner, in: Georg Büchner: Nachgelassene Schriften, Frankfurt am Main 1850, zitiert nach: Burghard Dedner (Hg.): Der widerständige Klassiker, Frankfurt am Main 1990, S. 125.
3 Alexander Büchner: Das »tolle« Jahr, Gießen 1900, S. 186.
4 Ebenda S. 374.
5 Brief von Caroline Büchner an Georg Büchner vom 30.10.1836. Zitiert nach: Georg Büchner: Schriften. Briefe. Dokumente, herausgegeben von Henri Poschmann, Frankfurt am Main 2006, S. 456.
6 So Alexander Büchner in einem Brief an seinen Freund Adolf Otto Ellissen. Vgl. Erich Zimmermann: »Geht einmal nach Darmstadt …«, Darmstadt 1993, S. 62.
7 Ruth-Ellen Boetcher Joeres: Luise Büchner (1821–1877). »Wir sind mehr als wir scheinen.« In: Luise F. Pusch (Hg.): Schwestern berühmter Männer, Frankfurt am Main 1985, S. 291.
8 Luise Büchner: Der höhere weibliche Unterricht. Vortrag, gehalten auf dem Verbandstage deutscher Frauenbildungs- und Erwerbvereine zu Hamburg am 21. April 1876. Zitiert nach: Margarete Dierks: Luise Büchner (1821–1877), in: Sie gingen voran. Vier bedeutende Darmstädter Frauen des 19. Jahrhunderts, Darmstadt o. J., S. 91.
9 Alexander Büchner, a.a.O., S. 373.
10 Ebenda S. 3.
11 Ebenda.
12 Luise Büchner: Ein Dichter, Darmstadt 1965, S. 96ff.
13 Alexander Büchner, a.a.O., S. 7.
14 (Ludwig Büchner): »Nachruf an Luise Büchner« in der Darmstädter Zeitung vom 1.12.1877, zitiert nach: Luise Büchner: Die Frau. Hinterlassene Aufsätze, Abhandlungen und Berichte zur Frauenfrage, Halle 1878, S. 3.
15 Ebenda S. 4.
16 Luise Büchner: Ein Dichter, a.a.O., S 30.
17 Ebenda S. 43.
18 Zitiert nach Georg Büchner: Schriften. Briefe. Dokumente, a.a.O., S. 38.
19 Luise Büchner: Ein Dichter, a.a.O., S. 42.
20 Ebenda S. 87.
21 Ebenda S. 89.
22 Ebenda S. 103.
23 Margarete Dierks: »Gebildet, ohne gelehrt zu sein«. Essays, Berichte und Briefe von Luise Büchner zur Geschichte ihrer Zeit, Darmstadt 1991, S. 270.
24 Luise Büchner: Zehnte Vorlesung, in Margarete Dierks: »Gebildet …«, a.a.O., S. 217f.
25 Karl Gutzkow an Luise Büchner (vor dem 11. Mai 1875), zitiert nach: Gerhard K. Friesen: »Wir können gar nicht Respect genug vor Ihnen haben.« Der Briefwechsel zwischen Karl Gutzkow und Luise Büchner 1859–1876, in: Elke Hausberg/Agnes Schmidt: »Feder und Wort sind Euch gegeben, so gut wie dem Manne!« Studien und Briefe zu Luise Büchners Leben und Werk, Darmstadt 2004, S. 83.
26 Luise Büchner an Karl Gutzkow am 5.1.1876, zitiert nach: ebenda S. 87.
27 Ebenda.
28 Zitiert nach: Margarete Dierks: Luise Büchner, a.a.O., S. 125.
29 Zitiert nach ebenda S. 93.
30 Vgl. Burghard Dedner (Hg.): Der widerständige Klassiker, a.a.O., S. 24
31 Luise Büchner: Nachgelassene belletristische und vermischte Schriften, 2 Bde., Frankfurt am Main 1878 und Luise Büchner: Die Frau. Hinterlassene Aufsätze, Abhandlungen und Berichte zur Frauenfrage, Halle 1878.
32 Luise Büchner: Am Grab des Bruders, zitiert nach: Anton Büchner: Die Familie Büchner, Darmstadt 1963, S. 96f.
33 Vgl. Cordelia Scharpf: Luise Büchner (1821–1877). The Life and Work of an evolutionary Feminist, Wisconsin-Madison (Diss.) 2002, S. 143ff.
34 Vgl. ebenda S. 128.
35 Vgl. ebenda S. 127.
36 Ludwig Büchner, a.a.O., S. 4.
37 Cordelia Scharpf: Bibliographie, in: Hausberg/Schmidt, a.a.O., S. 241–277.
38 Cordelia Scharpf in: Luise Büchner: Aus dem Leben, herausgegeben von Fayçal Hamouda, Leipzig 2007, S. 13.
39 Luise Büchner an Karl Gutzkow am 28.12.1868, zitiert nach: Hausberg/Schmidt, a.a.O., S. 61.

[40] Ludwig Büchner, a.a.O., S. 5.
[41] Luise Büchner: Weihnachtsmärchen, Glogau ²1882 (Nachdruck Riedstadt 1997), S. 31.
[42] Luise Büchner: Der Materialismus-Schrecken, in: Margarete Dierks: »Gebildet …«, a.a.O., S. 28.
[43] Luise Büchner (Hg.): Dichterstimmen, Hamm ³1866, S. 226.
[44] Gerhard K. Friesen in: Hausberg/Schmidt, a.a.O., S. 37.
[45] Karl Gutzkow an Luise Büchner am 18.5.1868, zitiert nach: Hausberg/Schmidt, a.a.O., S. 54.
[46] Luise Büchner an Karl Gutzkow am 20.5.1868, zitiert nach: ebenda S. 54f.
[47] Luise Büchner an Karl Gutzkow am 7.8.1870, zitiert nach: ebenda S. 73f.
[48] Luise Büchner: Die Frauen und ihr Beruf, Frankfurt am Main ³1860 (Nachdruck Darmstadt 1981), S. 1.
[49] Ebenda S. 12f.
[50] Ebenda S. 4.
[51] Ebenda S. 130.
[52] Ebenda S. 140.
[53] Zitiert nach: Agnes Schmidt/Ina Bahnschulte-Friebe (Hg.): Luise Büchner und die Frauenbewegung in Darmstadt, Darmstadt (Ausstellungskatalog) 2002, S. 16.
[54] Gründungsaufruf vom 10.10.1867, zitiert nach: ebenda S. 18.
[55] Margarete Dierks: »Gebildet …«, a.a.O., S. 123.
[56] Jenny Hirsch: Luise Büchner, in: Deutscher Frauen-Anwalt, Nr. 2/1878, S. 42, zitiert nach: Ruth-Ellen Boetcher-Joeres, a.a.O., S. 293.

Ludwig Seite 87 – 119

[1] Gemeint ist Max Stirner, Autor des anarchistischen Grundwerks »Der Einzelne und sein Eigentum«, das im Oktober 1844 erschien.
[2] Protokoll der Reichstagssitzung vom 12.1.1895, S. 291
[3] Fjodor Dostojewskij: Böse Geister, Frankfurt am Main, 1998, S. 456. Unter den vielen, auch merkwürdigen Belegen für Ludwig Büchners Popularität befindet sich auch ein parodistisches Drama: Dr. Mantis (das ist Gottlieb Christoph Adolf von Harless): Göthe im Fegefeuer. Eine materialistisch-poetische Gehirnsecretion, München 1856; dort wird Büchner, wieder im Gefolge von Vogt und Moleschott, als ›Hahnebüchner‹ bezeichnet und sein materialistisches Credo so veralbert: »Was sitzt Ihr, Herr, denn so in Sinnen? Ich bitte, sorgt für's Feuer drinnen! Bedürft Ihr Kraft – greift zu dem Stoff, Da wird man erst recht Philosoph. Ich sag: ich muß auf alles pfeifen, Was ich nicht kann mit Fingern greifen.« Über die Beziehungen zwischen Büchner, Vogt und Moleschott sowie Ernst Haeckel erfährt man mehr in: Christoph Kockerbeck: Carl Vogt, Jacob Moleschott, Ludwig Büchner, Ernst Haeckel. Briefwechsel, Marburg 1999.
[4] Christoph Kockerbeck (Hg.): a.a.O., S. 38f.
[5] Ludwig Büchner: Aus Natur und Wissenschaft. Studien, Kritiken und Abhandlungen, 3. Aufl. Leipzig 1874, S. 470.
[6] Ludwig Büchner: Kraft und Stoff. Mit einer Einleitung und Anmerkungen herausgegeben von Wilhelm Bölsche, Leipzig 1932, S. VII. Auf geradezu rührende Weise versuchte ein eigens gegründeter (Klein-)Verlag namens L. Büchner das Andenken des materialistischen Philosophen zu bewahren. Mit einer Zitatensammlung quer durch Ludwig Büchners Werk werden unter dem Titel »Im Dienste der Wahrheit« Sentenzen, Thesen und Bemerkungen aufgeführt, die Büchners Werk auf eigenartige Weise fragmentieren, wenn sich auch manches trefflich formulierte Zitat darunter findet. Helmut Clos: Im Dienste der Wahrheit, Ziegelhausen bei Heidelberg, 1956.
[7] Dass die Namen Ludwig und Luise so häufig bei den Büchners vorkommen, verdankt sich gewiss der Loyalität des Vaters zum Großherzog. 1806 war unter Napoleon die Landgrafschaft zum Großherzogtum geworden, Landgraf Ludwig X. zu Hessen regierte fortan als Ludwig I. von Hessen und bei Rhein das Großherzogtum bis 1830. Bis zum Ende des Großherzogtums im Jahre 1918 sollten noch drei Großherzöge namens Ludwig und einer mit dem Namen Ernst Ludwig folgen.
[8] In: Ludwig Büchner: Im Dienste der Wahrheit. Ausgewählte Schriften aus Natur und Wissenschaft, Gießen 1900, S. XX (Biografisches Vorwort von Alexander Büchner).
[9] Alexander Büchner: Das »tolle« Jahr. Vor, während und nach 1848. Von einem, der nicht mehr toll ist, Gießen 1900.
[10] Gießen war die Landesuniversität des Großherzogtums Hessen(-Darmstadt.) Das Alte Pädagog bereitete auf den Besuch dieser und ohne die Erlaubnis des Großherzogs keiner anderen Universität vor.
[11] Ludwig Büchner: Im Dienste der Wahrheit. Ausgewählte Aufsätze aus Natur und Wissenschaft. Mit Biographie des Verfassers von Prof. Alex Büchner, Gießen 1900.
[12] Alexander Büchner: Vorwort zu Ludwig Büchner: Im Dienste der Wahrheit, a.a.O., S. XIIIf.
[13] Ludwig Büchner: Im Dienste der Wahrheit, a.a.O., S. VIII.
[14] Ebenda.
[15] Samuel Lee: Der bürgerliche Sozialismus von Ludwig Büchner. Eine Ideologie zwischen der bürgerlichen Demokratie und der sozialistischen Arbeiterbewegung, Göttingen 1976, S. 39.
[16] Jan-Christoph Hauschild: Georg Büchner. Studien und neue Quellen zu Leben, Werk und Wirkung, Königstein/Ts. 1985.
[17] Ebenda S. 77.
[18] Ludwig Büchner: Georg Büchner; in: Nachgelassene Schriften von Georg Büchner, Frankfurt am Main 1850, S. 39f.
[19] Hauschild: a.a.O., S. 98.
[20] Ebenda S. 80. Ludwig Büchners biografische Einleitung zu den »Nachgelassenen Schriften« ist wieder abgedruckt in: Burghard Dedner (Hg.): Der widerständige Klassiker. Einleitungen zu Büchner vom Nachmärz bis zur Weimarer Republik, Frankfurt am Main 1990.
[21] Den Briefwechsel zwischen Karl Gutzkow und Luise Büchner hat erstmals Gerhard K. Friesen dokumentiert: Ders.: »Wir können alle gar nicht Respect genug vor ihnen haben.« Der Briefwechsel zwischen Karl Gutzkow und Luise Büchner 1859–1876; in: Elke Hausberg und Agnes Schmidt (Hg.): »Feder und Wort sind Euch gegeben, so gut wie dem Manne!« Studien und Briefe zu Luise Büchners Leben und Werk, Darmstadt 2004, S. 33–106.
[22] Karl Emil Franzos (Hg.): Georg Büchner's Sämmtliche Werke und handschriftlicher Nachlaß, Frankfurt am Main 1879. Jan-Christoph Hauschild gibt als Erscheinungstermin den 15. März 1880 an.
[23] Diese Formulierung gebraucht Thomas Wirz in einer Rezension der Marburger Büchner-Ausgabe in der Frankfurter Allgemeinen Zeitung.
[24] Ludwig Büchner: Das Od, Darmstadt 1854, S. 81. Vielleicht steht das »Orgon« Wilhelm Reichs in eben dieser Tradition und die merkwürdigen Vorstellungen von Energie, energetischen Kräften des Körpers in den medizinischen Konzepten der Alternativbewegung ebenso.
[25] Alexander Büchner: Vorwort zu Ludwig Büchner: Im Dienste der Wahrheit, a.a.O., S. XV.
[26] Ebenda S. XVIf.
[27] Anton Büchner: Die Familie Büchner. Georg Büchners Vorfahren, Eltern und Geschwister, Darmstadt 1963.
[28] Eine glänzende Darstellung des Materialismus-Streits im 19. Jahrhundert, in den Ludwig Büchner an vorderster Front verwickelt war, findet sich in: Kurt Bayertz, Myriam Gerhard und Walter Jaeschke (Hg.): Weltanschauung, Philosophie und Naturwissenschaften im 19. Jahrhundert. Band 1: Der Materialismus-Streit, Hamburg 2007.

[29] Peter Berglar: Der neue Hamlet. Ludwig Büchner in seiner Zeit, Darmstadt 1978, S. 21.

[30] Alexander Büchner: Vorwort zu: Im Dienste der Wahrheit, a.a.O., S. XXVIf.

[31] Spannend wäre es, Ludwig Büchner als Vorläufer des bekannten Hirnforschers Wolf Singer zu lesen, was im oben genannten Werk über den Materialismus-Streit schon in Ansätzen geschieht.

[32] Gernot Böhme: Ludwig Büchner. In: Georg Büchner. Ausstellungskatalog, Basel/Frankfurt am Main, 1987, S. 384–388.

[33] Ludwig Büchner: Kraft und Stoff, 8. Aufl., Frankfurt am Main 1864, S. 196.

[34] Lesenswert ist der Briefwechsel dieser vier Matadoren des weltanschaulichen Materialismus: Christoph Kockerbeck (Hg.): Carl Vogt, Jacob Moleschott, Ludwig Büchner, Ernst Haeckel. Briefwechsel, Marburg 1999.

[35] Über die Gründung des Freien Deutschen Hochstifts schrieb Ludwig Büchner im Dezember 1859 einen emphatischen Bericht. Er hatte inzwischen auch das Frankfurter Bürgerrecht erworben und hätte dort auch gern als Arzt praktiziert, was ihm aber nicht gestattet wurde. Über Frankfurt schreibt er in diesem Bericht: »(…) Ist das Ansehen, in welchem Frankfurt am Main als der geographische und, wenn man will, auch als der politische Mittelpunkt des großen deutschen Vaterlandes bereits steht, nicht gering, so würde doch dieses Ansehen bis zu dem Erreichbarsten gesteigert werden, wenn demselben auch der Ruhm, der geistige Mittelpunkt Deutschlands zu sein, hinzugefügt werden könnte.« Ludwig Büchner: Am zehnten November 1859. Unveröffentlichtes Manuskript, Freies Deutsches Hochstift, Frankfurt am Main.

[36] Friedrich Battenberg u. a.: Darmstadts Geschichte. Fürstenresidenz und Bürgerstadt im Wandel der Jahrhunderte, Darmstadt 1984, S. 369.

[37] Ludwig Büchner: Aus dem Geistesleben der Thiere. Oder: Staaten und Taten der Kleinen, Berlin 1876. Die bislang vollständigste Bibliographie der Schriften von Ludwig Büchner bietet Heiko Faber in seiner medizinischen Dissertation von 2002: Ludwig Büchner (1824–1899) und der naturwissenschaftliche Materialismus in der zweiten Hälfte des 19. Jahrhunderts, Mannheim 2002.

Alexander 120 – 149

[1] Hier muss unbedingt auf Anton Büchner, den 1887 in Pfungstadt geborenen Enkel Wilhelm Büchners hingewiesen werden. Der zuletzt als promovierter Stundienrat in Ingelheim tätige, gelehrte Mann pflegte höchst aktiv das Erbe Georgs, wie zum Beispiel der in der Darmstädter Universitäts- und Landesbibliothek liegende Briefwechsel mit Kasimir Edschmid bezeugt, der sich bei seiner Werkausgabe von 1963 der fruchtbaren Mithilfe auch in editorischen Einzelproblemen von Manfred Büchner gewiss sein konnte. 1963 publizierte er in Darmstadt das Standardwerk »Die Familie Büchner. Georg Büchners Vorfahren, Eltern und Geschwister«. Er widmete das Buch seinem Enkel Manfred Büchner. Ohne dieses Buch wüssten wir wenig über die Familie Büchner. Zudem konnte Anton Büchner noch auf die persönlichen Erinnerungen zum Beispiel auch an Alexander zurückgreifen, mit denen er sehr behutsam umging, niemals in demonstrativem Familienstolz. Damit rückt Anton Büchner seine Erinnerungsarbeit in die Tradition der Familie und ihrer Freundeskreise.

[2] Alexander Büchner: Das »tolle« Jahr, Gießen 1900, S. 180.

[3] Ebenda S. 126ff.

[4] Rudolf Fendt berichtete später ausführlich darüber in: Rudolf Fendt: Erinnerungen aus Verlauf und Folgen einer akademischen und politischen Revolution, Darmstadt 1875.

[5] Der jüngste Tag, eine freie Zeitung aus Hessenland vom 19. Juli 1848.

[6] Abgedruckt in: Ludwig Fertig (Hg.): Alexander Büchner: Ausgewählte Schriften. Mit einer Einleitung: Leben und Werk eines Ruhelosen, Darmstadt 2005. Ludwig Fertig hat sich in einer Reihe von Büchern in überragender Weise um die literarische Tradition Darmstadts und Südhessens verdient gemacht. Seine Sammlung von Werken Alexander Büchners und die ausführliche Einleitung stehen in Deutschland am Beginn jeder ernsthaften Beschäftigung mit Georg Büchners jüngstem Bruder.

[7] Ludwig Fertig, a.a.O., S. 144f.

[8] Georg Büchner, Schriften, Briefe, Dokumente, herausgegeben von Henri Poschmann, Frankfurt am Main 2006, S. 402.

[9] Alexander Büchner: Geschichte der englischen Poesie. Von der Mitte des vierzehnten bis zur Mitte des neunzehnten Jahrhunderts, 1. und 2. Teil, Darmstadt 1855.

[10] Alexander Büchner, a.a.O., S. 283

[11] Über diesen sehr interessanten und offenbar humorvollen 48er-Mitstreiter Wilhelm Zimmermann teilt Ludwig Fertig in der Einleitung seiner Werkauswahl von Alexander Büchner Näheres mit. Ludwig Fertig, a.a.O., S 15.

[12] Alexander Büchner: Das »tolle« Jahr, a.a.O., S. 341.

[13] Ebenda.

[14] In einer damals populären Auswahl von »Béranger's Liedern« schreibt Adelbert von Chamisso im Jahre 1838 über Béranger: »Wie man einerseits in Béranger den außerordentlichen Dichter bewundern muß, dem alle Töne zu Gebote stehen, der bald die Sprache des alten Soldaten oder die der untern Volksclassen redet, und bald dem Liede, zum Erstaunen, eine Erhabenheit und Fülle der Poesie verleiht, die man vergeblich bei den französischen Classikern sucht, so kann man andererseits nicht umhin, der Lauterkeit seiner Gesinnung und der Reinheit seines Charakters Gerechtigkeit widerfahren zu lassen.« In: Bérangers Lieder. Auswahl in freier Bearbeitung von Adelbert von Chamisso und Franz Freiherrn Gaudy, 2. Auflage, Leipzig 1845, S. IX.

[15] Dichterstimmen aus Heimat und Fremde. Für Frauen und Jungfrauen ausgewählt von Luise Büchner, Verfasserin von »Die Frauen und ihr Beruf«, 3. Auflage, Hamm 1866, S. 309.

[16] Otto Adolf Ellissen: Alexander Büchner. Ein Nekrolog, Einbeck 1904.

[17] Alexander Büchner: Lautverschiebung und Lautverwechslung. Abhandlung über deutsche Phonologie, Darmstadt 1863.

[18] Michel Espagne und Michael Werner: Alexander Büchner, in: Georg Büchner. Revolutionär, Dichter, Wissenschaftler 1813 bis 1837, Ausstellungskatalog, Basel/Frankfurt am Main 1987, S. 391f.

[19] Diesen Hinweis verdanke ich dem Darmstädter Literaturwissenschaftler Thomas Lange, der an einer Monografie über Alexander Büchner arbeitet. In Frankfurt am Main entsteht eine Dissertation von Nicole Walger, die sich vor allem mit den französischen Literaturbeziehungen bei Alexander Büchner befasst.

[20] Jan-Christoph Hauschild teilt in seiner Georg-Büchner-Biografie von 1993 mit, derselbe Auguste Dietrich habe 1889 auch den »Hessischen Landboten« auf Französisch herausgebracht, womit die internationale Wirkungsgeschichte dieser nach dem »Kommunistischen Manifest« berühmtesten Flugschrift des 19. Jahrhunderts begonnen habe. Das muss aber bezweifelt werden, denn damit hätte Alexander seine politisch zurückhaltende Position deutlich verlassen.

[21] Zitiert nach: Elke Hausberg und Agnes Schmidt (Hg.): »Feder und Wort sind Euch gegeben so gut wie dem Manne!« Studien und Briefe zu Luise Büchners Leben und Werk, Darmstadt 2004, S. 73.

[22] Der Briefwechsel befindet sich in der Handschriftenabteilung der Darmstädter Universitäts- und Landesbibliothek. Vgl. hierzu auch: Erich Zimmermann: Ein unbekannter Revolutionär, in: Darmstädter Echo vom 17. Februar 1990.

[23] Friedrich Albert Lange: Geschichte des Materialismus und Kritik seiner Bedeutung in der Gegenwart, Neudruck in zwei Bänden, Frankfurt am Main 1974.

[24] Der am 2. Mai 1805 in Darmstadt geborene Historiker Georg Gottfried Gervinus war eine Ausnahmeerscheinung unter den deutschen Professoren des 19. Jahrhunderts. Auch er hatte das Alte Pädagog in Darmstadt besucht und war zusammen mit den Brüdern Grimm einer der Göttinger Sieben. Für seine demokratischen Überzeugungen wurde er des Öfteren bestraft und der Universität verwiesen. Auch er war Gegner der Politik Bismarcks. Sein literaturgeschichtliches Hauptwerk trug den Titel »Geschichte der deutschen Nationalliteratur«. Dort knüpft er an die demokratischen Traditionen in der deutschen Literaturgeschichte an.

[25] Brief an Ellissen, a.a.O.

[26] Brief an Ellissen, a.a.O.

[27] Alexander Büchner: Literaturgeschichte des 18. Jahrhunderts von Hermann Hettner, in: Frankfurter Museum. Süddeutsche Wochenschrift für Kunst, Literatur und öffentliches Leben, 2. Jg., Nr. 25, 21.6.1856, S. 197ff.

[28] Zitiert nach: Michael Werner und Michel Espagne, a.a.O., S. 392.

[29] Alexander Büchner: Essai sur Heine, Caen 1881 (= Extrait des Mémoires de l'Academie Nationale des Sciences, Art et Belles Lettres de Caen).

Epilog Seite 150 – 163

[1] Thomas Michael Mayer: Georg Büchners Situation im Elternhaus und der Anlass seiner Flucht aus Darmstadt Anfang März 1835, in: Burghard Dedner und Thomas Michael Mayer (Hg.): Georg Büchner Jahrbuch 9 (1995–1999), Tübingen 1999, S. 33ff.

[2] Luise Büchner: Ein Dichter. Darmstadt 1965, S. 67.

[3] Unter den vielen Zusammenfassungen seiner Biografie sei die neuste empfohlen: Kleine Büchner-Chronik, in: Georg Büchner. Werke und Briefe. Nach den Erstdrucken und ersten Werkausgaben herausgegeben von Fritz Eycken, Frankfurt am Main 2008, S. 681–698.

[4] Jan-Christoph Hauschild (Hg.): Georg Büchner Briefwechsel, Basel und Frankfurt am Main 1994.

[5] Henri Poschmann (Hg.): Georg Büchner. Schriften, Briefe, Dokumente, Frankfurt am Main 1999, S. 356, Briefstellen werden aus dieser Ausgabe zitiert.

[6] Ebenda S. 402

[7] Ebenda S. 421f. Lottchen Cellarius (1817–1853), Ludwigs Klavierlehrerin, war Georg Büchner als Nachbarskind in der Darmstädter Grafenstraße bekannt.

[8] Ebenda.

[9] Ebenda S. 365.

[10] Ebenda S. 369.

[11] Ebenda S. 389.

[12] Ebenda S. 406f.

[13] Ebenda S. 408.

[14] Ebenda S. 448.

[15] Ebenda S. 454–457.

[16] Ebenda S. 458f.

Quellennachweis der Abbildungen

Ev. Kirchengemeinde Pfungstadt: S. 37 Geburt Ernst, S. 63 Geburt Elisabeth 1848 • **Familienbesitz Büchner:** S. 8 Eltern, S. 11 Code Civil, S. 25 Wilhelm 1840, S. 26 Geburtsurkunde Wilhelm, S. 30 Wilhelm 1855, S. 33 Wilhelm 1865, S. 34 Liebig an Ernst, S. 36 Geburtsurkunde Caroline/Jaeglé, S. 38 Wilhelm und Ernst, S. 41 Academie …, S. 42 Briefbogen Blaufabrik, S. 49 Naturhist. Verein, S. 50 Wilhelm 1872, S. 51 Wilhelm Orden, S. 52 Preisliste Fabrik, S. 54 Wilhelm 1885, S. 55 Etikett, S. 56 Alexander Wilhelms Tod, S. 70 Titel Luise Frauenherz, S. 72 Luise, S. 87 Ludwig, S. 91 Ludwig 1850, S. 124 Alex 1860, S. 125 Titel Alex Gedichte, S. 145 Alex Kondolenz S. 145 Alex Dumme Bub, S. 146 Alex Wilhelm Tod, S. 148 Sam Tod, S. 155 Brief Wilhelm Georg • **Familienbesitz Rettig/Wyporek:** S. 10 Napoleon, S. 13 Aquarell Neustadt, S. 20 Stammbaum Schlegel, S. 40 Fabrik • **Freies Deutsches Hochstift/Frankfurter Goethe-Museum, HS 19652:** S. 141 Alex Dankbrief • **Freies Deutsches Hochstift/Frankfurter Goethe-Museum, HS 19653:** S. 112 Volger an Büchner, S. 113 Trauung Ludwig • **Freies Deutsches Hochstift/Frankfurter Goethe-Museum, Mitgliedsakte, Hausarchiv:** S. 139 Alex Visitenkarte, S. 143 Alex Meisterurkunde, S. 138 Alex Manuskript • **Stadtarchiv Pfungstadt:** S. 43 Situationsplan, S. 44 Arbeiter, S. 45 Arbeiter, S. 46 Harres Skizze 1, S. 47 Harres Skizze 2, S. 53 Schüler Bürgerschule, S. 86 LuisesTod PfuAnz • **www.darmstadtgalerie.de:** S. 16 Marktplatz Darmstadt, S. 28 Pädagog.